KB268122

# 한국기독교지도자
# 탈 무 드

# 탈 무 드

# 머 리 말

신신묵 목사

**한**국기독교지도자협의회 창립 33주년을 맞이하여 그동안의 많은 성장과 발전을 해온 것을 하나님께 감사드립니다.

1975년 7월 1일 영락교회에서 한경직 목사, 강신명 목사, 김윤식 목사, 지원상 목사, 이만신 목사, 이봉성 목사, 김해득 사령관, 장성칠 목사, 이영수 목사, 지 덕 목사, 양광석 목사, 박재봉 목사, 신신묵 목사 등 18개 교단의 총회장, 총무 지도인사 110명이 모여 역사적 창립총회를 열었습니다.

그당시 세계교회의 신학적 조류는 자유주의 노선과 보수주의 노선으로 나누어져 있었습니다. 그 결과로 한국장로교회가 예장과 기장, 예장도 합동과 통합으로 분열되었으며 성결교도 기성과 예성, 감리교회도 기감과 예감으로 나누어졌었습니다.

당시 신앙노선의 분열로 인하여 자유주의 노선과 보수주의 노선의 인사들이 서로 만나서 대화하며 커피 마시는 것까지도 꺼렸던 것입니다.

그러므로 부활절연합예배도 남산과 덕수궁에서 따로 드리는 아픔을 가졌던 것입니다. 한국교회의 분열을 통감히 여긴 한국교회 지도자들은 교회의 일치와 연합을 위한 교계지도자 모임의 필요성을 절실히 통감하여 한국기독교지도자협의회를 창립하게 되었습니다.

창립 당시에는 회장이나 총무를 세우지 않고 소집책임자를 두어 필요시에 전체를 소집하여 당면문제를 협의키로 하였습니다.

33년전 당시 뜻을 같이 한 교단은 예장(통합), 예장(합동), 기감, 기성, 기장, 예성, 예장(대신), 예장(고신), 예장(호헌), 침례회, 예감, 구세군, 나사렛성결회, 대한기독교하나님의교회, 그리스도의교회, 한국기독교하나님의교회, 기독교대한하나님의성회, 성공회 등 18개 교단이었습니다.

한국기독교지도자협의회가 창립된 후 합동찬송가, 새찬송가, 개편찬송가 등 3개로 나누어졌던 찬송가의 합동을 위한 추진위원회가 구성되어 각 교단의 동의를 얻어 하나의 찬송가를 편찬하게 된 것은 매우 기쁜 일입니다.

그리고 각 교단 총회를 마친 후 신임교단장 축하예배와 신임국회의원·신임국무위원 축하예배를 드리며 대정부관계와 한국교회연합운동을 전개해 왔습니다.

이제 창립 33주년을 맞은 본 협의회는 사단법인을 설립하여 한국교회연합사업의 주역으로 일할 기회가 왔다고 사료됩니다.

1992년부터 대한적십자사와 국민일보와 본 협의회가 함께 헌혈운동을 시작하여 피가 부족하여 사경을 헤매는 이웃들을 살리는 운동을 17년 동안 계속해 온 것은 매우 값진 일이라고 생각됩니다.

본 협의회 창립 33주년 기념으로 탈무드를 발간하여 한국교회의 일치와 연합을 위하여 보다 더 많은 일을 해야 하겠으며 회원 여러 분의 기도와 협력을 부탁드립니다.


2008년 7월 1일
한국기독교지도자협의회
대표회장  신 신 묵 목사

# 발 간 사

● 약 력
기독교지도자협의회 공동회장
한국기독교 원로목사회 공동회장
그리스도의교회 협의회 증경총회장
서울기독대학교 설립자·명예총장
사회복지법인 그리스도의집 이사장

최윤권 목사

주님의 은혜 가운데 여기 한국기독교지도자협의회에서 함께 수고하시는 목사님들의 글 모음을 33년만에 출판하게 됨을 기쁘게 생각합니다. 한국의 기독교지도자들이 흉금을 털어놓고 한국교회에 남기고 싶은 말들입니다. 꿈에도 잊을 수 없는 한국교회를 생각하여 밤중에 눈물과 기도로 써놓은 글들입니다. 한국교회의 미래에 조금이라도 도움이 되었으면 하는 마음입니다.

생각하여 보면 지난 33년 동안 한국기독교지도자협의회는 물불을 가리지 않고 꾸준히 일하여 왔습니다. 아무도 알아주지 않는 일도 그늘에서 조용히, 그리고 어떤 때는 과감하게 일하여 왔습니다. 부활절 연합예배, 삼일절기념예배, 광복절기념예배, 평화의 날, 3종류의 찬송가를 하나로 묶어놓은 일 등 한국교회가, 아니 한국민족이 꼭 기억하여야 할 큰 모임들을 주최하여 왔고 교회와 경찰협의회, 이단대책위원회, 대북선언 등 꼭 거쳐야 할 일들을 누구보다 먼저 소리높여 외쳐왔고 비단 우리나라 뿐만 아니라 외국에도 돌아다니면서 대한민국의 교회를 대표하여 꼭 하여야 할 말들을 발표하여 왔습니다.

특히 한국기독교지도자협의회가 좋은 것은 그렇게 많은 교파에서 많은 교회 지도자들이 오랜 세월동안 많은 일을 해왔어도 한번도 잡음없이 감투싸움도 없이 돈을 강요하는 일도 없이 다 자발적으로 자원하여 봉사해왔다는 사실입니다. 회비라고 별로 내는 것도 없고 돈 내봤자 별로 특권도 없지만 다들 열심히 일하여 왔습니다. 그래서 언제나 자금은 바닥이었지만 필요할 때는 또한 하나님께서 누구인가를 감화시켜서 보내왔습니다. 또한 교회나 교단의 크기와 상관없이 누구이거나 유능하고 원하는 사람이면 이 모임에서 일하여 왔습니다. 이는 교회 협동의 모범이요 초교파 운동의 실례(實例)이며 하나님께서 기뻐하시는 일인 줄 믿습니다.

그리스도는 우리가 한몸으로 함께 일하기를 원하십니다. 아니 우리는 원래 한몸입니다. 예수님께서도 기도하시기를 "아버지와 내가 하나인 것 같이 저들도 하나가 되게 하옵소서(요 17:11)" 하고 기도하셨습니다. 교회는 원래가 한 몸입니다. 우리가 다 한 피를 공급받고 한 소망 안에서 한 믿음으로 일하고 있습니다. 우리가 함께 일하게 된 것은 하나님의 뜻이요 기쁨입니다. 그래서 하나님이 이 한국기독교 지도자협의회를 축복하시고 많은 일을 시켜주신 줄로 믿습니다.

그러기에 이 운동은 여러 가지 열매를 맺어 왔습니다. 앞으로도 많은 일을 계획하고 있습니다. 그 열매 중의 하나가 이 작은 책입니다. 이 책을 통하여 이 협동의 정신이 더욱 깊어지고 우리의 후배들이 더욱 많은 협동사업을 할 수 있는 계기가 되기를 주님의 이름으로 축원합니다.

특히 이 책이 만들어지기까지 도와주신 신신묵 대표회장님을 위시하여 많은 목사님들, 특히 총무 정재규 목사님, 김기원 목사님, 서기 김탁기 목사님, 이홍규 목사님, 그리고 옥고를 보내주신 여러 목사님들께 깊은 감사를 드립니다.


한국기독교지도자 출판위원회

위원장 최 윤 권 목사

# 차 례

# 축 사


● **약 력**
대한예수교장로회(통합) 증경총회장
영등포교회 원로목회
한국기독교지도협의회 상임고문
중국선교사로 헌신

방지일 목사

세월이 정말 빠릅니다.

모두가 하나님의 은혜라는 말 외에는 정답이 없는 것 같습니다.

하나님이 감동하셨고, 하나님이 하게 하셨습니다.

시간, 물질, 각자에게 주어진 달란트 없이는 그 어떤 역할도 불가능합니다.

한국기독교지도자협의회는 주님 오시는 날까지 계속 되어야 합니다.

조용하면서도, 성실히 그리고 교계와 사회 속에 청지기로서의 사명에 최선을 다해야 할 것입니다.

어언 33주년이 되어 하나님께 감사예배를 드리게 된것을 복되고 복된 일인줄 믿습니다. 더구나 후세대들에게 남겨주는 한 편 한 편의 탈무드는 역사에 길이 길이 영향을 주고 감동과 결단을 주는 메시지가 될줄 믿습니다. 감사합니다.

# 축  사


● 약  력
여의도순복음교회 원로목사
한국기독교지도자협의회 상임고문
국제교회 성장연구 통계
세계교회 하나님의 성회 총재

조용기 목사

한국기독교지도자협의회가 올해로 창립 33주년을 맞이한 것을 진심으로 축하합니다. 1975년 한국기독교지도자협의회 창립 당시는 월남 공산화 등 전세계가 동서이념분쟁으로 불안정한 시절이었습니다. 우리나라 역시 사회가 매우 혼란하고 국가안보도 위협을 받고 있었습니다. 교회적으로는 이 땅에 복음이 전파된 이래 많은 교회가 세워지는 한편 교회는 수많은 교단으로 나누어지는 아픔이 있었습니다. 이러한 때 18개 교단 지도자들이 모여 한국기독교지도자협의회를 설립하고 나라와 민족을 위해, 교회의 일치와 연합을 위해 참으로 많은 일들을 해왔습니다.

성경은 "그러므로 내가 첫째로 권하노니 모든 사람을 위하여 간구와 기도와 노고와 감사를 하되 임금들과 높은 지위에 있는 모든 사람을 위하여 하라. 이는 우리가 모든 경건과 단정함으로 고요하고 평안한 생활을 하려 함이라"(딤전 2:1-2) 하고 말씀하고 있습니다. 한국 개신교는 일본강점기에 민족독립과 계몽운동의 근원지였습니다. 특별히 3·1독립운동을 기점으로 한국교회의 지도자들은 독립운동에 참여하면서 민족복음화의 한걸음을 내딛었습니다. 이후 교회지도자들은 나라와 민족이 어려울 때마다 모여서 기도하였습니다.

오늘 우리나라는 정치·경제·사회·문화적으로 도약을 향한 새로운 전환기를 맞아 국민의 역량을 하나로 모아 나아가야 할 때입니다. 한국기독교지도자협의회가 이러한 때 민족화합과 복음화를 이루고 한국교회의 화합을 위해 큰 지지대가 되고 있는 것에 감사합니다. 특별히 이번에 창립 33주년을 맞아 한국교회 지도자들의 신앙과 지혜를 배울 수 있는 《한국기독교지도자 탈무드》를 출간하게 된 것을 축하합니다. 나라와 민족을 위해, 복음 증거와 전파를 위해 순교자의 신앙과 믿음을 가진 선진들의 주옥같은 말씀들은 이 시대를 환히 비춰줄 것입니다. 이로써 한국교회는 더욱 연합하고 화합하여 땅끝까지 주의 말씀을 증거하고 하나님의 사랑을 이루는 교회의 사명을 다할 것입니다. 이 모든 일에 주님의 은혜가 넘치시기를 간절히 축원합니다.


2008. 7. 1.

여의도순복음교회  원로목사  조용기

# 축   사

● 약   력
대한예수교 장로회(고신) 증경총회장
한국기독교지도자협의회 명예회장
한국교회 부활절 연합예배 대회장

최해일 목사

1975년 7월 1일 부활절연합예배가 보수측은 덕수궁에서 NCC계는 남산에서 각각 모이던 한국교회의 분열상을 여실히 노출하던 때에 뜻있는 지도급 인사들이 이와같은 추태를 사회에 보여주고 있는 상황을 수습하기 위해 18개 교단 중진들이 모여서 한국기독교지도자협의회를 조직하기로 약속하고 출발한 본 기관이 벌써 33년이란 긴 세월을 지내오면서 꾸준히, 그리고 활발하게 움직여 온 빛나는 역사를 축하해마지 않습니다.

그동안 기지협은 에디오피아(Ethiopia) 난민 구제사업을 NCC와 같이 시행해 왔고, 분열된 한국교회의 찬송가를 통일시키는데 성공했으며 신년하례회, 신임교단장 축하예배, LA폭동으로 인한 재미 한인들의 고통을 함께 나누어 미국을 방문하는 일, 일본선교에 효과적 사역을 시행해온 일 등 소리없이 이루어온 숱한 일들을 통해서 하나님께 영광을 돌리는 한편 한국교회의 일체된 모습을 대외에 과시하는 등 수없이 많은 선행을 거듭해온 지난날의 역사를 되새기면서 마음 뿌듯한 느낌을 지울 수가 없습니다.

거기에 오랜 숙원이었던 사단법인 인가까지 취득해서 어제보다 본격적인 교회연합과 복음전파에 크게 이바지하게 될것을 기대하면서 다시한번 기지협의 무궁한 발전을 기원해 마지 않습니다.

# 축 사

● **약 력**
기독교 대한 성결교회 증경 총회장
한국기독교지도자협의회 고문
한국기독교 총연합회 명예회장
서울 신학대학교 이사장

이만신 목사

한국기독교지도자협의회가 1975년 7월 1일, 영락교회에서 18개 교단지도자들이 모여 시작했는데 벌써 33주년이 된 것을 진심으로 축하드립니다.

이런 교계 기독교 단체가 33년의 긴 역사를 가진 것은 첫째는 하나님의 크신 은혜와 복이라고 생각하고 감사드립니다. 둘째는 이를 구성하고 있는 본 협의회 임원들의 헌신과 끈끈한 우정으로 엮어졌다고 생각됩니다.

특히 이를 위하여 창립때부터 수고를 가장 많이 하시고, 그동안 중추적 역할을 감당하신 신신묵 목사님의 많은 노고에 대해 높이 치하를 드립니다.

더욱이 감사한 것은 2007년 10월 10일 본 협의회가 사단법인으로 인가를 받아 더 활발이 일하게 되었고 일본에 이어 금년 3월에 미주지회를 창립하였고 금년 10월 호주와 뉴질랜드 지회를 창립한다 하니 더욱 축하드립니다.

기독교지도자협의회는 현재 한국교회 47개 교단의 지도자적 인물들이 상호협력해서 일을 추진해 나갔기 때문에 명예적인 갈등이나 재정적인 부작용없이 33주년을 맞이할 수 있었던 것입니다.

앞으로도 본 협의회의 임원들이 서로 사랑하고 이해하고 협력하면서 자기를 버리고 끝까지 희생봉사함으로 기독교지도자협의회가 백년, 이백년 유지 발전해 나가길 간절히 바라마지 않습니다.

▲ 한국교회 100주년기념대회에서 말씀하시는 고 한경직 목사

▲ 축도하시는 고 강신명 목사

▲ 말씀하시는 고 유호준 목사

▲ 기도하시는 고 지원상 목사

▲ 말씀하시는 고 이환신 감독

▲ 고 홍형설 박사 (감신대 총장)

▲ 기도하시는 고 장성칠 목사 (본협의회 1대 회장)

▲ 말씀 전하시는 최해일 목사

▲ 세계평화의 날을 제정한 조영식 총장

▲ 기도하시는 고 서병주 감독

▲ 기도하시는 오 건 장로

▲ 기도하시는 김창인 목사

▲ 말씀하시는 고 이영수 목사

▲ 축도하시는 고 오경린 감독

▲ 한국기독교 100주년 기념 연합예배 (사회 신신묵 목사)

▲ 교계지도자 산업시찰단 (1970. 4)

▲ 교계지도자 판문점 대성동교회 방문 (1976)

▲ 부활절 연합예배 신신묵 목사 (1982. 4. 11)

▲ 세계 평화의 날 기도회 (1982. 9. 21)

▲ 여의도 부활절 연합예배 신신묵 상임총무 (1984. 4. 22)

▲ 한국기독교 100주년기념대회를 준비하며
고 한경직 목사님과 기도하는 모습 (1985. 8. 15)

▲ 신년교계인사 조찬기도회 (1986. 1. 8)

▲ 신임교단장 취임 축하예배 및 제15차 총회 (1990. 11. 26)

▲ 북한공작원 김현희와 대담하는 신신묵 목사 (1991. 9. 17)

▲ 청와대를 방문하여 김영삼 대통령과 함께 (1993)

▲ 남가주 기독교교회협의회 주최
교계지도자 화합을 위한 모임 (L.A, 1997. 5. 6)

▲ 성수대교 복구 기념 초청 종교 대표 (1997. 6)

▲ 대통령후보초청 민족화합을 위한 한국교회 지도자 기도회
(1997. 11. 13)

▲ 광복절53주년기념. 한·미교회연합예배 사회보는 신신묵 목사
(1998. 8. 13)

▲ 문광부 신낙균 장관과 본 협의회 임원
(서울교시협의회와 미국남가주기독교회협의회 광복절 연합예배 1998. 8)

▲ 한·미교회 판문점 견학 (1999. 8)

▲ 미국 LA에서 모인 한민족 세계교회 지도자협의회 임원 일동
(1999. 10. 19)

▲ 북한방문 봉수교회 성가대와 함께 (1999. 11. 21)

▲ 북한초청 국수공장 방문(신신묵, 김소명, 조순태 목사)

▲ 북한 칠곡교회에서

▲ 북한 기독교연맹 강영섭 위원장과 함께

▲ 새천년 국가축복기도회에서 자유민주연합 김종필 총재와 함께
(2000. 1. 12)

▲ 한민족 세계교회 지도자 대회 (2000. 3. 28)

▲ 한민족 세계교회 지도자대회 임원과 함께 (2000. 3. 28)

▲ 한민족 세계교회 지도자대회 고 강원용, 황완석 목사와 함께
(2000. 3. 28)

▲ 한민족 세계기독교 지도자협의회 대회 기념 촬영
(영락교회, 2000. 3. 29)

▲ 광복절기념 한·미교회 교류 예배 (코리아나호텔, 2001. 8. 11)

▲ 미국 부시대통령 취임식에 참석한 한국교회 대표단 (2001. 12. 20)

▲ 신임교단장, 단체장, 총무 취임예배
(2002. 11. 5)

▲ 3.1절 34주년 기념 나라와 민족을 위한 구국금식기도회
(2003. 3. 1)

▲ 국가안보를 위한 특별기도회 및 교계지도자 건강세미나
(강사:황수관 박사, 2003. 4)

▲ 한·미 기독교 목회자협의회 창립 총회 (미8군수양관, 2003. 4. 12)

▲ 미국사절단 L.A. 우정의 종각에서 (2004. 9)

▲미국의회 북한담당 인권위원장 루이스 헌터 여사와
해병대 대학총장 가드너 대장, 국방성 아시아담당 존.R.알렌 장군,
그리고 미 상, 하원 의원들과 함께 (2004. 9. 9)

▲미국 국무성 보좌관 듀이박사 방문 (2004. 9. 9)

▲ 미국 국무성 아시아 담당 마이클과 한국 대표단
(2004. 9. 9)

▲ 미국 허리케인으로 피해입은
뉴올리언스의 한인장로교회를 방문하여 성금을 전달하다 (2005. 10. 5)

▲ 성탄절 노숙자 초청 잔치 (2007. 12. 28)

▲ 서울 조 순 前시장과 신신묵 목사

▲ 한미동맹강화 6.25 국민대회를 주최하며 드리는
나라를 위한 구국기도회
(시청앞광장, 2003. 6. 21)

▲ 나라를 위한 구국기도회 (기도 : 신신묵 목사, 2003. 6. 21)

▲ 나라를 위한 구국 기도회 (시청앞광장, 2004. 3. 1)

▲ 한·미 동맹과  국가안보를 위한 연합기도회 (2004. 7. 12)

▲ 한·미동맹을 위한 뉴욕 지도자대회 (2004. 9. 9)

▲ 신년하례및 사학법 철폐를 위한 기도회 (2006. 1. 10)

▲ 본 협의회 제23차 총회 (2006. 11. 20)

▲ 어르신초청 사랑의찐빵 나눔 효도잔치
(한국교회100주년기념관, 2006. 12. 28)

▲ 어르신초청 사랑의찐빵 나눔 효도잔치 (2006. 12. 28)

▲ 본협의회 사단법인 설립이사회 창립총회 일동 (2007. 2. 12)

▲ 사랑실천 헌혈대회
(여의도순복음교회 2007. 4. 4)

▲ 사랑실천 헌혈대회에 참석한 성도들이
기쁨으로 헌혈에 동참하고 있다 (2004. 4. 4)

▲ 여의도순복음교회에서 헌혈대회를 마치고 임원 일동 (2004. 4. 4)

▲ 신임 교단장 취임 감사예배 (2007. 10. 1)

▲ 한국기독교 지도자초청 민족화합 구국 기도회 (2007. 10. 22)

▲ 사단법인 설립인가 감사예배 (2007. 11. 8)

▲ 사단법인 설립인가 감사예배 (사회:신신묵 목사, 2007. 11. 8)

▲ 한·미 기독교 지도자협의회 모임 (LA세계비전교회, 2008. 2. 12)

▲3·1절 89주년 기념및 나라를 위한 기도회 (2008. 2. 29)

▲교계지도자 전방시찰 대성리교회

▲ 본 협의회가 대한적십자사와 국민일보와 함께
전개라고 있는 사랑헌혈운동

▲ 성탄절축하 시청앞 성탄추리 점등식

▲고 유호준 목사와 신신묵 목사

▲고 강신명목사 지원상 목사와 함께

▲고 오경린 감독과 임원 일동

▲고 지원상 목사와 지덕 목사, 신신묵 목사

▲고 유호준 목사, 지원상 목사와 함께

▲극동방송에서 담화하는 김준곤 목사, 지원상 목사, 신신묵 목사

▲ 김선도 감독, 고 지원상 목사와 함께

▲ 고난주간 행사에 십자가지고 가는 신신묵 목사

▲ 일본에서의 최해일목사, 신신묵 목사

# 〈한국기독교지도자 탈무드〉를 출간하면서

● **약 력**
(사)한국기독교 문화예술 총연합회 회장
(월간)코스모스문학 이사장
크리스챤문학이사
문인협회 회원 / 수필가
(예장)총회 군선교회 부회장
장위제일교회 담임
저서 :< 가시속에 장미가 피었구나>외 96권

김기원 목사

한국기독교지도자협의회가 시작된지 어언 33년이 되었습니다.

교파나 교단을 초월하여 나라와 민족, 그리고 한국교회를 위해 뜻 있는 일을 해야겠다는 사명감으로 출발하여 지금까지 시작의 정신에 변질없이 지나오게 된 것, 첫째는 하나님의 전적인 은혜와 도우심이요, 또한 앞장서서 기도하며 수고해주신 한국교회 지도자들의 변함없는 노력인 줄 믿습니다.

이제 33주년을 맞이하여 33주년 기념대회와 후세들에게 알려주고 가르치고, 남기고 싶은 글들을 모아 한 권의 책으로 내게 되었습니다. 이 일을 위해 기도해주시고 물심양면으로 도와주시며 옥고를 써

주신 존경하는 목사님들에게 진심으로 감사드립니다. 특별히 축사해 주신 조용기 목사님을 비롯해서 원로목사님들과 원고 수집과 정리, 출판에 이르기까지 바쁜 시간을 내어주셔서 수고해주신 출판위원님들과 간사 홍종호 집사님께과 출판을 맡아주신 엘맨의 이규종 장로님께도 감사를 드립니다. 연하여 홀사모 위로에 동참해주신 목사님들과 교회에도 감사를 드립니다.

한국기독교지도자협의회가 주님 오시는 날까지 영적인 지도력을 발휘하는 기관으로 계속 든든히 서 가기를 함께 기도해 주시기를 바랍니다.
감사합니다.

2008년 7월 1일
# 한국기독교지도자협의회

출판부부위원장　김 기 원 목사

출 판 위 원　한 창 영 , 정 재 규 , 이 홍 규
　　　　　　　김 탁 기 , 김 용 근

# 1. 본협의회 역대 대표회장단

강신명 목사 – 사람이 제비 뽑으나
오경린 목사 – 바람직한 지도자상
유호준 목사 – 아버지와 아들의 세계
장성칠 목사 – 난파선 속의 인생
지원상 목사 – 하나님의 일
한경직 목사 – 중심에 진실

# 사람이 제비 뽑으나

"제비는 사람이 뽑으나 모든 일을 작정하기는 여호와께 있느니라"
(잠 16:33)

● **약　력**
　새문안교회 담임목사
　한국기독교 지도자협의회 대표 회장
　찬송가 합동 추진위원장
　대한예수교장로회(통합) 증경 총회장
　부활절 연합예배 대회장

강신명 목사

　　주한 미군철수 문제를 선거공약속에 넣고 제39대 미국 대통령으로 지미 카터가 당선되자, 한국의 언론기관과 방송망을 통한 해설보도는 한결같이 비관적인 것이었습니다.

　　솔직하게 말해 나 자신도 한국을 비롯한 여러나라에 대한 미국의 외교정책을 생각할 때 카터 보다는 포드가 되는 것을 더 원하였습니다.

　　그런데 막상 개표하는 가운데 카터가 리드하기 시작하자 두 가지 생각이 떠올랐습니다. 그 두 가지 생각이란 하나는 미국은 역시 미국이라는 것과 다른 하나는 오늘 본문 가운데 나타나 있는 33절 말씀이었습니다.

1952년 여름, 미국에서는 공화당과 민주당이 전당대회를 열고 대통령 후보를 선정하기 위하여 모이기에 앞서 많은 사람들이 입후보하고 나서 지명을 받기 위하여 한참 열을 올리던 때였습니다. 나는 당시 북장로교 선교부 장학금을 받고 공부하고 있었는데 방학중 전반기는 대회와 청소년캠프와 수양회에 참석하여 한국과 한국교회 이야기를 하게 되었습니다.

뉴욕주 북부지방노회 중학생캠프를 가는데 지정된 기차를 타고 내리니 정거장 출입구 옆에 한 장대한 남자가 나를 맞아 내 짐을 받아 들고 차로 가면서 자기 아내는 장로로 이번 캠프에 책임자가 되고 자기는 직분이 없으나 아내를 대신해 왔노라 했습니다. 캠프장까지 약 한 시간동안 가며 한국 이야기를 하다가 미국 대통령선거 문제로 말이 옮겨졌는데 그는 평범한 소시민으로 민주당원임을 밝히면서 민주당이 20년 장기집권을 하였기에 공화당으로 정권이 옮겨져 장기집권으로 인한 부정부패가 일소되어야 한다고 말한 것이 생각이 납니다.

그리고 12년 후 1963년 여름 서독 프랑크푸르트에서 모인 세계장로교 연맹 총회에 참석하고 미국을 거쳐 돌아올 때 평양 숭실학교 설립자 Dr. William Baird의 아들로 강계에서 선교했고 해방 후 서울에 선교부 주한 책임자로 계시던 Dr. Richard Baird가 당시 미국 상항 주재 선교부 총무로 나를 마중하면서 자기는 공화당원인데 내 표는 공화당 대통령 후보인 Goldwater에게 주지 않겠으나, 민주당 후보인 Johnson에 주겠는지도 작성안했다고 했던 생각이 납니다.

이들은 장기집권에서 부패를 방지하고 서정쇄신을 위해 정권이 교체되어야 한다고 하였고, 아무리 자기 정당이라고 하더라도 인종(흑백) 차별과 같은 시대에 역행하는 정책을 들고 나설 때 정당을 떠나, 인도주의적이며 미국의 먼 장래를 위해 "아니"라고 할 줄 아는 나라요, 백성이라는 것으로 역시 공화당 8년 정치는 미국 2백년 역사에 오점을 남겼기 때문에 국민들은 "아니오" 하였던 것이라고 생각이 되었습니다.

사도행전 1:15-26을 보면 예수님의 승천하시기 직전 분부를 따라서 열 한 사도를 중심한 120명의 무리들이 예루살렘 어떤 집 다락방에 모여 허락하신 성령을 받기 위하여 합심기도 한 것을 볼 수 있습니다. 기도회 도중에 사도 가운데 대표적인 베드로가 일어서서 말하기를 "예수님께서 열 두 사도를 불러 세웠는데 그 중에 가롯 유다가 성경에 미리 말한대로 불의의 삯을 탐내다가 그 사도직분을 감당하지 못하고 갔으니, 처음부터 예수님을 모시고 우리 가운데 출입하던 사람 하나를 택하여 유다의 몫을 감당하게 하자"고 제안하였던 것입니다.

회중은 베드로의 제안의 타당성을 인정하고 받아드렸습니다. 그래서 세례요한의 때부터 예수님 승천하실 때까지 저들과 같이 출입하던 두 사람을 후보로 추천하였는데 바사바라고 하고 유스도라는 별명까지 가진 요셉과 맛디아였습니다. 120여명의 회중은 이 두 사람을 회중 앞에 세우고 기도하여 둘 중에 한 사람을 바로 택하게 하여 달라고 하였던 것입니다. 그리고는 제비를 뽑은 결과 맛디아가 피선되어 사도의 반열에 끼게 되었던 것입니다.

한편, 구약성서를 보면 당시 유대나라에서는 문제를 결정하는데 종종 제비를 뽑아서 거룩한 뜻을 확인하였습니다. 그 구체적인 실례로는 여호수아 7:14-18을 보면 이스라엘 자손들이 여리고 성을 정복할 때, 쉽게 점령할 수 있다고 생각했던 '아이'에게 패하여 울며불며 하나님께 부르짖은 결과 하나님의 명령을 거역한 사람이 있다는 말씀을 듣고 그 사람을 찾아내기 위하여 제비를 뽑았고 그 결과 유다지파 세라족속 삽디의 가족 갈미의 아들 아간을 적발해 내었고, 아간은 자기의 잘못을 자복하고 행한 모든 일을 숨김없이 자세하게 고백한 것을 볼 수 있습니다.

이렇게 볼때, 아간의 경우는 바로 맞았다고 하겠으나 맛디아의 경우는 맞았다고 할 수 없는 것이 아니겠습니까? 가만히 생각해 보건데 사도 베드로의 제안도 사람의 생각으로 살펴볼 때 타당성이 있고, 회중이 추천하고 제비 뽑은 과정에 부정이 있었다고 볼 수 없습니다. 그러나 사도들이 성령의 충만함을 받아 역사한 것을 전하고 있는 사도행전에서 우리는 맛디아의 역사를 볼 수가 없는 동시에 낙선자 요셉의 이야기도 볼 수 없으며, 교회 역사에서도 저들의 사역은 찾아 볼 수 없습니다.

그리고 성경학자들은 모두 말하기를 제 직분을 감당 못하고 불의의 삯을 탐하여 배신하고 떠나간 가룟유다의 사도직은 부활 승천하신 주께서 친히 다메섹 성문 밖에서 그리스도의 박해자 사울을 불러서 그 자리를 메웠다고들 하는 것입니다.

여러분! 역사는 하나님께서 주장하십니다. 창조주 여호와 하나님께서 주장하십니다. 창조주 여호와 하나님께서 온 세계를 장중에 잡고 계십니다. 그러나 그 하나님은 당신의 형상대로 인생을 창조하시고 그 창조함을 받은 인간에게 세계를 위임 통치하시고 계십니다. 그렇기 때문에 역사의 흐름 속에서 때로는 하나님을 쉽게 뵈올 수 없는 경우도 있습니다.

인간이 치밀한 계획과 목표는 세울지라도 그 일을 성취할 수 있는 것은 인간이 아닌 전능자이신 창조주 하나님의 힘으로만 성취될 수 있는 것입니다. 그리고 그것은 하나님의 뜻에 합당하고 일치 될 때만 성취될 수 있습니다. 그러므로 모든 문제의 열쇠는 우리가 얼마만큼 하나님의 뜻에 순종하느냐에 따라 좌우된다는 것을 깨달으시기 바랍니다.

# 바람직한 지도자상

(요한복음 10:11-18)

오경린 목사

● **약  력**
기독교대한감리회 감독회장
부활절연합예배위원회 대회장
한국기독교지도자협의회 대표회장
동대문교회 원로목사


우리나라는 그간 모든 분야에 눈부신 발전을 하게됨에 따라 각 분야에서 유능한 지도자를 요망하게 되었습니다. 그러나 오늘날같이 유능하고 존경과 신뢰를 받는 지도자의 빈곤을 느끼는 때도 없었다고 봅니다.

이러한 때에 많은 사람들에게 존경받고 신뢰받는 지도자가 많이 나오기를 바라는 마음으로 말씀드리겠습니다.

앞으로 5년만 지나면 21세기를 맞이하게 됩니다. 다가오는 21세기를 주도해나갈 수 있는 지도자는 어떠해야 하겠습니까? 역사는 많은 사람들에 의해서 만들어지는 것이 아니라 창조적인 소수에 의해서 만들어지며 원대한 비전과 덕망높은 유능한 지도자들에 의해서 이루어집니다.

우리가 존경하고 신뢰하는 바람직한 지도자는 어떤 사람입니까?

## 1. 진실한 사람입니다.

오늘날 우리 사회가 바라는 지도자는 많은 사람들에게 신뢰와 존경받는 진실한 인물입니다. 진실성은 개인의 인격 구성의 본 바탕이 되며 사회생활과 대인관계에 기본이 됩니다. 그러므로 중책을 맡을 지도자는 무엇보다도 믿을 수 있는 진실한 인물이 되어야 하겠습니다. 썩은 나무를 가지고는 튼튼한 집을 지을 수 없습니다. 오늘 우리 사회에서 도덕성문제와 가치관문제가 심각한 문제로 대두되고 있습니다. 이 시대에는 참신하고 신뢰할 수 있는 진실한 인물을 요구합니다. 그러므로 지도자에게는 많은 지식이나 재능, 능숙한 수완보다도 인격적인 진실성이 절실히 요구되고 있습니다. 지도자는 많은 사람들에게 큰 영향력을 가지고 있으므로 모든 사람에게 본이 되어야 하겠습니다. 그러므로 루터는 내가 반드시 살아야 할 이유는 없지만 반드시 진실해야 하겠다고 했습니다.

진실이라 함은 거짓이 없을뿐 아니라 약한 자를 돕고 서로 사랑하고 친절하고 자진해서 봉사하는 것을 의미합니다. 미국의 아브라함 링컨 대통령은 아무에게도 악의를 가지지 말고 모든 사람을 사랑하며 하나님께서 우리에게 옳은 것을 보여 주신대로 옳은 편에 서서 자기 책임에 성실하라고 했습니다.

## 2. 덕망이 있는 사람입니다.

이 시대가 외면적으로는 물질문명이 발달하여 인간생활에 많은 혜택을 주고 있으나 내면적으로는 인간성이 점차로 황폐화 되어감에 따라 도덕성문제가 강조되고 있습니다. 이 시대의 지도자는 덕망 높은 지도자를 필요로하게 되었습니다. 사람들 중에는 지식도 있고 재능도 있고 민첩한 판단력도 있고 매우 유능한 인물이지만 덕망이 없어서 많은 사람들에게 신뢰와 존경을 받지 못하는 사람들이 있습니다. 공자께서는 군자는 의에 밝고 소인은 이(利)에 밝다고 하셨습니다. 지도층에 있는 사람중에 재물욕과 명예욕이 강한 사람이 있습니다. 지도자로서 덕망이 부족해서 그렇습니다. 자장(子張)이 공자님께 덕을 높이는 길을 물으니 공자께서 성실과 신의를 지키고 정의를 행하는 일이라고 했습니다. 사전에 보면 덕(德)은 청렴하고 의롭고 관대하고 다정하고 예절있고 겸허한 생실이라고 했습니다. 오늘의 지도자는 덕망이 있어야 합니다. 로마는 지식이 없어 망한 것이 아니라 도덕이 없어 망했다고 합니다. 도덕불감증 시대를 맞아서 특히 지도자는 덕망이 높고 모든 일에 솔선수범해야 합니다.

## 3. 소신과 사명감이 있는 사람입니다.

영국의 토마스 모어는 인간을 모적과 사명을 지닌 존재라고 했습니다. 지도자는 앞서가며 다른 사람들을 인도하는 사람이므로 소신과 사명감이 있어야 합니다. 유대인 사회심리학자 에리히 프롬은 그의 저서 "소유냐 존재냐"에서 이 세상 사람들의 생활양식을 둘로 나누어서 하나는 '소유형'이고 또 하나는 '존재양식'이라고 했습니다. 지도자 중에 소유양식으로 살아가는 지도자도 있고 존재양식으로 살아가는 지도자도 있습니다. 소유형의 사람들은 자기의 소유욕을 만족시키기 위해서 열심입니다. 소유욕이 강한 지도자는 자기 자손들과 사돈의 팔촌의 소유욕까지 만족시키려 합니다. 소유형의 사람은 항상 물욕, 권세욕, 명예욕의 노예가 되어 더욱 많은 소유가 삶의 목적이 되어 살다가 성서의 말씀과 같이 되고 맙니다. "욕심이 잉태하면 죄를 낳고 죄가 장성한즉 사망을 낳느니라"(약 1:15). 그러나 존재형의 사람은 자기의 삶의 목적과 사명을 가지고 그의 사명을 성취하기 위해서 사는 사람입니다.

하나님께서 인간들을 이 세상에 보내실 때에 삶의 목적과 사명을 주셨습니다. 인간들은 하나님께서 주신 사명을 깨달아야 하겠습니다. 독일의 시인 괴테는 인생의 최고의 날은 자기의 사명을 깨닫는 날이라고 했습니다. 각 사람이 자기의 사명을 깨닫고 자기의 사명을 이루기 위해서 최선을 다해야 하겠습니다. 요한복음 12:27에서 예수님께서는 "내가 이를 위하여 이때에 왔나이다" 라고 하셨습니다. 이 세상에서 사명감을 자각한 사람처럼 강한 사람은 없습니다. 모세는 비록 80세 노인이었으나 하나님께서 자기 민족을 애굽 바로왕의 억압에서 구원해 내라는 사명을 받고 나무 지팡이 하나를 들고 바로왕앞에 서서 강하고 담대하게 내 백성을 해방시키라고 외쳤습니다. 우리나라의 이순신 장군도 안중근 의사도 윤봉길 의사도 자기의 사명을 자각하였기에 강하고 담대한 삶을 살았습니다.

## 4. 용기가 있는 사람입니다.

지도자는 어려움이 있고 위험이 있어도 자기의 소신에 따라서 해야할 일을 실천할 수 있는 용기가 있어야 합니다. 독일 국민들은 제 2차 세계대전에서 여지없이 패배를 당하고 망국민이 되었으나 그 황폐속에서도 좌절하지 않고 용기와 소망을 가지고 다시 일어날 수 있었으며 그들의 그 용기가 독일을 다시 일으킬 수 있는 활력소가 되어 라인강의 기적을 이루고 오늘의 독일을 완성했습니다. 독일의 위대한 시인 괴테는 "재물을 잃은 것은 약간의 것을 잃은 것이다. 명예를 잃은 것은 많은 것을 잃은 것이다. 그러나 용기를 잃으면 그것은 전부를 잃은 것이다." 라고 했습니다. 지도자는 어떠한 고난과 도전이 다가와도 좌절하지 말고 용기를 가지고 극복해 나가야 하겠습니다.

## 5. 고락을 같이 나누려는 마음을 가진 사람입니다.

사도 바울은 "즐거워하는 자들로 함께 즐거워하고 우는 자들로 함께 울라"(롬 12:15)고 했습니다. 교회는 사랑의 공동체라고 합니다. 성도들간에 고락을 같이 나누도록 노력해야 합니다. 신학자 부버는 현대는 집단은 있어도 공동체는 없다고 했습니다. 현대는 개인주의와 이기주의로 인하여 공동체의식이 점점 약해지고 있습니다. 과거에는 이웃사촌이라고 해서 이웃과 동기간처럼 친밀하게 지내왔습니다. 그러나 근래에 와서는 도시화, 산업화 사회로 발달됨에 따라서 이웃이라는 생각과 공동체의식이 사라지고 이웃에 대해서 무관심하게 되었습니다. 이러한 삭막한 때이므로 지도자는 공동체의식을 가지고 이웃과 고락을 같이 하며 이웃의 아픔을 같이 나누려는 마음을 가져야 하겠습니다.

예수께서는 인간을 사랑하셔서 하늘의 영광을 떠나 이 세상에 오실 때 가난한 목수의 가정에 오셨다는 것이 바로 복음이요 축복입니다. 그리고 예수께서는 우리들을 향하여 친구라고 부르셨고 "수고하고 무거운 짐진 자들아 다 내게로 오라 내가 너희를 쉬게 하리라"고 하셨습니다. 민주화시대에는 특권의식을 버려야 합니다. 그리고 선한 사마리아인의 마음을 가지고 이웃에 대한 관심을 가지고 이웃의 아픔을 나누려는 마음을 가져야 합니다. 미국의 링컨 대통령은 모든 사람들이 자유롭게 되기를 바랐고 이를 위해 힘썼습니다. 한 나라에서 반은 노예고 반은 자유인인 상태를 지속할 수 없다는 것이 그의 이상이요 희망이었습니다. 덕망있는 지도자는 공동체의식을 가지고 고락을 같이 나누려는 마음을 가져야 합니다.

끝으로 역사가 토인비의 말을 소개합니다. 그는 지도자는 첫째, 통찰력이 있어야 한다고 했습니다. 지도자는 통찰력이 있어서 시대적인 상황을 잘 파악하고 대처해 나갈 수 있습니다. 둘째, 절도(節度)가 있어야 한다고 했습니다. 지도자가 자제력이 부족하여 절도를 잃게 되면 큰 실책을 하게 됩니다. 셋째, 도량(度量)이 있어야 한다고 했습니다. 지도자는 매사에 깊이 생각하고 또한 너그럽고 관대해야 하겠습니다. 넷째, 지구력이 있는 사람이라야 한다고 했습니다. 지도자는 많은 시련과 난관이 있을지라도 참고 인내하고 줄기차게 나가야 하겠습니다.

예수님께서는 '나는 선한 목자'라고 하셨습니다. 각 분야에서 선한 목자와 같은 지도자를 갈망하는 이때 우리 모두 바람직한 덕망높은 지도자들이 나오기를 기원하는 동시에 우리들 자신들이 바람직한 덕망높은 지도자가 되기를 힘쓰게 되기를 바랍니다.

# 아버지와 아들의 세계

"하나님이 세상을 이처럼 사랑하사 독생자를 주셨으니
이는 저를 믿는 자마다 멸망치 않고
영생을 얻게 하려 하심이니라"
(요 3:16-18)

● 약   력
대한예수교장로회(통합)증경총회장
한국기독교교회협의회 총무
한국기독교지도자협의회 대표회장
용산교회 원로목사

유호준 목사

## 1. 부자간의 생명관계

예수께서 오셔서 밝혀주신 것은 창조주 하나님이 자신의 아버지시고, 또 모든 믿는 자들의 아버지라는 사실이었습니다.

우리는 하나님과의 부자관계에서 하나님이 아버지로 무엇을 하셨고, 또 하시고 계시냐는 것과 우리 인간은 하나님께 아들의 입장에서 어떻게 해야 할것이냐를 생각하고자 합니다.

성경은 "태초에 하나님이 사람을 창조하셨다." 라고 밝혀주고 있습니다.

창조행위 속에는 '생산하였다'는 뜻도 들어 있습니다. 생산을 하였다는 것에는 곧 '생명의 공급'이 있었다는 것을 내포하고 있습니다.

그래서 성경은 하나님이 인간을 창조하실때, 단지 말씀으로 "있으라"고 선언하신 힘의 창조가 아니고, 그 자신의 형상대로 창조하신 후에 인간에게 생명력을 불어넣어 주셔서 생명을 갖게 하셨다고 하는, 즉 인간이 하나님께 창조함을 받을 때의 경위와 생명을 갖게된 근원을 밝혀 주었습니다.

여기서 인간의 생명은 하나님이 창조하신 다른 생명체, 즉 식물과 동물들의 생명과 근본적으로 다르다는 것과, 또 하나님과 생명의 특수관계를 가지고 있는 사실을 인정하게 됩니다.

그래서 인간 아닌 다른 생명체들은 하나님과의 관계가 없어도 생존하는데 필요한 여건만 갖추어 있으면 그 생명을 보존할 수 있게 됩니다. 그러나 인간은 하나님과의 생명의 관계가 끊어지면 그 자체도 생존하지를 못하는 것입니다.

하나님과 이러한 특수관계속에 있던 인간이 하나님과 맺은 계약을 일방적으로 파괴하고 죄를 저지른 것에서 하나님과의 생명관계가 단절되었고, 죽음을 맞이하게 되었습니다.

범죄한 인간이 하나님 앞에서 스스로 그 자신의 모습을 감추고 또 하나님이 범죄한 인간을 그 자신의 세계인 에덴동산에서 추방하였다는 것은, 바로 하나님과 인간의 관계가 끊어졌다는 것을 뜻합니다.

이렇게 되어 범죄한 인간은 하나님의 생명의 세계에서 쫓겨나 영원한 저주받은 세계에 떨어지고 말았습니다.

2. 아버지와 아들 사이에서 새로 형성된 사랑의 관계

인간은 범죄로 아버지와 아들간의 생명관계는 영원히 회복될 수 없는 상태에 떨어져 버리고 말았습니다. 인간의 죄를 담당하시고 십자가에 달리신 예수의 고민과 고통도 바로 여기에 있었습니다. 그래서 예수는 십자가 위에서 아버지 되시는 하나님을 향해 "나의 하나님, 나의 하나님, 어찌하여 나를 버리십니까?" 라고 외치셨습니다.

그러나 창조의 하나님은 인간의 아버지로 인간들과의 이러한 비참한 상태를 언제까지나 지속되는 것을 바라지 않으시고 새로 창조를 계획하셨습니다.

이 새 창조행위가 곧 사랑을 바탕으로한 그 영원하신 아들 예수의 성육신의 역사적 탄생과 속죄의 죽음이었습니다.

오늘의 성경 본문이 우리들에게 밝혀주는 것은, 하나님의 제 2의 사랑의 창조행위 입니다.

"하나님이 세상을 이처럼 사랑하사 독생자를 주셨고" 이 사랑을 가지고 오신 하나님의 아들을 믿는 행위는 영원한 생명을 다시 회복시켜 준다는 것입니다.

여기에 '믿는다'는 행위는 다른 말로 하면 '함께 산다'는 것을 뜻합니다. 우리 인간은 하나님이 창조하시고 그 자신의 생명력을 공급해주신 하나님의 창조의 아들이고, 예수 그리스도는 하나님과 함께 영원한 생명을 가지고 영원히 생존하시면서 아버지와 함께 창조행위에 관여하셨고, 또 그 창조하신 인간을 자신의 위치, 즉 아들의 자리에 두셨던 창조자로서의 아들이십니다.

다시 말을 바꾸어 말하면, 하나님은 인간을 자신의 형상으로 창조하셔서 자신과 같은 자리에 두셨고, 하나님의 영원하신 아들 그 스스로는 그 창조하신 인간을 자신과 같은 위치인 아들의 자리에 두셨다는 것입니다.

하나님은 인간이 범죄하고 타락하여 그 본래의 아들의 자리에서 쫓겨나고 친히 공급해주신 생명을 잃어버리게 되자, 영원한 아들로 인간이 되어 역사속에 출현하여 타락된 아들(인간)을 구원하게 하여 본연의 아들의 자리에 복귀시키는 새 창조작업을 단행시키셨습니다.

예수 그리스도의 사랑을 제자들 중에서도 가장 깊이 체험하였던 제자 요한이 하나님의 인간을 위하신 새창조 행위를 가르켜, "하나님, 즉 아버지 되시는 하나님이 세상, 즉 인간을 사랑하사 독생자를 주셨고 그 독생자를 믿는 자, 그와 함께 사는 자들을 누구나 차별없이 영원한 생명을 소유케 하셨다"고 표현하여 주었습니다.

이 역사의 사건은 하나님의 사랑과 그 초능력의 창조행위로써 인간 타락과 더불어 하나님의 영원하신 경륜속에 묻혀있던 신비가 그 베일을 벗고 역사속에서 그 자체를 드러낸 것이라고 할 수 있습니다.

이 역사의 신비는 아버지 하나님의 사랑이 아들 예수의 역사의 삶을 통해 성취된 것입니다.


### 3. 하나님의 사랑의 속성(屬性)

사도 요한은 하나님의 깊으신 사랑의 행위를 다음과 같이 표현해 주었습니다.

"하나님은 사랑이시라 하나님의 사랑이 우리에게 이렇게 나타난 바 되었으니 하나님이 자기의 독생자를 세상에 보내심은 저로 말미암아 우리를 살리려 하심이라 사랑은 여기 있으니 우리가 하나님을 사랑한 것이 아니요, 오직 하나님이 우리를 사랑하사 우리 죄를 위하여 화목제로 그 아들을 보내셨음이라"(요1서 4:9-10)

예수께서도 제자들에게 "아버지께서 나를 사랑하신 것 같이 나도 너희를 사랑하였으니 나의 사랑 안에 거하라"(요 15:9)고 말씀하셨습니다.

예수는 아버지 하나님의 사랑에다가 언제나 인간들의 영원한 생명을 결부시켜 말씀해 주셨습니다.

유대인의 한 교법사와 영생문제를 가지고 대화를 하시는 자리에서 "어떻게 해야 영생을 얻을수 있습니까?" 하고 묻는 교법사에게 예수는 "네 마음을 다하고 목숨을 다하고 힘을 다하고 뜻을 다하여 주 너의 하나님을 사랑하고 또한 네 이웃을 네 몸과 같이 사랑하는 것에 있다"고 대답하시면서 "이것을 행하면 네가 살 것이다"고 단정하여 주셨습니다.

하나님은 사랑의 아버지라는 것이 예수의 그 아버지께 대한 확신이었습니다. 여기서 우리는 하나님의 인간 창조의 심오한 의도를 찾아낼 수 있습니다. 하나님은 그 자신의 사랑의 상대자를 필요로 하셨습니다.

예수는 그의 기도속에서 다음과 같이 기도하셨습니다. "아버지여, 내게 주신 자도 나와 함께 있어 아버지께서 창세전부터 나를 사랑하심으로 내게 주신 나의 영광을 저희도 보게 하소서" 위에서 보낸 아들 예수는 그 아버지 하나님의 영원하신 사랑의 대상자였다는 것이 밝혀져 있습니다.

영원하신 삼위의 하나님 자체안에서 아버지와 아들 사이에서만 주고 받으시던 그 무궁한 사랑을 확산시켜, 베푸실 사랑의 대상자를 찾으신 것이 바로 우리 인간 창조의 동기이자 목적이었다고 생각해 볼 수 있습니다. 이것은 곧 사랑의 본질이고 또 본능인 것입니다. 사랑은 자기 아닌 다른 상대자에게 베풀어 줄 수 있을 때 보람을 느끼고 또 그 가치를 발휘하게 되는 것입니다. 그러므로, 하나님의 영원하신 사랑이 하나님 자체안에서만 묻혀있어 그 자체안에서 아버지와 아들 사이에서만 작용하던 것을 하나님은 밖의 세계에서 구하신 것이 바로 사랑의 새로운 대상자인 인간의 창조였습니다.

인간을 창조하신 하나님은 인간에게 사랑의 표징으로 자신이 창조하신 세계와 그 속에 있는 모든 것들을 송두리째 주시고 이를 마음대로 소유하고 사용하고 관리할 수 있는 전권을 부여해 주셨습니다.

이런 상황에서 본다면, 하나님과 우리 인간의 관계는 예수의 천국 비유 중에서 포도원의 일꾼들이나, 악한 농부, 그리고 달란트의 이야기 속에 나타나 있는 단순히 고용주와 고용자와의 관계에 한정된 것이 아니고, 그 차원(次元)을 보다 더 높인 아버지와 아들의 관계가 형성되어 있는 것을 인정하게 됩니다.

인간세계에서 아버지의 것은 그것이 다 아들의 것이고, 아들의 것은 아버지 안에 그 근거를 지니고 있는 것입니다. 하물며 하나님 자체 세계 안에서 아버지와 아들의 관계가 어떠하겠느냐는 것입니다. 그래서 예수는 "내 것은 아버지의 것이요, 아버지의 것은 내 것이온데 내가 저희로 말미암아 영광을 얻었나이다"고 하셨습니다.

예수는 그 아버지와의 관계를 표명하시는 곳에서 나는 아버지 안에, 아버지는 내 안에 계시다고 하시면서 아버지와 나는 일체(一體)라고 하셨습니다.

예수는 아버지의 것을 가장 소중하게 여기셨고, 아버지를 위해서는 그 자신의 생명마저 아낌없이 바쳐 희생의 제물로 삼으셨습니다. 이것이 바로 그의 십자가의 죽음이었습니다. 이러한 아들 예수에게 하나님은 그 자신이 창조하여 생산하신 창조의 아들, 인간을 맞겨주신 것입니다.

그리고 또 예수는 아버지 하나님께로부터 맡은 인간을 가장 소중하게 여기시고 기도하시는 가운데서도, "아버지께서 내게 주신 자들은 하나도 잃어버리지 아니하였나이다"고 하셨습니다.(요 18:9)

우리는 예수 그리스도 안에서 영원하신 아버지와 아들의 세계의 신비를 보았습니다. 그리고 또 예수 그리스도를 중보(仲保)로 하여 우리 인간과 하나님 사이에서도 아들과 아버지의 관계가 조성된 것도 볼 수 있었습니다. 그러므로 아들 예수가 그 아버지에게 행하신 것을 그대로 실천하여 하나님의 사랑의 새 세계를 인간의 역사 속에서 구현시키는 것이 바로 우리 그리스도인들의 신앙생활이고, 또 역사의 교회들이 성취해야 할 현실적 과제라는 것을 인식해야 하겠습니다.

# 난파선 속의 인생

(딤전 1:12-20)

● **약    력**
부활절연합예배위원회 대회장
교회와 경찰중앙협의회 회장
한국기독교지도자협의회 대표회장
서대문교회 원로목사

장성칠 목사

『믿음과 착한 양심을 가지라! 어떤 이들이 이 양심을 버렸고, 그 믿음에 관하여는 파선하였느니라』(딤전 1:19)

분문에서, 바울사도는 이 세상을 살아가는 인생이란, 험난한 바다를 항해하는 인생과 같음을 지적하고 있습니다.

바울사도는 바다의 여행을 많이 해보신 분입니다.

고린도후서 10:25에 보면, 바울사도가 세 번이나 파선을 당하였는데, 한번은 일주일을 깊음에서 지냈다고 했습니다.

또 사도행전 27장에는 그가 로마로 붙들려 갈 때, 그레데 근방에서 큰 '유라굴로'라는 폭풍을 만나, 그가 탓 던 배가 열나흘 동안이나 지중해바다 가운데에서 표류하다가, 마지막에 멜리데섬 앞 바다에서 파선을 당하여, 모든 배와 배에 실었던 귀중품들을 다 바다 속에 내버리고, 인명만 간신히 구조되어 살아났던 사건이 기록되어 있습니다.

이런 일은 옛날에만 있었던 일이 아니라, 과학이 최고도로 발달한 오늘 날에도 자주 일어나서 많은 인명과 재산을 물속에 장사지내는 비극을 우리는 신문이나 라디오를 통하여 듣게 됩니다.

이것은 항해가 얼마나 위험하고 괴롭다고 하는 것을 말하는 것입니다.

바울 사도가 인생을 항해에 비교하고, 난파를 당한 배에 비교한 이유도 여기에 있다고 생각합니다.

그런데 배를 타고 바다를 건너가는 사람들에게는 행선지와 항해하는 목적이 있을 것입니다.

인생이 항해해 가는 행선지는 바다 저편 언덕 즉 피안(彼岸)인데, 그곳은 하늘의 항구입니다.

또 가는 목적은 영원한 집에서 우리 아버지를 모시고, 또 우리주님을 모시고 먼저 가신 성도들과 함께 편히 평안하게 영원히 살고자 함입니다.

그런데 이 바다를 건너가는데는 거울과 같이 잔잔한 때도 있지만, 때로는 큰 풍랑이 일어나서 배를 뒤집을 듯이 흔드는 때도 있고, 때로는 큰 빙산이 앞을 가로 막는 때도 있고, 때로는 바다 속에 큰 암초가 있어 배 밑에 부딪치는 때도 있습니다.

아마 배를 타고 여행을 해보신 이들은 잘 아시겠지만 바다 여행이 얼마나 위험하고 고달프다고 하는 것을 나는 몇 번이고 체험해 보았습니다.

바다에서는 풍랑과 안개와 암초와 빙산이 위험을 안겨 줍니다.

이와 같이 우리 인생항로에도 때때로 풍랑이 일어나고, 암초에 부딪치고, 빙산을 만나고 혹은 구름과 안개가 앞을 가로막습니다.

큰 전쟁에 전사하는 수많은 생명, 무서운 병마의 유행, 큰 흉년의 기근, 큰 지진, 큰 수해에 사라지는 무수한 생명들 교통사고로 죽는 생명들, 우리로서는 그 수를 다 헤아릴 수 없을 정도로 많습니다.

이런 파도치는 난파 속에서 우리 인생들은 하루하루를 살아가고 있습니다.

그뿐입니까? 어떤 때에는 죄악의 물결이 우리를 유인하여 우리로 생지옥에서 살게 합니다.

의심의 안개, 근심의 구름, 온갖 유혹의 물결, 실망의 암초가 우리를 오리무중에서 방황하게 만듭니다.

그래서 주기철 목사님은 옥중에서 324장 찬송가를 불렀습니다.

누구나 처음에는 다 조용한 바다에다가 아름다운 배를 띄워, 순풍에 돛을 달고 출항하지만, 얼마 못가서 바람은 거슬리고, 물결은 뒤엎이고, 암초에 부딪치고, 안개가 앞을 가려 파선을 당하게 되는 청년남녀들이 얼마나 많으며, 또 어떤 이들은 문자 그대로 악전고투로 40년이나 50년을 거친 파도를 헤치고 바다를 건너 왔지만, 항구를 지척간에 두고 어떤 큰 유혹이나 큰 시험의 암초에 걸려서 파선이 된 중년남녀가 얼마나 많습니까?

그래서 인생의 바다 밑에는 인간 파멸의 파편이 쭉 깔려져 있다고 볼 수밖에 없습니다.

이런 것을 보면서 사는 우리들은 이 한번밖에 없는 인생항로를 어떻게 해야 안전하게 무사히 마치고 승리적으로 피안에 도달할 수가 있을 것인가?

우리는 이것을 오늘 몇 가지로 생각해 보아야 할 것입니다.


첫째로 배를 저어가기 위하여서는 노를 저을 수 있는 힘이 필요한데 그 힘은 지식이나, 돈이나, 지위나, 권력이 아니라, 믿음이라고 말했습니다.

사람의 힘으로 노를 저어서는 넓은 바다를 건너 갈수가 없습니다.

그래서 사람들은 옛날부터 풍력(風力)을 이용해서 배를 가게 하였으니, 그 방법으로 돛을 다는 것이었습니다.

돛을 하나만 달지 않고, 둘, 셋, 넷, 다섯, 이렇게 많이 달고 가기도 합니다.

그러나 요즈음에 와서는 화력을 이용해 가지고, 프로펠러를 돌려 배가 빨리 달리게 하고 있습니다.

그와 같이 우리인생의 항로를 건너가는 데도 우리 사람의 힘으로만은 안 됩니다. 보다 더 큰 힘이 필요합니다.

그 능력은 즉, 믿음입니다.

바울은 그처럼 험난하고 거친 인생의 바다를 항해 할 때에, 자기의 힘으로 즉 자기의 지식이나, 자기의 소견이나, 자기의 세력으로 하려고 하지 않았습니다.

그가 친히 간증한대로 「내게 능력주시는 자 안에서 내가 능치 못할 것이 없느니라.」 즉, 자기에게 능력을 주시는 자이신 예수님을 믿는 그 믿음의 힘으로써 무엇이든 못할 것이 없이 해 나아간다는 말씀입니다.

만군의 하나님을 의지하고 그가 주시는 능력으로 인생의 바다를 항해해 갈 때 무엇을 못하겠습니까?

우리가 인생항로에서 종종 실패하고 눈물을 흘리게 되는 까닭은, 우리가 하나님의 능력을 의지하는 즉 신앙으로 하지 않고 나의 여간한 지식과 나의 여간한 재능과 나의 여간한 권력과 금력과 강함으로 해보려고 하기 때문입니다.

예수님께서 뭐라고 말씀하셨습니까?

「너희에게 겨자씨 한알만한 믿음만 있어도 이 산을 떠서 바다에 옮기우리라」 하시지 않았습니까?

또 제자들이 선생님은 그렇게 병을 잘 고치시는데 우리들은 어째서 이렇게 병을 못 고칩니까? 할 때 너희들에게 믿음이 없는 연고라고 하시지 않았습니까?

믿음만 있으면 어떤 바람과 어떤 파도가 부딪쳐도 두려울 것이 없습니다.

믿음만 있으면 아무리 난치의 병이 우리 몸을 엄습해 와도 그 병이 문제가 아니며, 아무리 무서운 환난과 곤고함이 침범할지라도 그것을 두려워할 까닭이 없습니다.

일찍이 인생항로에서 가장 큰 암초에 부딪쳤다면 다니엘, 사드락, 메삭, 아벳느고가 당한 암초보다 더 클 수 있으며, 아무리 큰 빙산이, 앞을 막았다 한들 엘리야나 마틴 루터가 당한 빙산보다 더 큰 것일 수 있겠습니까?

그러나 저들은 「주여 내가 여기 있사오니 나를 도와주시옵소서.」하는 신앙으로 이 모든 난관을 능히 물리칠 수가 있지 않았습니까?

우리들도 어떤 난관이던지 우리의 힘으로 해결하려고 하지 말고 우리에게 능력을 주시고 모든 것을 감당케 하시는 주님을 의지하는 신앙으로 타개해 나아가십시다.


두 번째로 항해하는 사람이 준비해야 할 것은 나침반(羅針盤)입니다.

육지에서는 주위 환경을 보고「아 이편은 동쪽이구나, 이편은 서쪽이요, 이편은 남쪽이다」이렇게 잘 분별할 수가 있지만은, 바다에서는 보이는 것은 물밖에 없으니까 방향을 가릴 수가 없습니다. 거기에다가, 설상가상으로 운무가 자욱하게 끼이게 되면 그야말로 지척도 분별할 수가 없게 됩니다.

그런고로 배에는 언제나 나침반을 비치해 두는 것입니다.

그래서 그 나침반이 지향하는 방향을 좇아서 자기의 코스를 달리게 되는 것입니다.

그래서 아무리 운무가 끼고 먼 거리 간이지만은 아무런 실수도 없이 목적지로 잘 달려가게 됩니다.

이것을 바울은 착한 양심이라고 하였습니다. 즉 착한 양심이 인생의 나침반이라는 말입니다.

이 착한 양심이란 흐려졌거나, 삐뚜러 졌거나, 화인을 맞아서 마비된 양심이 아니라 하나님께서 본래 창조해 주신대로의 순결하고 맑은 것을 가르친 것입니다.

이런 착한 양심은 우리 영혼의 지성소입니다. 우리 마음의 촛불이며, 모세가 시내산에서 돌판에 새겨 가지고 내려왔던 것과 같은 마음이며, 세밀하게 들려지는 하나님의 음성입니다.

우리 앞에 운무가 끼여 앞길이 보이지 않을 때 우리는 이 양심의 소리를 들어야하고 이 양심이 지향하는 방향을 향하여 앞으로 전진하여야 하는 것입니다.

이 양심이라는 나침반은 우리들의 방향을 가르쳐 주기만 하는 것이 아니라, 때로는 약한 우리 마음을 격려해 주기도 하고, 때로는 잘못 걸어가는 우리를 책망하기도 합니다.

그런고로 인생 항로를 바로 가려고 하면 우리는 이 양심의 소리에 순종하여야 합니다.

아무리 가기가 어려울지라도 양심이 가라는 길이면 가야하고, 아무리 손해가 되는 듯, 하여도 양심이 하라고 하면 순종하여야 하며, 아무리 하기가 부끄러운 일이라도 양심이 하라는 일이면 묵묵히 행하여야 하는 것입니다.

인생항해를 바로 가려고 하면 양심의 명령에 순종하여야 합니다.

여기 사도바울이 말한 바를 보면 「어떤 사람은 양심을 버렸고 그 믿음에 대하여는 파선하였느니라」 하는 말씀이었습니다.

양심을 버렸다고 하는 말은 양심이 못쓰게 되었다는 말입니다.

양심이 못쓰게 된 사람의 신앙생활과 인격과 모든 생활은 파선을 당하게 되는 것입니다.

우리들의 양심은 어떻게 되어 있습니까?

우리들의 양심은 버려지지 않았습니까?

또 버려지지 않고 잘 방향을 가르쳐 주어도, 그 양심의 소리를 억누르고 딴 방향으로 나가는 우리들이 되어 있지는 않습니까?

양심은 기도 생활을 좀 많이 하라고 하고, 예배시간 마다 빠지지 말라고 소리 지르는데, 우리는 이 소리를 무시하고 기도에 힘쓰지 않고, 또 예배 시간에도 안 나오는 우리가 안 되었습니까? 사실상 양심이 버려지지 않았다면, 그 양심은 세밀한 선까지 다 우리에게 격려와 독촉을 할 것입니다.

우리가 참으로 인생항로를 바로 가려면 이 양심의 소리를 무시하거나, 거역해서는 안되는 것입니다.

왜냐하면 이 양심의 소리 불순종할 때에 우리의 생활은 암초에 부딪히게 될 것이요, 파선을 당할 수밖에 없기 때문입니다.

셋째로 항해를 바로 하려면 항해도가 있어야 합니다.

육지에 기차선로가 있고, 자동차 선로가 있듯이, 바다에도 배가 다니는 길이 있습니다.

어디로 가면 물이 깊고, 어디로 가면 물살이 빠르고, 어디로 가면 바다 속에 큰 바위가 있고, 이렇게 자세한 것을 표시한 지도가 있습니다.

이것이 항해도인데 이것은 즉 하나님의 말씀인 성경입니다.

이 성경 말씀이 가르친 길로만 걸어가면 인생항로는 잘 달려갈 수가 있는 것입니다.

넷째로는 배가 제대로 잘 나가려면 능한 선장이 있어야 합니다.

선장이 서툴면 그 배는 난파를 당하게 됩니다.

이 능한 선장은 우리 주 예수님이십니다.

이 예수님만 모시게 되면 우리는 무사히 저 하늘나라 항구에까지 안착할 수가 있게 될 것입니다.

　여러분 우리들의 배는 파선할 위기에 당면되어 있지 않습니까?

　우리들이 탄 배는 지금 옳은 길을 가고 있습니까?

　우리가 파선을 당하지 않으려면 먼저 튼튼한 믿음과 맑은 양심을 가지고, 그 양심이 지시하는 데로 순종하여 성경이 가르치는 곳으로 주님을 모시고 노를 저어 갈 때 우리는 틀림없이 이 길을 바로 갈 수가 있을 것입니다.

# 하나님의 일

"… 어떻게 하여야 하나님의 일을 하오리이까 예수께서 대답하여
가라사대 하나님의 보내신 자를 믿는 것이 하나님의 일이니라"
(요 6:27-29)

● **약  력**
　　루터교중앙교회 담임
　　기독교 한국루터교회 총회장
　　한국기독교 지도자협의회 대표 회장
　　부활절연합예배 대회장
　　교회와 경찰 중앙협의회 회장

고 지원상 목사

　창세기 1:1에 "태초에 하나님이 천지를 창조하시니라"고 하신 말
씀은, 하나님께서 일하시는 분이심을 처음부터 성경은 말씀하고 있는
것입니다.
　하나님께서는 스스로 일하실 뿐만 아니라, 그가 창조하신 인간도
일할 것을 권고하고 계십니다. 창세기 1:28에 보면, "하나님이 그들
에게 복을 주시며 그들에게 이르시되, 생육하고 번성하여 땅에 충만
하라, 땅을 정복하라, 바다의 고기와 공중의 새와 땅에 움직이는 모
든 생물을 다스리라" 라고 되어 있습니다. 땅을 정복하고 생물을 다

스리라는 말씀은 하나님께서 우리에게 선물로 주신 이 모든 세상과 우주를 선히 가꾸고 개발하고 유용하게 활용하며 행복하게 살라는 교훈이기도 합니다.

그런데 사람들은 흔히 일을 경시하고 노동을 천히 여기는 경향이 있습니다. 심지어는 근로자 자신들까지도 자기 일에 자부심과 긍지를 가지지 못하고, 천한 직업의식을 가지고 살아가는 경우가 있습니다. 이것은 확실히 시정되어야 할 사항입니다.

우리는 복음서 가운데서 많은 비유의 말씀을 봅니다. 그런데, 거기에 나오는 대부분의 말씀은 농사짓는 농부의 이야기, 포도원을 가꾸는 일군의 이야기, 주인의 재산을 맡아 돌보는 청지기의 이야기입니다. 이 비유들 가운데서 언제나 초점을 맞추고 있는 것은, 일하는 농부, 혹은 청지기입니다. 그들이 얼마나 부지런하게, 성실하게 맡은 바 일을 감당하느냐에 따라서 하나님께로부터 상벌을 받게 됨을 가르치고 있습니다.

물론 이 세상의 모든 일들을 여러 가지로 분류할 수 있습니다. 또 모든 분야에 전문적인 종사자들의 책임있는 과업수행이 요망됩니다. 그런데 모든 일에는 어느 일이 더 귀하고, 어느 일이 덜 귀한 것이 없습니다. 다 귀하고 필요한 일들입니다. 그런데 사람들은 일에 귀천을 가리며 직업에 따라서 인간 자신의 값어치마저 평가하려 합니다. 이것은 확실히 하나님의 뜻에 어긋나는 일이며, 시정되어야 할 사회의 모순이라고 생각됩니다.

세계 여러 나라를 여행해보면, 문명된 사회와 미개한 사회를 구분하는데 있어서 바로 이 직업관을 들 수 있습니다. 즉, 미개한 사회일수록 직업에 귀천을 가리고 있고, 문명된 사회일수록 그렇지 않음을 볼 수 있습니다. 우리는 내가 하는 일이 가장 중요한 일이라는 자각을 새롭게 가져야 하겠습니다.

다음으로 생각할 것은, 일하는 사람은 항상 부지런하게, 성실하게 일해야 한다는 사실입니다. 사실 여기서도 자기 일에 대하여 더없는 긍지와 자부심을 갖지 않는다고 하면, 이렇게 일할 수가 없을 것입니다. 데살로니가후서 3장 10절에 보면, "누구든지 일하기 싫어하거든 먹지도 말게 하라"는 말씀이 있습니다. 또 고린도전서 4장 2절에 보면, "그리고 맡은 자들에게 구할 것은 충성이니라"고 가르치고 있습니다. 우리는 무슨 일을 하든지 그 일이 바로 내 일이라고 생각하고 해야 합니다. 즉, 스스로 품꾼이라는 의식을 버리고, 주인의식을 가지고 일해야 한다는 말입니다.

엄밀한 의미에서 주인은 한 분 밖에 없습니다. 즉, 이세상 만물을 지으시고 보살피시는 하나님 아버지 이십니다. 그리고 모든 인간은 그가 주인이든 고용인이든, 다스리는 자든, 다스림을 받는 자이든, 다 청지기에 불과합니다. 다시 말하면, 우리는 다 종이요, 다 주인이라는 말입니다.

외국에 나가보면 세계도처에서 한국 사람은 부지런히 일하는 사람으로 정평이 나있습니다. 요즈음 미국 같은데서는 한국인을 가리켜 제2의 유태인이라고까지 말하고 있습니다. 이것은 나쁜 면에서 하는 말이 아니라, 한국인의 근면성을 높이 평가하는 말이라고 여겨져 자부심을 가지게 하기도 합니다. 부지런히 일해야 할 것에 관한 교훈은 성경 전체에 흐르고 있는 중요한 교훈입니다.

마지막으로 한 가지 더 생각할 것은, 우리가 해야 할 궁극적인 일은 하나님의 일이라는 사실입니다. 위에서도 언급한 대로 우리가 하고 있는 모든 일은 엄밀한 의미에서 모두가 하나님의 일입니다. 그러나 여기서 말하는 하나님의 일이란, 즉 "하나님의 보내신 자를 믿는 것이 하나님의 일이니라"고 하신 말씀대로 주님을 믿고, 주님 안에서 인간의 삶의 의의를 바르게 깨닫고, 나를 위하여서가 아니라 주님을 위하여, 또 이웃을 위하여, 나를 중심해서가 아니라 주님을 중심해서 사는 것이 하나님의 일을 하는 것입니다.

# 중심에 진실

"...중심에 진실함을 주께서 원하시오니
내 속에 지혜를 알게하시리이다"
(시 51:1-12)

● **약    력**
대한예수교장로회(통합) 증경 총회장
한국기독교백주년기념사업위원회 대표
영락교회 원로목사

한경직 목사

   시편 51편은 다윗의 유명한 참회의 시 중의 하나입니다. 그는 솔직히 자기의 죄를 고백하여 죄를 사하여 주시기를 간구하며 죄를 깨끗이 씻겨 주시기를 간구하였습니다. 6절에 "중심에 진실함을 주께서 원하시오니 내 속에 지혜를 알게 하시리이다"를 좀 더 문자적으로 번역하면, "속부분에 진리를 주께서 원하시오니 내 속에 지혜를, 곧 하나님을 경외하는 지혜를 알게 하시리이다" 입니다.

   사무엘상 16:7에서도 "하나님께서 사무엘에게 이르시되 그 용모와 신장을 보지 말라. 내가 이미 그를 버렸노라. 나의 보는 것은 사람과 같지 아니하니 사람은 외모를 보거니와 나 여호와는 중심을 보느니라" 하셨는데 그 본문의 뜻 역시 하나님은 우리 마음의 속부분, 곧 중심에 진리, 혹은 진실을 요구한다는 것입니다. 현대 심리학자들의 말을 빌리면, 표면의식 뿐만이 아니고 잠재의식속에서도 진실을 구한다는 뜻일 것입니다.

주님도 누가복음 6:45, "선한 사람은 마음의 쌓은 선에서 선을 내고, 악한 자는 그 쌓은 악에서 악을 내나니 이는 마음의 가득한 것을 입으로 말함이니라" 했습니다. 아주 중요한 것은, 우리 속 중심에 무엇이 가득히 쌓였는가 하는 것입니다. 곧 우리 마음 깊은 곳에 선을, 혹은 진실함을 가득히 쌓으라는 뜻입니다.

그래서 "중심에 진실"이란 문제를 생각하고자 합니다.

**첫째, 중심에 진실한 회개입니다.**

하나님은 우리 중심에 진실한 회개를 요구하십니다. 세례 요한이 요단강에서 전파하실 때에 많은 사람들이 나와 죄를 자복하고 세례를 받았습니다. 그때에 바리새인과 사두개인들이 역시 나오는 것을 보고 그는 다음과 같은 준엄한 책망을 했습니다.

"독사의 자식들아 누가 너희를 가르쳐 임박한 진로를 피하라 하더냐 그러므로 회개의 합당한 열매를 맺고 속으로 아브라함이 우리 조상이라고 생각하지 말라"

이들은 분명히 중심에 진실한 회개가 없이 세례를 받으러 나왔던 모양입니다. 회개에 합당한 열매를 맺으라고 그는 요구하였습니다. 과거의 죄에 대하여 중심에 진실한 회개가 꼭 필요합니다. 하나님의 구하시는 제사는 상한 심령이라고 하셨습니다. 곧 심령 깊은 곳에 죄에 대한 애통과 통분을 의미합니다.

베드로는 예수를 모른다는 죄를 지은 후에 심히 통곡하며 중심에서 회개하였습니다. 참회개에는 중심에 애통의 눈물이 있습니다. 이

애통의 눈물은 천국의 문을 여는 열쇠라고도 할 수 있습니다.

회개는 중심에서 온전히 돌아서는 것을 의미합니다. 과거의 죄를 온전히 끊어버리고 방향전환을 의미합니다. 전에는 죄를 사랑하였으나 이제는 중심에서 죄를 온전히 미워하는 것을 의미합니다.

가령, 우리가 처음으로 믿을 때에 물론 육에 관한 죄들을 회개하여야 합니다. 술 취하는 것, 음란, 방탕 등, 그러나 이것만으로는 부족합니다. 마음속 깊은 곳에 있는 정신적인 죄, 곧 교만, 시기, 거짓, 미움 등을 씻어버려야 합니다. 이 모든 것을 그리스도의 보혈로 씻어버려야 합니다.

시편 24:3-4 "여호와의 산에 오를 자 누구며 그 거룩한 곳에 설 자가 누군고, 곧 손이 깨끗하며 마음이 청결하며 뜻을 허탄한데 두지 아니하며 거짓 맹세치 아니하는 자라야" 하였습니다.

하나님은 중심에 순결을 요구하십니다. 예수님도 팔복(八福)을 가르치실 때에, "마음이 청결한 자는 복이 있나니 저희가 하나님을 볼 것임이요" 하셨습니다. 외부만의 회개는 부족합니다. 하나님은 중심에 진실한 회개를 요구하십니다.


**둘째, 중심에 진실한 신앙을 가져야 합니다.**

하나님은 우리 한 사람 한 사람에게 중심에 진실한 신앙을 요구하십니다. 산상보훈에서 주님은, "나더러 주여 주여 하는 자마다 천국에 다 들어갈 것이 아니요, 다만 하늘에 계신 내 아버지의 뜻대로 행하는 자라야 들어가리라" 하셨습니다. 또한 구약에는 "이 백성들이 입술로는 나를 부르나 그 마음은 내게서 멀다" 하시는 말씀이 있습니다.

야고보는 행함이 없는 믿음은 죽은 믿음이라고 지적하였습니다. 왜 행함이 없는가? 그것은 그 속에 있는 나무 곧 믿음이 죽은 까닭이라고 하셨습니다. 마음속 깊은 곳에 있는 믿음은 반드시 열매를 맺습니다.

우리가 사는 21세기는 과거 어느 때보다 더 무신론자, 곧 하나님의 존재를 부인하는 자들과 또 허무주의자, 곧 아무 것도 믿지 아니하는 자들이 많이 살고 있습니다. 어떤 신학자는 믿기는 믿는다 하는 이들 가운데도 실상은 무신론자들과 허무주의자들이 있는 것을 지적하였습니다. 곧 관념적으로는, 겉으로는 믿지만은 실상 그 중심에는 하나님을 믿지 아니하는 자들이 있다고 하였습니다.

우리가 참으로 천지의 창조자요, 인간역사의 지배자요, 우리 하나하나의 운명을 다스리는 살아계신 하나님을 중심에 믿습니까? 그러면 무엇보다도 하나님을 두려워하는, 경외하는 태도에 나타납니다. 이러한 이는 죄를 함부로 지을 수는 없을 것입니다.

우리 각 마음 중심에 스스로 물어봅시다. 내가 하나님을 더 두려워하는가, 혹은 사람을 더 두려워하는가? 우리가 사실 영혼불멸을 믿으며 내세를 믿습니까? 천국과 지옥을 믿습니까? 오직 우리를 구원하실 이는 예수밖에 없는줄 믿습니까? 그러나 그 믿음의 진가는 아직도 믿지 아니하는 가족, 친척, 친구에 대한 우리들의 태도에 나타날 것입니다. 영원한 형벌의 길을 걷는줄 알면서 내가 사랑하는 이들을 심상히 내어버려 둘 수 있습니까? 우리 중심에 진실한 신앙이 있습니까? 우리 스스로 살펴보아야 합니다.

어떤 유명한 배우가 이렇게 말하였다고 합니다. "우리는 사실이 아닌 것들을 사실처럼 연극을 해서 사람을 울리기도 하고 웃기기도 하는데, 너희 그리스도인들은 가장 엄숙한 사실들을 가지고 무력하게 전도를 하니 웬일인가? 내가 만일 당신들의 신앙을 가졌다고 하면 하루라도 그냥 앉아있을 수는 없겠습니다." 또 어떤 분이 수표를 가지고 돈을 찾기 위하여 은행에 갔다가 가짜 수표로 확인되어 돈을 못찾을 뿐더러 조사만 받게 되었다는 말이 있습니다. 내가 가진 신앙이 중심에 진실한 신앙인가, 혹은 가짜 신앙인가 미리 살펴보아야 이

다음에 천국에 들어갈 때에 낭패가 없을 것입니다. 하나님은 중심에 진실한 신앙을 요구하십니다. 하나님은 중심에 진실을 보십니다.

**셋째, 진실한 사랑을 요구하십니다.**

요한복음 21:15에 주님께서 디베랴 바닷가에 나타나서 시몬 베드로에게 "요한의 아들 시몬아 네가 이 사람들보다, 혹은 이것들보다 나를 더 사랑하느냐?" 하고 물으셨습니다. 베드로는 "주여, 그러하외다. 내가 주를 사랑하는줄 주께서 아시나이다" 하고 대답하였습니다.

이렇게 세 번째 물으시니 베드로는 근심하며 이렇게 대답하였습니다. "주여 모든 것을 아시오매 내가 주를 사랑하는 줄을 주께서 아시나이다"

지금도 주님은 우리를 향해서 이 질문을 하십니다. "네가 나를 사랑하느냐?" 즉, 어느 사람보다, 무슨 물건보다도, 돈, 지위, 향락, 정욕, 세상에 있는 무엇보다도 나를 더 사랑하느냐고.

우리가 이 질문에 베드로와 같이 대답할 수 있습니까? "주님은 모든 것을 아십니다. 내가 중심에 주를 사랑하는줄 주께서 아십니다." 이렇게 대답할 수 있습니까? 하나님은 우리 마음을 꿰뚫어 보시고 계십니다. 하나님을 속일 수는 없습니다. 이와같이 대답을 다 할 수 있으면 얼마나 행복한 일이겠습니까?

구약에는 우상을 숭배하는 것은 곧 영적 간음이라고 책망하였습니다. 현대에도 아직 나무나 금속으로 만든 우상을 숭배하는 거짓 종교인들이 있습니다. 그러나 우상은 보이는 우상만이 아니라 무엇이든지 사람이나 물건, 명예, 지위, 무엇이나 하나님보다 더 사랑하는 것, 그것이 곧 우상숭배, 곧 영적 간음인 것입니다.

그러므로 야고보서 4:4에 "간음하는 여자들이여 세상과 벗이 되고자 하는 자는 스스로 하나님과 원수되게 하는 것이니라" 하셨습니다. 데마같은 청년은 수년간 바울을 따라 다녔으나 세상을 사랑하여 바울을 버리고 데살로니가로 갔습니다. "내 아들아, 네 마음을 달라"고 하나님은 말씀하십니다. 하나님은 중심에 진실한 사랑을 요구하십니다.

현충일, 우리는 말만 하는 애국자가 아닌 나라를 위하여 생명을 바친 애국 애족자들을 추모하여 그 유가족들을 위하여 기도하는 날입니다. 이 순국 애국자들이 우리에게 요구하는 것이 무엇입니까?

우리 하나하나에 진실한 애국심을 요구하십니다. 열매맺은 행동으로 나타나는 애국심을 요구합니다. 부정과 부패를 일소하고, 악한 공산주의 사상을 몰아내고, 우리 민족이 다같이 잘살고 자유롭게 살 수 있는 통일된 민주 건국을 요구합니다. 공무원뿐만이 아닌 국민 모두가 마음 깊은 곳에 애국심을 요구합니다.

우리 그리스도인들은 주를 위하여 문자 그대로 생명을 바친 수많은 남북한의 순교자들을 기억하여야 합니다. 이 거룩한 순교자들이 우리에게 요구하는 것이 무엇일까 생각하여 봅시다. 중심에 진실한 신앙과 사랑으로서 우리 온 민족을 주께로 인도하여 이땅에 과연 그리스도의 나라를 건설하여 줄것을 요구하는 것입니다. 중심에 진실한 신앙, 사랑, 봉사, 전도를 요구합니다.

하나님은 중심에 진실함을 원하십니다.

# 2. 그리스도의 종

⋮

# 그리스도의 종

## (갈 1:6-10)

● **약 력**
대한예수교장로회(합동)증경총회장
한국기독교총연합회 공동회장
대한성서공회 이사장
기독시민운동중앙협의회 대표회장
한국기독교지도자협의회 공동회장
진주교회 원로목사

김동권 목사

본문 10절에 "이제 내가 사람들에게 좋게 하랴 하나님께 좋게 하랴 사람들에게 기쁨을 구하랴 내가 지금까지 사람의 기쁨을 구하는 것이었더면 그리스도의 종이 아니니라"고 말씀하고 있습니다.

그리스도의 종은 신앙의 양면성을 분명히 해야 합니다. 본문 7절에 "다른 복음은 없나니" 라고 말씀하고 있는데 이것은 복음의 보수적인 면을 말씀합니다. 마태복음 13:32에 "이는 모든 씨보다 작은 것이로되 자란 후에는 나물보다 커서 나무가 되매" 라는 말씀은 복음의 적극적인 면을 말씀합니다.

기독교는 이 두 가지 면이 건재하여야 합니다. 그리스도의 종은 창과 방패를 잘 갖추어 무장해야 됩니다. 보수적인 명분때문에 개방

적 적극성이 외면당하고, 위험하다고 정죄를 해서는 안됩니다. 개방
적 실리때문에 보수적인 것을 고루하고 퇴폐적인 것으로 경시하면
더욱 부정한 것입니다.

그리스도의 종은?

1. 보수성이 철저해야 합니다.(본문 7, 8절)
① 진리를 지키는 것입니다.
성경의 일점일획(마 5:18)도 가감할 수 없습니다. 진리 보수를 생
명을 걸고 사수해야 됩니다. 본문 8절에 "천사도 다른 복음 전하면
저주를 받음" 이라고 말씀하고 있습니다.
칼빈은 기독교 강요에서 "충성된 목사들에게 주어진 임무는 새로운
교리를 만드는 것이 아니라 그들은 단지 하나님이 예외없이 모든 사
람이 복종하게한 그 교리를 고수하게 하는 것이다." 라고 말하고 있
습니다. 그리스도의 종은 진리, 성경말씀에 대하여 좌우로 치우치지
말아야 됩니다.(수 1:17)
② 교회를 지키는 일입니다.
교회는 그리스도의 신부로서 반드시 그 순결과 아름다움(향기)이
보존되어야 합니다.
③ 개인 신앙 보수성
개인의 성경관, 기독관, 구원관, 교회관, 종말관이 확실해야 됩니
다(성경대로). 신앙고백이 분명해야 합니다.

2. 그리스도의 종은 복음의 적극성(전파성)을 가져야 합니다.(마
   13:32)
신앙의 보수가 수비라면(방패), 전파성은 신앙의 공격성을 말합니다.
기독교 본질적 성격이 진리, 교리, 개인신앙, 보수성이면 여기에

신앙의 전파적 비약이 있어야 합니다.

고린도전서 1:18에 "십자가의 도가 구원을 얻는 우리에게는 하나님의 능력이라"고 말씀합니다. 능력의 효능, 폭발적인 힘을 말씀합니다.

① 세계를 정복시키는 역사를 만들어가야 합니다.

요한일서 5:4에 "하나님께로서 난 자가 세상을 이긴다" 라고 말씀합니다. 마태복음 5:13에는 "너희는 세상의 빛이라"고 말씀합니다.

루터는 "세상을 극복하라"고 칼빈은 그 추종자들에게 "세계를 정복하라"고 외쳤습니다. 사단의 탕자문화권을 복음으로 정복하여야 됩니다.

② 그리스도의 종은 자기에게 주어진 달란트를 개발 활용하여 복음의 역사에 수종들어야 됩니다.

매사에 새로워져야 됩니다. 날마다 각오를 새롭게 하여야 됩니다.

③ 하나님이 주시는 능력으로 모든 사역을 적극적으로 감당해야 됩니다.

빌립보서 4:13에 "내게 능력주시는 자 안에서 내가 모든 것을 할 수 있느니라"고 말씀하고 있습니다.


**3. 그리스도의 종은 하나님을 좋게 하여야 합니다.(본문 10절)**

하나님과 사람 즉, 신본주의냐? 인본주의냐? 바울 사도는 철저한 신본주의자로 인본주의를 배격하였습니다. 사람의 종이 아닌 확고하게 하나님의 종으로서 사역하였습니다. 오직 하나님을 좋게 하는 일사각오의 신앙으로 일관했습니다.

오늘날 보수주의 용어로 자기합리화, 또는 개혁주의자인체 하면서 실상은 인본주의적 차원에서 불신앙적 자세를 보이고 있습니다.

개혁주의가 무엇입니까? 오직 성경, 오직 모든 성경으로 하나님의 주권을 높여 영광을 오로지 하나님께만 돌려드리는 것입니다.

개혁주의는 구호가 아닙니다. 더군다나 이름표도 아닙니다.

개혁주의 탈을 쓰고 인본주의적 형태를 일삼는 비성경적 오늘의 병폐를 고쳐야 됩니다. 개혁주의를 호신책으로 위장하여 하나님 영광을 가로막는 인본주의 노래를 부르는 허세를 제어해야 합니다. 보수주의의 탈을 쓰고 진리를 훼방하는 것은 절대 그리스도의 종이 용납할 수 없는 것입니다. 오직 그리스도의 종은 일사각오의 신앙으로 하나님께만 영광돌리는 겸손한 희생적 사역자 입니다.

그리스도의 종은? ① 보수신앙(신학)으로 성경의 권위를, 신본주의의 사명을 다하는 자 입니다. ② 복음으로 세상을(사단) 정복하고, 하나님의 뜻을 이땅에 이루는 사역자 입니다. ③ 오직 하나님의 영광을 위하여 불의를 배격하고 하나님만 기쁘시게 헌신하는 일꾼입니다.

# 大學生과 새 人間像 (一)

● 약  력
예장(개혁) 증경총회장
원로목사회 회장
CCC 대전지부장
한국기독교지도자협의회 고문

김성진 목사

　황금만능을 부르짖는 자본주의, 과학만능을 부르짖는 이성주의, 유물사관을 배경한 공산주의 등은 현대의 물질문명을 출산한 큰 공로자로 자처한다. 그러나 스펑클러가 말한 '구주의 몰락'은 누가 가져온 선물이며, 게오르규가 말한 '25시'의 인간의 기계노예는 누가 만들어 낸 비극인가? 그것은 물질문명이 초래한 선물이 아니고 무엇이랴!

　현대인은 전에 없는 불안과 공포에 신음하고 있다. 산적한 상품은 수많은 대중을 기아에 몰아넣었고, 불의와 악마는 완전히 인류를 지배하여 파멸로 유인하고 있다. 인간들은 평화를 원하면서 전쟁을 준비하고, 영생을 구하면서 인류를 전멸시킬 수소탄 핵무기 등을 제조하기에 광분하고 있다.

　이러한 가공할 물질 문명의 위기 속에서 인류를 구출할 인간은 '새 인간상'이라야 한다. 칼 막스가 말한 '경제적 동물'이나, 니체가 말한 절대자와 맞서는 '건방진 인간상'이 아니고, 프로이드가 말한 '성적 인간'이 아닌 절대자 앞에 수줍은 인간 곧 '겸허한 신앙인'으로 변해야 한다.

반 기독자였던 바울이 복음의 대사도가 되고, 무신론자였던 루.월레스 장군이 유명한 기독적 '벤허'소설을 쓴 작가로 변하듯이 낡은 인간상이 바꾸어져야 한다. 베이커닝 말한 도둑놈이나 사기꾼이나 협잡배인 거미같은 인간상이 되지도 말고, 수전노같은 돼지격인 인간상도, 개미같은 인간상도 아닌 자타를 이롭게 하는 꿀벌과 같은 인간상이 되어야 한다. 여러분이 이러한 새 인간상을 형성하려면 그리스도를 만나야 하고 그를 믿는 그리스도인이 되어야 한다. 사람은 자기가 선택한 종교로 인간상이 달라진다.

불교는 은둔이요 소극적이요, 자기 부정적이며 비활동적인 게으른 성격을 들어내기 때문에 불교의 영향 아래서 성장한 학생은 자연히 나태성을 물려받기 마련이다. 불교의 인간형은 폐쇄적이요 명상적임으로 이 시대가 요구하는 새 인간이 될 수 없다.

유교는 형식 만능주의에 떨어져 없어도 있는 척하는 이 '척'이 한국을 잡아 먹는 고질이 되어 버린 것이다. 가문이나 문벌을 가지고 행세해보려는 심리로써 인생의 깊은 맛을 경험하지 못한 회칠한 무덤이며, 기생충적인 인간상이 되어 조상 뼈다귀나 우려먹으려 든다. 이러한 그릇된 정신을 뽑지 않는 한 한국적의 인간성은 새 인간상을 형성할 수 없을 것이다.

이에 반하여 기독교는 산 속으로 들어간 것이 아니라 거리로 뛰쳐나와서 거리의 종교가 되어 사회문제를 해결하려는 하나의 산 종교가 되었다. 우리민족이 유교의 고질적인 전통 속에서 인간의 존엄이 박탈당한 억울한 형편을 하소연할 데도 없이 노예적인 생활을 해오던 것이 기독교의 정신을 통해서 이러한 계급의식을 타파하게 된 것이다.

기독교가 민중속에 들어가서 또 하나의 혁명을 감행한 것은 소위 양반과 상놈의 계급을 타파한 점이다. 교회에는 양반이나 상놈이나 다 같이 한 자리에서 예배를 하도록 되었다. 이러한 굉장한 변동이 또 어디에 있겠는가? 불교의 은둔과 나태성을 벗기고 유교의 고루하고 좁은 성벽을 타파하여 인간적인 가치를 고조한 인간상을 만든 것이 기독교의 공헌이며, 이러한 운동이 번짐으로써 많은 사회악이 개선되었던 것이 사실인 것이다.

이상에서 본다면 기독교는 인간을 개조하는데 없어서는 안될 진리를 내포하고 있으며, 동시에 이러한 인간개조가 단순히 인간 자체로서 진행되는 것이 아니라 그리스도를 통해서 형성되고 성장되는 것임을 잊어서는 안될 것이다. 우리가 과거로부터 우리의 골수에 사무쳐 내려오는 고루한 근성 곧 나태성과 염치성을 제거하려면 그리스도와 단독 대결을 하여 우리의 심성을 개변하는 신앙세계에 뛰어 들어가 새 창조함을 받아야 한다.

희랍인은 아는 것을 문제삼는 '이성인간'이었고, 불교인간은 해탈의 과제였던 '오성인간'이며, 유교의 인간은 도를 닦는 '수신인간'이었다면 기독교인간은 그리스도를 믿는 '신앙인'들이었다. 오늘의 대학생들이 새인간상으로 형성되려면 오직 신앙인이 되어야 한다.

신앙의 비결은 오랜 철학적 탐구나, 도덕적 노력이나 인생구도의 순례 끝에 오는 것이 아니다. 신(神)이 사람이 되어 나를 찾아오신 역사적인 예수 그리스도의 부름을 듣고 감정과 이성이 아직도 망설이고 있는 동안 내 인격적 중심이 목숨을 다하여 그리스도를 나의 삶의 주 하나님으로 모시는데서 시작되는 것이다.

# 大學生과 새 人間像 (二)

이 글은 김성진 목사께서 C.C.C 대전지구 대표로 있을 때 대전 중도일보 문화란에 '대학생과 새인간상'이라는 글을 발표한 것을 모 대학 철학교수가 다음처럼 반론하면서, 기독교의 새인간상이 불교나 유교의 것보다 우수한 점을 再曾하라는 요구에 의해 공개로 신문지상에 답한 글이다.  - 편집자 주 -

---

〈유정기 교수의 반론 요지〉

기독교의 인간상만이 새로운 절대의 이상이요, 불교나 유교같은 것은 허무한 것으로 논평하였음에 대해서는 타당하다고 볼 수 없는 것이다. 불교나 유교의 유패만을 표준으로 해서 그것을 그의 근본진리라고 배격한다면 기독교만은 아무런 유패도 없는 절대 완전한 종교라고 할 수 있을까? 참으로 그의 유패만을 표준으로 해서 그의 종교적 가치를 평론하기로 한다면 기독교는 불교나 유교에도 비할 수 없는 거대한 죄악이 있는 것이다.

신(神)만 봉사한다는 로마 교황이 면죄부를 팔고 박애를 주장하는 기독교인이 전쟁을 감행하였다. 그 몇가지 예만 보더라도 불교나 유교의 말류들이 범행한 죄악은 오히려 미소한 것이다...... 김씨는 불교인의 나태성과 유교인의 양반노름이 그 종교적인 근본진리인 것 처럼 오인하고서 그 두 종교에서는 새로운 인간상을 희구할 수 없다고 하였으니 그는 하나의 미아(迷兒)만 폭로한 것이다.

그러면 과연 기독교적 인간상이 불교적 인간상이나 유교적 인간상 이상으로 우수한 점이 있다는 것을 다시 한번 더 실증하여 봄이 어떠할까?


(유정기 교수)


◎ 柳正基 교수의 反證에 答함

지난 번 중도일보 지상에 실린 유정기 씨의 반론을 흥미있게 보았다. 불초생이 얼마전 '기독교적 새인간상'을 소개하면서 타종교를 경시한 듯한 인상을 독자에게 준데 대해서는 다소 미안한 감이 든다. 너무 짧은 글이 되어 충분한 논증을 못한데서 오해가 온 듯하다.

그러나 유씨가 오해한 것처럼 유교나 불교자체를 허무한 것으로 논평하려는 의도가 아니고 그 종교의 영향 아래서 형성된 그릇된 인간상을 지적했던 것뿐이다. 그 사실에 대해서는 유씨 자신도 시인하고 있는 줄 안다. 그런데 기독교의 인간상의 우수한 점을 재증토록 요구해왔으니 결례가 되지 않는 의미에서라도 다시금 둔필을 들 수 밖에 없다.

종교가 인간형성에 미치는 영향은 말할 수 없이 크다. 내가 불교를 믿느냐 유교를 믿느냐 그렇지 않으면 기독교를 믿느냐에 따라서 그 성격적인 변화가 판이하게 달라지게 된다. 그러므로 인간상의 우열을 논하기 전에 종교의 차이점과 각 약점을 아니 들 수 없다. 여기서는 기독교와 불교 만을 국한시켜 생각해 보기로 한다.

기독교는 우주와 그 안에 있는 만물을 신(神)의 창조물로 보고, 불교는 우주의 모든 존재와 형상을 다 공(空)이라고 본다. 전자는 신을 우주와 인간의 창조자와 섭리자로 믿으나, 후자는 신은 없고 우주는 성(成), 주(住), 괴(壞), 공(空)으로 순환한다고 본다. 기독교에서는 인간은 한번 나서 죽기까지의 일생에 행한대로 내세에서 상선벌악(賞善罰惡)의 보응을 받는다고 믿고, 불교에서는 중생은 해탈을 얻어 불타가 되기까지는 항상 12연으로 윤회한다고 믿는다. 그리고 전자는 인간을 신의 형상대로 지은 인격자로 보고 그 영혼은 죽지 아니한다고 믿으나, 후자는 인생도 모든 동물 중의 하나로서 영혼이 없다고 본다.

그리스도의 성격은 본래 낙관적이요 그의 성상은 흔히 일어서서 일함에 비하여 석가모니의 성격은 본래 비관적이요 그의 불상은 보통 조용하게 앉아있다. 전자는 동적인데 반하여 후자는 정적이다. 때문에 기독교의 예술은 진취, 명량활동의 동적 태세를 나타내고, 불교의 예술은 삼매, 안온, 부동의 정적 태세를 나타낸다.

기독교는 경건, 진실, 근면, 봉사 등의 적극적 활동을 중시하고 불교는 극기, 선정, 인욕 등의 소극적 수양을 힘써 쌓는데 전심한다. 그리고 기독교는 예배당들이 대부분 시가지에 세워 사회참여를 힘쓰나 불교의 사찰은 대부분 깊은 산간에 세워 속세를 멀리하는 염세적 경향에 흐른다.

기독교에서는 '그리스도'의 재림이 임박한 것으로 믿고 매순간 순간마다 종말적 의식으로 대망하나, 불교에서는 석가모니 다음에 이 세상에서 불타가 될 미륵불이 도솔천에 와있는데 그 미륵불은 석가 입멸후 56억 7천만년 후에 이 땅에 왔다가 성불한다는 유구한 의식으로 대망한다.

기독교는 '그리스도'를 믿어 중생하면 현세로부터 구원받는 생활을 한다고 보는데, 불교에서는 인간에게 불성이 있으므로 불타가 될 가능성이 있다고 하나 그 시기는 몇 억만년에 하나씩이라고 하니 막연한 구원관이다. 물론 불교에도 도덕적 완성의 지상명령에의 순종과 명상을 통한 마음의 정화, 교조 석가모니의 우수한 점, 과거시대의 교육과 건축술을 장려한 것 등은 강점이라 아니할 수 없다.

그런데 기독교는 의와 사랑이신 한 인격자 하나님을 믿으며, 인류의 '유니티'와 개인적인 존엄을 믿으며, 하나님은 그리스도 안에서 자기를 계시하시고 인류를 구원하신다는 것을 믿으며, 인류는 하나님을 사랑하고 또 인간끼리 서로 사랑할 것과 결국은 선이 악을 이길 것을 믿고 나가는 종교라는 의미에서 스스로 우월성과 절대성을 확신하고 이를 선포한다.

고구려, 백제를 통해서 신라에 들어온 불교는 한때 이땅에 그 꽃을 피웠다. 그런데 신라시대의 불교는 전래의 전통적인 불교라기 보다는 재래에 한국인이 지니고 내려온 옛 신도(神道)의 바탕에서 이탈해 나가게 되었을 때, 불교는 은둔이요 소극적이요, 자기 부정적이며 비활동적인 게으른 성격을 드러내게 된 것이라고 생각한다.

말하자면 불교는 인도에 있어서의 환경에서 사유되고 탐구된 종교이기 때문에 아주 자기 부정적이요, 따라서 비활동적인 명상의 종교로 나타날 수밖에 없다고 본다. 우리 한국인의 인간성이 게으르다는 비평은 이러한 비활동적인 종교의 영향에 기인한바 크다는 것을 잊어서는 안될 것이다.

이에 반하여 기독교 특히 개신교는 혼란과 부패한 절망의 도가니 속에 빠진 한국의 사회적인 정황속에 뛰어들어가서 사회적인 문제, 곧 계몽운동, 보건운동, 독립운동을 통해서 사회와 국가에 끼친 바 영향이 적지 않았다. 이처럼 기독교는 민족을 위한 봉사의 생활을 하려는 생각을 북돋아 주었던 것이다.

그래서 우리 한국인의 마음 속에서 차츰차츰 역사라는 것이 명상적인 은둔생활로써 허송세월을 보낼 것이 아니라, 어떻게 하면 현실을 미화하며 장래를 향해서 발전할 수 있는가의 문제를 생각하리만큼 역사적인 사고방식과 태도를 가지게 되었던 것이다.

이러한 발전의 논리 혹은 근대화 정신을 기독교가 불어넣어 준 것만은 사실이다. 그리고 하나님의 형상을 가진 하나님의 자녀로서 낙원을 목표로하고 오늘을 즐기고 내일도 즐기면서 현재 가운데 미래를 살고, 미래 가운데 현재를 참으면서 순간과 영원을 통하여 행복하게 살려고 하는 것이 기독교가 말하는 인생이요, 그 경전 성경이 가르치는 인생관인 것이다.

하나님의 형상대로 지어진 인생이라 보지 않고 동물의 일종으로 보는 불교의 인생관이나, 물질면 만에 강한 터를 세우고 인생의 정신면은 생각해 보지도 아니하는 유물론적 견해나, 또는 아무런 인생에 대한 정견이 없이 목적과 소망이 없는 정신의 방랑자로 닥치는대로 순간 순간 살아가려는 허무주의적 관념으로는 우리 사회가 요구하는 새 인간상이 될 수 없다.

앞으로 우리 사회의 혼란을 정리하고 건전한 복지사회를 조성하려면 경건, 진실, 근면, 봉사 등의 적극적 활동을 중시하는 기독교적 새 인간상이라야 한다는 것을 거듭 강조해 둔다.

# 나이를 먹는다는 것의 의미

● 약   력
한국기독교지도자협의회 고문
전 대한기독교 나사렛성결회 감독
전 나사렛대학교 교수 및 이사장
전 교회와 경찰 중앙협의회 회장
남서울교회 원로목사

인산 김영백 목사

묵은해가 저물어 간다. 나이 탓일까? 세모(歲暮)를 맞으면서 세월이 참 빠르게 지나가고 있다는 느낌이 강하게 든다. 1년이 날수로는 365일이지만 그 365일의 길이가 각자의 처한 환경이나 나이에 따라 아주 다른 속도로 느껴질 것이다.

다같은 1년이지만 10대의 1년과 50대의 1년은 속도감에 있어서 전혀 다르다. 젊었을 때엔 시간이 너무 더디가는 것 같아 지루한 감을 느끼지만 나이가 들다보면 세월이 너무 빨리 지나가는 바람에 사는 것에 허무감을 느끼게 된다. 그래서 세월이 화살처럼 빠르다는 말은 나이먹은 사람들에게만 해당되는 표현이고 젊은 사람들의 느낌과는 상관이 없는 것 같다.

흔히 나이와 세월의 빠름을 자동차의 속도와 비교하는 경우를 보게 된다. 시간이 흐르는 속도가 20대는 시속 20킬로로 달리는 기분이고 30대는 30킬로, 40대는 40킬로, 70대는 70킬로로 달리는 기분이라고 한다. 이 말은 정확하게 나이에 따라 세월의 속도의 느낌이 다르다는 사실을 잘 설명했다고 본다.

사실, 10대에는 시간이 너무 더디게 가서 야단이다. 그때는 시간이 좀 빨리 가서 나이를 먹어 결혼을 하고 취직하여 돈을 벌어서 남들처럼 흥겨운 성인노릇을 마음껏 하고 세월이 빨리 가기를 바라게 되며 자기 나이를 실제 나이보다 더 부풀리기를 좋아하는 시기인 것이다.

20대는 세월에 대해서 별로 관심이 없는 시기이다. 그래서 사람이 늙거나 죽는 문제에 대해서 심각하게 생각하지 않고 자기와는 별 상관이 없는 것으로 여긴다. 언제까지 자기는 죽음과 상관이 없는 별개의 사람으로 생각하고 언제나 젊음이 유지될 것처럼 착각하는 나이가 바로 20대인 것이다.

이러한 생각은 30대가 되면 바뀌지기 시작한다. 결혼을 해서 아이들이 자라고 크는 모습을 보면서 자기 나이에 관심을 갖게 되고 내가 언제 이렇게 나이를 먹었는가에 눈을 뜨게 된다. 늦게 나이를 의식하게 되기 때문에 예부터 말하기를 30대는 10년노(10年老)라고 하였다. 자기 나이를 느끼는 빈도가 10년이 걸린다는 뜻이다.

40대가 되면 더 심각하게 자기 나이에 신경을 쓰게 된다. 얼굴에 잔주름이 생기고 점차 피로감을 느끼는 빈도가 자주 생기면서 세월이 어느새 이렇게 지나갔는가를 자문하게 된다. 40대는 인생에 있어서 가장 왕성하게 활동하는 시기로 바쁜 시간을 많이 보내게 된다. 자연히 몸에 무리를 가하게 되고 피로감을 자주 느끼며 노쇠해가는 자신을 발견하게 된다. 그래서 40대를 가리켜 5년노(5年老)라고 불렀다.

50대가 되면 자기 나이를 한살부터가 아니라 거꾸로 세게 된다. 몇년 후에 닥칠 직장에서의 은퇴와 환갑을 걱정하게 되고 건강에 큰 관심을 갖게되는 나이인 것이다. 해마다 달라지는 자기의 건강을 걱정하면서 친구들과의 화제가 주로 건강문제에 많은 시간을 보내게 된다. 해마다 달라지는 자기의 몸의 상태를 의식하기에 50대는 년년노(年年老)라고 하였다.

60대는 직장에서는 정년 은퇴가 되니 불가불 집에서 많은 시간을 보내는 시기이다. 자기의 건강관리에 많은 시간을 쓰게 되고 그래서 몸에 좋다는 약이나 음식을 먹기위해 분주히 찾아다니게 된다. 그러나 그렇게 노력은 하지만 몸이 이전같지가 않음을 깨닫게 되고 나날이 달라지는 자기 몸의 변화를 느끼며 인생무상(人生無常)을 실감한다. 그래서 60대를 월월노(月月老)라고 불렀다.

70대는 자기의 생각과 몸이 따로 따로 노는 것을 발견하게 된다. 생각대로 몸이 움직여 주지를 않는다. 기억력, 집중력, 순발력이 현저하게 떨어지고 하루가 다르게 몸의 상태가 달라지는 것을 깨닫게 된다. "밤새 안녕하십니까?" 라는 말이 있듯이 70대의 건강은 아무도 마음놓을 수가 없다. 그래서 옛 어른들이 노건불신(老健不信)이라고 했다. 70대는 일일노(日日老)에 해당되는 나이이다.

세월은 살과 같이 빨리 지나가면서 인생을 늙은이로 만든다. 세상에서 제일 쉬운 일이 바로 나이를 먹는 일이다. 가만히 있어도 저절로 나이는 늘어나기 마련이니 말이다.

반면에 아름답게 늙는 일은 참으로 어려운 일이다. 늙어서 노욕(老慾), 노탐(老貪), 노추(老醜), 노망(老妄)에 사로잡히지 않으면서 깨끗하고 아름답게 늙는 것이야 말로 나이먹은 사람들의 간절한 희망이며 기도 제목이 되어야 한다.

스스로 나이를 헤아리면서 인생에게 주어진 자연의 섭리를 거역하지 말고 도리어 겸손한 마음으로 늙음을 수용하고 죽음을 대비하는 것이 현명한 삶의 자세가 아닌가 생각한다.

죠지 뮐러가 "주여 나로 하여금 추한 늙은이가 되지 않게 하옵소서" 라고 기도를 하였다고 하는데 우리들도 같은 기도를 하면서 영원한 생명의 나라를 향해 "오늘"을 진솔하고 감사하며 살아가는 것, 이것이 나이를 먹으면서 내가 깨달은 삶의 지혜이다.

# 기독인의 애국하는 길

## (마 23:37-39)

김월환 목사

● 약　력
　(사)한국기독교지도자협의회 고문
　(사)한국청소년범죄예방협회 상임고문
　(사)한국기독교기도원총연합회 총재
　한국기독교원로목사회 공동회장

　본문 말씀을 통하여 볼 때 예수님께서 이스라엘 민족과 유다 나라를 얼마나 사랑하셨는가를 일목요연하게 알 수가 있습니다.

　"예루살렘아 예루살렘아 선지자들을 죽이고 네게 파송된 자들을 돌로 치는 자여, 암탉이 그 새끼를 날개아래 품음같이 내가 네 자녀들을 모으려 한 일이 몇 번이냐 그러나 너희가 원치 아니하였도다"(마 23:37)

　"예루살렘아 예루살렘아" 두 번씩이나 반복해서 표현하신 것은 이스라엘 백성들에 대한 예수님의 애절한 표현인 것입니다. 이스라엘 민족 즉 이스라엘 국가를 환유법적으로 예루살렘이라고 말씀하신 것입니다. 하나님의 성전과도 같은 예루살렘성이 서기관과 바리새인 제사장과 장로들에 의하여 죄악의 도성으로 타락이 되었기 때문에 앞으로 40년 후에 로마에 의하여 멸망당할 것을 내어다보시고 눈물을 흘리시며 하신 말씀입니다.

이스라엘의 수도 예루살렘성이, 예루살렘 성전이 그처럼 아름답게 금은보화로 화려하게 장식되어 있고, 제사장도 많고 서기관 바리새인들도 많았지만, 우리 주님께서는 제사장들 서기관들 장로들의 이면적인 추악상을 보시고 슬피 우셨습니다.

오늘날 신자나 불신자나 나라를 사랑하는 것은 같지만 그 방법에 있어서는 차이가 있습니다. 세상 사람들은 건물이 높이 올라가고 주가가 올라가고 문화가 발달하면 나라가 잘되고 평안하다고 자랑하지만 예수님께서는 내면에 독버섯처럼 퍼져가는 죄악상을 꿰뚫어 보시고 개탄하고 계십니다.

예수님께서 예루살렘 성전에서 나오실 때 제자중 하나가 예루살렘 성전을 가리키며 그 웅장하고 아름다움을 자랑할 때 예수님께서는 "돌 위에 돌 하나도 남지 않고 다 무너뜨려지리라"(막13:1-2)고 말씀하셨습니다. 예루살렘의 모든 정치인들이 다 좋다고 하는데, 제자들까지도 다 좋다고 하는데 왜 예수님 한분만이 "예루살렘아 예루살렘아"하시면서 눈물을 흘리셨습니까? 이와 같은 예수님의 애국충정을 조금이라도 이해하는 사람이라면 오늘날 죄악을 물마시듯 하는 사람들을 보고서 슬퍼하지 않을 수 없습니다.

나라의 의가 점차로 희박해지면 그 나라는 부지불식간에 망해버리고 마는 법입니다. 그러므로 잠언 14:34에서 "의는 나라를 영화롭게 하고 죄는 백성을 욕되게 하느니라"고 했습니다.

소돔과 고모라가 유황불로 멸망당한 것은 그 성안에 의로운 사람이 없었기 때문입니다. 의가 유린되고 의인이 설자리가 없을 때 그 나라는 멸망하게 되는 것이요, 죄가 줄어들 때 그 나라는 점차로 흥

왕하게 되는 것입니다. 그래서 나폴레옹도 말하기를, "인간 최고의 덕은 무엇인가 하면 그것은 애국심이다"라고 말했습니다. 모름지기 우리 그리스도인들은 예수님께서 뜨겁게 나라를 사랑하신 그 애국애 족심을 본받아 다음 세 가지를 실천하면서 그 나라와 그의 의를 위해서 나라와 민족을 위해서 충성하며 살아야 할 것입니다.

**첫째로, 조국을 위해서 눈물을 아끼지 말아야 합니다.**

예수님께서는 감람산에 올라가 예루살렘을 내려다보시면서 "예루살렘아" 하고 부르짖으시면서 뜨거운 눈물을 흘리셨습니다. 주님께서 흘리신 이 뜨거운 눈물은 이스라엘 조국을 위한 애국충정의 눈물입니다.

예수님께서 십자가를 지시고 골고다로 올라가실 때 많은 여인들과 여러 사람들이 따라 올라오면서 눈물을 흘렸습니다. 이 때 예수님께서 그들을 향하여 하신 말씀이 "예수살렘의 딸들아 나를 위하여 울지 말고 너와 네 집을 위하여 울라" 다시 말하면 예루살렘성과 조국을 위해 울라고 말씀하셨습니다.

우리나라 근세에 가까운 역사를 보면, 고려말 선죽교에서 흘린 정몽주의 눈물은 피흘려 나라(고려)를 위해 제물이 되는 순국의 눈물이었고, 한말 '을사보호조약'의 비보를 듣고 활복자살한 민충정공의 눈물 등도 모두 나라를 위해 희생한 피눈물이었습니다.

주기철 목사님의 순교설교 '일사각오'에 보면, "그리스도인이 되어 주님 향한 일편단심은 변할 수가 없습니다. 스데반이 돌에 맞아 죽고 베드로는 십자가에 거꾸로 매달렸습니다. 이 몸이 어릴 때부터 예수 안에서 자랐고 예수님께 헌신하기로 열 번 백번 맹세했습니다"한 기록이 있습니다. 주 목사님은 고난 중에 동방요배와 신사참배를 반대하다가 감옥에서 순교했습니다.

백범 김구선생도 상해 임시정부를 수립하고 운영비에 쪼들리고 일

제관헌의 감시를 피해 항주, 남경, 중경 등으로 집무실을 옮길 때마다 많이 울었다고 했습니다.

36년 동안 일제의 탄압으로 많은 애국선열들이 피눈물을 흘렸습니다. 8.15광복의 기쁨이 가시기도 전에 또다시 나라의 허리가 잘라지는 민족적 비애를 겪어야 했고, 6.25동란 때에는 수백만 명의 생명들이 이 땅을 피로 물들였고 '88.2.25 제6공화국이 세워지기까지 수많은 사람들이 죽었고 눈물을 흘렸습니다. "너와 네 집을 위하여 울라"고 하신 말씀은 단순히 감정에 휩쓸려 울라는 말씀이 아닙니다. 나라 없는 백성의 서러움이 얼마나 가슴 아픈가를 깨달아 나라를 좀먹어 들어가는 죄악의 퇴치를 위해 울라는 말씀입니다. 우리들의 조국은 대한민국입니다. 우리 모두는 대한민국에서 태어났고 대한민국에서 자랐고, 대한민국 땅에서 죽을 것입니다. 나라와 민족을 위하여 눈물을 흘리는 애국자들이 되시기를 축원합니다.

**둘째로, 조국을 위해 기도하는 사람들이 되어야 합니다.**

예수님께서는 평생을 조국 이스라엘을 위해 기도하셨습니다. 눅 22:44에 보면 "겟세마네 동산의 땀방울이 핏방울이 되도록 기도하신 주님"이십니다.

느헤미야 1:6-7의 말씀을 보면, "나와 나의 아버지 집이 범죄하여 주를 향하여 심히 악을 행하며, 주의 명하신 계명과 율례와 규례를 지키지 못하였사오니 이제 종이 이스라엘 자손을 위하여 주야로 기도하오며, 이스라엘 자손이 주 앞에 범죄함을 자복하노니 주는 귀를 기울이시며 눈을 여시사 종의 기도를 들으시옵소서" 하고 기도를 드렸습니다. 느헤미야는 자기 죄를 회개할 뿐 아니라, 자기 민족 전체의 지은 죄를 대표해서 민족의 대제사장 격으로 민족의 죄를 자복하며 하나님 앞에 용서를 구했습니다.

히스기야왕 14년에 앗수르왕 산헤립이 유다를 쳐들어올 때, 사신

랍사게를 히스기야왕에게 보내어 하나님을 믿지말고 앗수르에게 항복할 것을 요구했습니다. 이 때 산헤립으로부터 능욕적인 편지를 받은 히스기야왕은 여호와의 전에 올라가 그 편지를 여호와 앞에 펴놓고 간절히 기도하기 시작했습니다. "구름사이에 계신 이스라엘 만군의 여호와 하나님이여, 주는 천하만국의 유일하신 하나님이십니다. 여호와여 귀를 기울여 들으시고 눈을 떠서 보시옵소서, 우리 하나님 여호와여 이제 우리를 그의 손에서 구원하사 천하만국으로 주만 여호와이신 줄 알게하옵소서"하고 간절하게 기도했습니다. 드디어 히스기야왕의 기도가 하나님 앞에 상달되어 앗수르 군대 18만5천명을 멸살하고 대승리를 거두었습니다.

애굽을 의지하던 시드기야는 갈대아 군사에게 망했으나 여호와를 의지하던 히스기야왕은 하나님 앞에 간절히 기도함으로써 앗수르 대군을 이기고 구원을 받았습니다.

민족을 대표한 지도자 한사람의 기도가 민족 전체를 누란의 위기에서 구원해 낸다는 사실을 믿으시기 바랍니다. 한 손에 병기를 잡고 한 손으로 일하던 이스라엘을 도우시던 하나님께 기도하며 일하며 싸워 승리하게 해달라고 우리 1천만 그리스도인 모두가 기도해야 합니다.

민족적인 죄를 회개하고 자복하는 기도를 드려야 합니다. 다시는 6.25 동란 같은 민족상잔의 피를 흘리지 않고 10.26 사태나, 제 2의 광주사태 같은 비극이 일어나지 않도록 기도해야 합니다. 북한의 핵·미사일 포기와, 한미동맹 강화를 위하여 평화통일을 위해 가슴을 치며 기도해야 합니다.

전쟁으로부터의 해방, 빈곤으로부터의 해방, 정치적인 탄압과 권력 남용으로부터 해방이 되어 진정 이 나라 이 땅위에 복지사회가 건설되고 이웃나라 일본이나 중국 러시아가 두려워하는 나라가 될 수 있도록 기도해야 합니다.

**셋째로, 조국을 위해 공의를 행해야 합니다.**

사도 바울이 다메섹 도상에서 고꾸라져 부활하신 예수님을 만나 회개한 후에 제일 처음으로 드린 말씀이 "주여 내가 무엇을 하오리까?" 하고 하나님 앞에 드린 공의의 질문이었습니다. 그러므로 우리들도 "내가 앞으로 하나님 앞에서 어떻게 해야 하겠습니까?" 물어야 합니다. 이에 대한 대답이 미가 6:8에 나와 있습니다. "사람아 주께서 선한 것이 무엇임을 네게 보이셨나니 여호와께서 네게 구하시는 것이 오직 공의를 행하며 인자를 사랑하며 겸손히 네 하나님과 함께 행하는 것이 아니냐"고 대답해 주시고 있습니다. 공의와 사랑과 겸손을 행하는 일입니다.

1951년 9월 28일, 맥아더 원수의 탁월한 작전지휘로 인천상륙작전과 수도 서울 회복에 성공하고 포탄에 파괴된 중앙청 앞에서 태극기와 성조기와 UN기를 계양하면서 맥아더 원수는 이승만 대통령에게 이런 메시지를 보냈습니다. "하나님의 은혜로 싸웠습니다. 하나님의 은혜로 이겼습니다. 하나님 나라가 하늘에서 이루어진 것과 같이 땅에서도 이루어졌습니다." 하고 하나님의 은혜로 말미암아 인민군과 중공군을 몰아내 공의가 승리했다고 선언했습니다.

20C의 위대한 정치가로 꼽히는 영국의 처칠수상이 1965년 1월 24일 서거하자, 전세계의 매스컴들은 그의 애국심을 칭찬해 마지않았습니다. 그 당시 미국 어느 신문에는 이렇게 실렸습니다. "그는 조국을 방어하기 위해서 피와 땀과 눈물 그리고 강인한 심장을 드려 나라에 헌신하였다. 눈빛 날카로웠던 히틀러도, 동맹대열에서 배신한 스탈린도 그를 업신여길 수가 없었다. 진정 애국을 위해 그는 생사를 바쳤다. 그는 영국의 제1인자였다" 라고 높이 평가했습니다.

사랑하시는 여러분들이여, 이제 결론을 맺겠습니다.

영국의 극작가 '셰익스피어'는 이런 말을 했습니다. "나는 나 자신의 생명보다도 보다 큰 존경과 이지와 엄숙함을 가지고 국가의 이익을 사랑한다"고 했습니다.

오늘 우리나라의 현실을 똑바로 보고 4강의 틈바귀 속에서 어떻게 처신하고 어떻게 해야 국익에 도움이 되는 것인지 나라를 사랑하는 길인지 눈물을 흘려 기도하면서 공의가 강같이 흐르도록 해야 할 것입니다.

1981.3.3 제12대 대통령에 취임하는 전두환 대통령이 취임사에서 이런 말을 했습니다. "대통령은 항상 오고가는 것이지만 겨레는 영원한 것이며, 정부는 바뀌어도 국가는 영속되는 것이다"라고 하면서 "위대한 역사는 위대한 국민들이 총 참여하는 속에서만 올바로 창조될 수 있다"라고 했습니다. 그렇습니다. 민족은 영원한 것입니다. 국가는 영속되는 것입니다. 위대한 역사는 위대한 국민들이 창조해 내는 것입니다.

사랑하시는 여러분들이여! 우리 모두 진정으로 예수님과 같이 나라를 사랑하는 뜨거운 마음과 눈물의 기도, 혼신을 다해 충성하는 참된 그리스도인, 참된 애국시민들이 되시기를 주님의 이름으로 축원합니다. - 할렐루야 -

# 과연 예수가 인류의 구세주인가?

● 약 력
　재단법인 팀선교회 이사장
　생명의말씀사 국제대표
　팀선교교회 담임목사
　한국기독교지도자협의회 공동회장

김재권 목사

　원고매수가 제한적이라 이 주제를 다룬다는 것은 거의 불가능하다. 그러나 이 주제는 사람에게 너무나 중요하기 때문에 문제 제기라도 해 보고 싶어서 펜을 들었다. 기독교인이기 때문에 당연히 그렇게 주장하겠지 라는 말을 듣고 싶지 않아서 예수의 칭호에 대해서 경어를 쓰지 않았다. 제가 이 글에서 주장하는 내용은 비기독교인은 자기 인생에 대해 심각하게 생각해 보게 하고 기독교인에게는 믿음을 더 확고히 갖게 하기 위해서이다.

　21세기의 사회는 과학과 의술과 경제가 그 어느 시대보다 훨씬 더 발전되어 물질적인 풍요의 시대라고 한다. 그럼에도 불구하고 행복 지수는 떨어지고 자살과 살인과 폭행 등의 범죄 지수는 높아졌다. 사람들의 삶의 환경은 호전되기는커녕 악화되어 갈등과 고통과 절망에 빠져 있다. 인본주의 철학자들은 이 우주 안에서는 사람이 가장 현명하다고 말한다. 그런데 왜 사람들이 자기 자신의 행복을 누리지 못하고 좌절하고 절망하고 툭하면 죽고 싶다고 하는가? 이 세상에서 아무리 행복한 사람이라도 삶의 한계점에 다다르기 마련이다. 천지 창조 이래 이 세상에 태어난 사람은 다 죽었다. 그런데도 왜 사람은 살고 싶어서 몸부림치는가. 옛날 진시황제는 중국을 통일하고 많은 궁녀들을 두고 행복을 누렸다. 그러나 자기도 죽는다는 사실 앞에서는 절망할 수밖에 없었다. 그래서 동남동녀 300명을 삼신산에 보내어 불사약을 캐오라고 했다. 그러나 그들은 끝내 돌아오지 않았다. 물리 과학자들은 사람을 더 행복하게 살게 하려고 물질을 쪼개고 또 쪼개서 그 이상 쪼갤 수 없을 만큼 쪼갰다. 그래서 그 이상 더 쪼갤 수 없다고 했다. 그리스어로 아톰(ATOM)이라 했다.

'아'는 할 수 없다는 뜻이고 '톰'은 쪼갠다는 뜻이다. 물질의 기본 단위인 '핵'에 이르기 까지 쪼갰다. 이 시도가 오늘날 세계 전 인류를 위협하는 핵폭탄의 기원이다. 아인슈타인도 핵물질을 개발하여 사람의 삶에 유용하게 쓰이기를 바랐지만 핵폭탄이 개발된데 대해서는 후회했다. 사람은 잘 살아 보려고 과학을 발전시키는데 그 역작용은 인류를 위협한다.

오늘날의 세계인의 가장 큰 관심사 중에는 건강과 장수가 큰 비중을 차지한다. 시중에 판매되고 있는 건강식품과 건강 운동 기구는 그 수를 헤아리기 힘들 정도이다. 사람들은 영원히 살 수 없다는 대안으로 건강과 장수에 관심과 돈을 쏟아 붓는다.

사람의 기원과 종말 그리고 사람의 삶의 의미 같은 중대한 테마와 관계가 많은 학문인 철학과 물리과학 그리고 종교를 간략하게 검토하고 사람의 생사 문제를 이해해 보고자 한다. 철학은 사람과 우주의 궁극적인 문제에 대해 연구하는 학문이다. 철학은 사유와 논리적인 방법으로 사람과 우주의 궁극적인 문제를 탐구하여 해답에 접근해

보려는 학문이다. 플라톤은 물리 세계와 정신세계의 근원을 이데아론 (Idea)으로 풀어 보려고 시도했다. 독일의 합리주의 태두 임마누엘 칸트는 순수 이성을 규명하는데 전력을 기울였다. 그는 사물 그 자체는 알 수 없다. 〔Thing itself is unknown〕이라 했다. 철학은 사람의 사고(정신)의 한계를 초월 할 수 없다. 이 학문은 사람과 우주를 이해하는데 흥미와 관심을 갖는데 다소 도움을 주었으나 해답을 주지는 못한다. 철학은 사유와 논리의 방법으로 사람과 우주의 실체와 문제들이 '왜'그런가 라고 문제를 던져 놓고 해답을 찾으려고 노크하고 몸부림치는 학문이다. 그렇기 때문에 니체와 같은 정신 이상자들도 나타났다.

수많은 철학자들이 이 문제를 풀어 보려고 노력했으나 인간의 정신세계의 한계를 초월하지 못했다. 물리 과학은 우주와 사물과 사람의 근원을 파헤쳐서 이것이 '무엇'이냐를 규명하는 학문이다. 철학은 '왜'(Why)냐인 반면에 물리 과학은 '무엇'(What)이냐 이다. 지금은 세계적으로 각광을 받고 있는 과학은 생명공학이다. 생명공학은 사람의 물리적인 '핵'인 유전인자(DNA)를 연구하는 학문 이다. DNA는 deoxyribonucleic acid의 약자이다. 한 사람의 몸에는 약 4천만 개의 DNA가 있다. 그 하나의 크기는 우리가 쓰는 볼펜 촉 위에 포개지 않고 펴서 올려놓으면 2십만 개가 올라간다. 사람의 눈으로는 볼 수 없고 원자 현미경으로만 볼 수 있다. 그 하나에 코-드로 저장된 정보는 캐나다 벤쿠버시의 4층짜리 중앙도서관에 소장된 모든 책의 정보 보다 더 많다고 한다. 이 정보가 사람의 눈, 코, 입, 키, 머리색, 206개의 뼈 등등의 위치와 기능을 가능하게 하여 한 사람을 만들어 낸다. 사람이 물리적으로 어떻게 만들어 졌느냐 하는데 대한 연구는 놀랍게 발전되고 있다.

미국에는 미국립인간게놈연구학회(US National Genome Research Institute)가 설립되어 있고 거기에 2,400명의 다국적 학자들이 소속되어 인간 게놈(Genome)지도를 만들고 있다. 인간 게놈 지도가 언제 완성될지 모른다. 이 학회의 회장은 Francis Collins박사이다. 그는 크리스천이다. DNA연구가 더욱 발전되면 치매 같은 난치병이나 유전병을 정복할 수 있다고 한다.

사람의 물리적인 면도 정말 오묘막측하게 만들어졌다. 이렇게 오묘한 인간이 과연 저절로 진화되어 만들어 졌을까! 사람의 물리적인 면의 연구는 크게 발전되어 있으나 정신적인 면과 영적인 면은 아직 시작도 되지 않았다. Francis Collins박사는 사람의 도덕성과 애타심(愛他心)같은 것은 사람을 지적 창조(Intelligent Design)로 만드신 하나님이 부여하신 속성이라고 말한다. 그러나 Richard Dawkins교수는 동물이 정욕을 발휘하는 것처럼 사람도 도덕성과 애타심 같은 것을 저절로 발휘한다고 한다. 저는 동물의 정욕 발동은 사고의 체계를 거쳐 행위 하는 것이 아니고 동물적인 직감(直感)과 직각(直覺)에 의해 행위 되는 것으로 본다.

Dawkins교수는 Collins박사에게 사람의 도덕성과 애타심의 물리적인 증거를 제시하라고 공박한다. Collins박사는 하나님이 사람의 정신계(精神界)에 부여 했다고 답변한다.

다음은 종교적인 입장에서 사람과 우주의 궁극적인 문제에 접근하고자 한다. 종교는 사람의 불완전성과 한계를 인정하고 출발한다. 사람은 인격체이다. 인격은 이성(理性)이 있는 사람만 가지고 있다. 동물은 합리적인 사고를 할 수 없다. 이성이 없기 때문이다. 나는 아직은 DNA연구자들이 이성 인자를 발견했다는 소리를 못 들었다. 나는 이런 황당한 생각을 해 본다. 만일 사람의 이성 인자가 있다면 그것을 동물에게 이식하면 동물도 사람이 되지 않겠는가 라고.

얼마 전에 사람의 DNA와 바퀴벌레의 DNA가 매우 유사하다는 기사를 보고 과학자들의 DNA연구가 아직은 요원하다는 생각이 들었다. 이 우주에는 보이는 영역과 보이지 않는 영역이 있다. 나는 독립문을 보고 독립문을 쌓은 사람이 있다는 것을 안다. 파리의 에펠탑을 보고 그것을 만든 사람이 있다는 것을 안다. 나는 독립문을 만든 사람이나 에펠탑을 만든 사람을 아마 만날 기회가 없을 것 같다. 그들은 모두 세상을 떠났을 지도 모른다. 그러나 그것들을 만든 사람은 반드시 있었다는 사실을 부정할 사람은 없을 것이다.

나는 조용필을 보고 조용필의 아버지가 있다는 것을 안다. 이것은 결과를 보고 원인을 아는 방법과 기능이다. 나는 이 주장을 그 누구에게도 굽히지 않는다. 이것을 추리(Reasoning)의 방법 또는 유추(Analogical)의 방법이라고 한다. 나는 이 방법으로 사람을 거슬러 올라가면 최초의 사람을 만든 분이 있을 것이라고 생각한다. 그분은 그야말로 전지전능하신 분이실 것이다. 나는 우리가 사는 지구를 보고 지구를 만드신 분이 있다는 것을 확신한다. 이것은 시시한 작품이 아니다.

4만키로 미터의 공처럼 생긴 덩어리가 태양을 중심으로 하고 365일 5시간 48분 46초를 도로도 없고 레일도 없는 허허 망망한 공간을 23.5도로 기우려 돌아서 영국 런던 남부의 그리니치 자오선(Greenwhich meridian)에 4년마다 하루를 조정하는 여분을 제외하고 꼭 맞아 떨어지는 이 오묘함이 저절로 만들어 졌을까! 아니면 어떤 전지전능하신 분이 만들었을까! 나는 이 우주는 계획된 작품이지 무작위로 우연히 만들어 졌다고 볼 수 없다. 또 사람은 얼마나 아름다운 작품인가. 앞서 DNA에 대해 말한 바와 같이 사람은 물리적으로도 정말 오묘한 작품이다. 그러나 사람은 그것 보다 더 아름답고 존귀한 작품이다. 지금까지는 사람의 물리적인 면만 말했지 정신적인 면과 영적인 면은 말하지 않았다. 그럼 하나님이 사람을 어떻게 만들었는지 성경의 기록을 근거로 살펴보자.

하나님께서는 세상 만물 다 만들어 사람이 살 수 있는 환경을 마련한 다음에 사람을 만드셨다. '하나님이 자기 형상 곧 하나님의 형상대로 사람을 창조하시되 남자와 여자를 창조하셨다' 라고 하셨다. '또 여호와 하나님이 흙으로 사람을 지으시고 생기를 그 코에 불어 넣으시니 사람이 생령이 된지라' 라고 하셨다. 여기서 중요한 점은 '하나님의 형상대로'와 생기를 그 코에 불어 넣으시니 사람이 '생령'이 된지라 이다. 하나님의 형상은 하나님의 인격의 속성들을 말하는 것이고 생령이 된지라는 사람은 영혼을 지닌 피조물이란 말이다. 사람이 하나님으로부터 받은 속성은 인격을 이루는 이성 그리고 사랑, 거룩함, 정의심 등등의 도덕성이다. 생령은 사람의 보이지 않는 영성을 말하는 것이다. 이러한 인격성과 영성과 속성들은 물리적으로 과학적으로 분석해 가지고는 발견할 수 없다. 그렇기 때문에 사람은 고귀하고 존엄하고 아름답다. 짐승은 물리적으로 힘센 것이 최고이겠지만 사람은 인격과 도덕성과 신앙심이 있어야 권위가 있고 숭고하다.

내가 왜 예수 그리스도를 나의 구주로 믿느냐 하면 내가 기독교를 접할 수 있었던 여건때문이 아니다. 나는 기독교를 떠날 수 있는 여건도 얼마든지 있었고 갈등도 있었고 의심도 있었다. 그러나 내가 예수 그리스도를 나의 구주로 믿고 저버리지 않는 것은 성경이 말하는 우주 창조와 인간 창조와 역사 진정이 내가 접한 이 세상의 그 어떤 종교나 이론보다 가장 진실하기 때문이다.

나는 전지전능하시고 사랑이 많으신 하나님이 그의 독생자 예수를 세상에 보내셔서 나를 죄와 멸망으로부터 구원하시려고 십자가에 달려서 내가 죽을 죽음을 죽으신 것을 마음에 확신한다. 예수님이 이 세상에 탄생하신 방법은 가장 독특하고 진실되다고 믿는다. 우주 만물과 사람을 창조하신 하나님과 예수님이 역사 속으로 들어오셔서 우리에게 구원의 메시지를 주신다. 예수는 인간 구원의 역할을 몸소 실천하셨다.

예수는 기적으로 자연을 정복하고 능력으로 병마를 정복하고 신성의 능력으로 마귀를 정복하고 맨 나중에 예수님 자신의 죽음으로 사

망을 정복하고 그를 믿는 사람에게 영생을 주신다. 예수는 단 한 번
도 거짓말을 하신 적이 없고 당신이 말씀하신 것은 다 실천 하셨다.
나는 이분에 비견할 수 있는 종교 창설자를 찾아 볼 수 없었다. 이
예수는 죽음에서 부활하여 승천하셨다. 다시 세상에 오셔서 믿는 사
람들을 데리고 천국으로 가신다고 하셨다. 나는 예수님의 말씀을 믿
어 의심하지 않는다. 그 분은 나를 실망시킬 분이 아니다. 예수님 사
랑합니다. 감사합니다.

# 축복받는 민족

● 약   력
한국대학생선교회(C.C.C) 총재
EXPO전도대회 준비위원장
80복음화대성회 대회장
기독교21세기운동 준비위원장
한국기독교지도자협의회 상임고문

김준곤 목사

　신명기 28장을 읽어보면 이 말씀이 그대로 우리에게 복이 되었으면 하는 기도가 저절로 나올 것입니다. 그러면 이 복은 옛날 이스라엘 민족에게만 해당할 뿐 현실성이라고는 도무지 없는 것입니까? 우리 민족에게나 혹은 오늘날 예수를 믿는 민족에게 이 약속은 하나도 타당성이 없는 것입니까? 전혀 적용성이 없는 것입니까?

　절대로 그렇지 않습니다. 갈라디아서를 보면 우리는 믿음으로 아브라함에게 약속했던 모든 약속을 우리의 것으로 받을 수 있다고 말했습니다. 아브라함의 후손은 믿음으로 예수 그리스도를 믿는 사람이고 예수 그리스도를 믿는 성도가 많이 사는 나라는 신령한 진짜 이스라엘이 될 것입니다. 하나님의 약속은 한 민족에게 고정되어 버린 것이 아닙니다. 영국이나 스위스가 하나님이 이스라엘에게 복 주신다고 약속했던 그 복을 다 받았다가도 그들이 다시 하나님의 뜻을 배반하면 그 복을 거두어 가십니다.

예레미야 32:38-42을 보면 "그들은 내 백성이 되겠고 나는 그들의 하나님이 될 것이며 내가 그들에게 한 마음과 한 도를 주어 자기들과 자기 후손의 복을 위하여 항상 나를 경외하게 하고 내가 그들에게 복을 주기 위하여 그들을 떠나지 아니하리라 하는 영영한 언약을 그들에게 세우고 나를 경외함을 그들의 마음에 두어 나를 떠나지 않게하고 내가 기쁨으로 그들에게 복을 주되 정녕히 나의 마음과 정성을 다하여 그들을 이 땅에 심으리라 나 여호와가 이같이 말하노라 내가 이 백성에게 큰 재앙을 내린 것 같이 허락한 모든 복을 그들에게 내리리라"라는 말씀이 있습니다. 하나님께서 열심을 다해서 복을 주신다고 했습니다.

하나님이 복을 주기 위해서 열심을 품으면 아무도 당해낼 자가 없습니다. 복을 받을 사람들은 누워서 하늘을 쳐다보아도 복을 받고 옆을 쳐다 보아도 복을 받습니다. 이상할 정도입니다. 그러나 망할 사람은 무엇을 하더라도 망합니다. 하나님이 복을 주기 시작하면 장마처럼 주십니다. 거두기 시작하면 가을의 낙엽같이 거두십니다. 도저히 당해낼 수가 없습니다. 나뭇잎이 떨어진다고 그것을 억지로 철사로 매달아 둘 수 있습니까? 그렇게 할 수 없습니다. 인간의 힘으로 하나님의 가을을 막을 자가 없고 하나님의 봄을 막을 자가 없습니다. 따라서 국가나 가정이나 개인이나 하나님의 복을 몹시 갈망해야 합니다.

그런데 사도행전 2장이나 요엘서를 보면 하나님의 이런 약속이 있습니다. 사도행전 2:17-21을 보면 "하나님이 가라사대 말세에 내가 내 영으로 모든 육체에게 부어주리니 너희의 자녀들은 예언할 것이요 너희의 젊은이들은 환상을 보고 너희의 늙은이들은 꿈을 꾸리라 그때에 내가 내 영으로 내 남종과 여종들에게 부어주리니 저희가 예언할 것이요 또 내가 위로 하늘에서는 기사와 아래로 땅에서는 징조를 베풀리니 곧 피와 불과 연기로다 주의 크고 영화로운 날이 이르기 전에 해가 변하여 어두워지고 달이 변하여 피가 되리라 누구든지 주의 이름을 부르는 자는 구원을 얻으리라 하였느니라" 라는 말씀이 있습니다. 예수님의 재림에 대해서 생각하는 사람들은 예수님의 재림이 임박했다고 말하고 있습니다. 말세의 징조가 많이 있는데 그 말세 이전에, 최후의 종말이 오기 전에 하나님께서 한번 큰 영적인 복을 주는 때가 올 것입니다. 그것을 모든 육체에게 영으로 부어준다고 했습니다.

환상이니 예언이니 꿈이니 하는 이적과 기사가 오늘날 세계 도처에서 일어나고 있습니다. 하나님께서 가톨릭이 거의 생명력을 상실해 버린 그 자리에서 이적과 기사를 베풀어 병을 고치고 예언을 하고 성령의 능력을 행사하며 사람들에게 복을 주어서 복음 운동을 전개하고 계십니다. 유럽이 다시 믿음의 잠을 깨려면 오순절과 같은 운동을 행하지 않으면 안됩니다.

이탈리아나 파리에서 온 사람들의 이야기를 들어보면 이탈리아의 로마 안에는 프로테스탄트 교회가 한 20개 밖에 없는데 그 80-90%가 부흥을 일으키고 있다고 합니다. 또 소련에서 부흥을 일으키고 있는 침례교회에도 이적과 기사가 많이 나타난다고 합니다. 그런데 너무 냉랭하면 하나님이 은혜를 다 거두어 가버리십니다. 그래서 이와 같은 이적과 기사가 도처에서 일어나고 사도행전 같은 성령의 물결이 세계적으로 한번 일어날 것 같습니다. 지금보다 훨씬 더 깊이가 있게 신비성을 띠고 종말적인 부흥 운동이 일어날 것 같습니다. 여기에서 우리 한국의 기독교사에 전례가 없을 만큼 큰 영적부흥이 일어났습니다. 영적부흥운동이 일어나면 반드시 경제적이고 정치적인 이런 복을 받게 됩니다.

기독교 사상 뿐 만 아니라 인류 역사상 전례 없는 그런 복을 받을 수 있는 가능성이 우리 민족사에 있을 수 있느냐 하는 문제를 한번 생각해 봅시다. 이론적으로 생각하지 말고 정직하고 솔직하게 생각해 봅시다. 성경을 보면 하나님의 명령에 순종하고 하나님의 뜻을 따르는 사람들이 많이 사는 지역과 그 민족에게 복을 주시는 것이 틀림없습니다. 그리고 하나님의 뜻을 따르지 않고 하나님의 명령을 거스르는 범죄한 사람들이 많이 사는 지역과 그 민족과 시대를 하나님께서 무섭게 심판했던 것도 사실입니다. 직벌주의는 아닙니다. 그러나 하나님께서 종종 본보기로 그렇게 하십니다. 최후의 심판은 어느 정도 연기하시고 현재는 인과응보의, 상선벌악의 자율적인 심판 법칙이 행사되고 있습니다. 가령 그 나라에 주정뱅이가 많다든가 창녀가 많다든가 도둑이 많다든가 사람들이 거짓말을 많이 한다든가 게으르다든가 하면 자연히 나라도 망하고 개인도 망하도록 하는 것도 있고, 하나님이 특별히 간섭해서 소돔과 고모라처럼 망하게 하는 경우도 있습니다. 하나님은 죄가 있기는 하지만 의로운 사람들이 많아서 하나님의 뜻에 순종하면 특별히 택해서 복 주시기로 결정하고, 하나님이 복 주신다는 것을 온 민족이 알 수 있도록 해주시는 것도 사실입니다.

세계사를 손바닥에 놓고 각 나라들을 훑어보십시오. 북미, 캐나다, 라틴아메리카, 소련, 아시아, 중국, 아프리카 중에 지금 영적 부흥의 물결이 어디에 왔습니까? 두말할 것 없이 세계 기독교사를 쓰는 사람이나 영적 부흥을 생각해 보는 사람들이 이구동성으로 이야기하고 있습니다. 한국이 세계의 프로테스탄트 신앙 부흥의 중심권을 이루고 있다는 것입니다. 이것은 제가 하는 이야기가 아닙니다.

우리나라에는 기도하는 성도들이 많이 있습니다. 조금 빗나가는 경우도 있기는 하지만, 틀림없이 하나님의 성령이 역사하는 사람들이 많이 있습니다. 신령한 목사들과 신령한 성도들과 20년을 한결 같이 새벽마다 2-3시간씩 나라를 위해 금식하면서 고기도 먹지 않고 기도

하는 모든 사람들의 이야기를 종합해보면 하나님께서 우리 한국을 복 주시려고 한다고 합니다. 그렇기 때문에 우리에게는 더욱 위기가 많습니다. 만일에 하나님께서 복 주시려다가 우리 민족이 순종하지 않을 때에는 무서운 벌을 받을 것이라는 이야기를 많이 들었습니다. "민심이 천심"이라는 말처럼 그렇게 선량한 성도들이 기도하면서 영감으로 느끼는 것이 있습니다. 괜히 하는 이야기가 아닙니다. 외국에서도 참으로 영감을 많이 받은 사람들에게 세계 부흥의 중심권이 어디 있느냐고 물으면 역시 한국에 있다고 합니다.

유럽에 가보면 유럽은 타다 남은 재와 같습니다. 이미 장이 파해 버린 곳입니다. 산상 축제가 진행되고 폭죽을 터뜨리고 노래를 부르고 하다가 다 꺼져 버렸습니다. 활활 타던 복음이 지금은 다 사라져 버린 것입니다. 그래서 유럽 사람의 속을 뒤집어 보면 전부 유물주의이고 허무주의입니다. 도스토예프스키의 악령 같은 것이 눈에 보입니다. 거기에서 다시 부흥 운동이 일어나리라는 가망은 거의 없습니다. 미국은 훌륭한 데가 있습니다. 분명히 미국사람들은 선량합니다. 그래서 얼마 동안 복을 많이 받을 것입니다. 그렇지만 또 한편으로는 극도로 타락했고 부패해서 자녀들이 부모의 말을 듣지 않고 부모와의 관계가 전부 끊어져가고 있습니다.

이렇게 유럽과 미국을 거쳐서 기독교가 서쪽으로 건너와 아시아에서 발을 붙이려고 하지 않습니까? 라틴 아메리카도 다 지나갔고, 아프리카도 한 4~5세기경에 다 지나 왔습니다. 중국에도 많은 선교사들이 들어가 복음을 전했지만 지금은 공산당이 차지하고 있습니다. 일본은 서구 문명을 빨리 받아들여 일찍 개화를 했습니다. 명치유신 대 작가들의 모든 작품을 읽어 보면 거의 기독교의 물이 흐르고 있습니다. 하지만 일본이 그것을 털어 버렸습니다. 그래서 발을 붙일 데가 없습니다. 창가학회는 그렇게 잘되는데 기독교는 안 됩니다. 일본은 신사나 불당이나 창가학회가 어찌나 잘되는지 그저 섰다 하면

산시입니다. 어디든지 신사 하나를 만들어 놓고 불상 하나를 갖다 놓으면 밥 먹고 살아갑니다. 사람들이 자꾸 와서 돈을 내고 갑니다. 나무에다 매달아 놓으면 거기에도 사람들이 돈을 매달아 놓고 갑니다.

반면에 한국에서는 교회가 부흥되지 않는 경우가 없습니다. 복음의 중심이 한국에 와 있습니다. 어째서 복음의 중심권이 이렇게 한국에 머물러 있습니까? 그리고 이 시기가 얼마만큼 갈 것입니까? 무제한으로 오래 가지는 않을 것입니다.

지금 한국을 중심으로 돌아가는 국내외 정세를 분석해 볼 때 미묘하게 돌아가고 있습니다. 한국에서 일부 불똥이 튀어서 어디로 가고 있는가 하면 인도네시아로 가고 있습니다. 인도네시아에서 들어온 보고에 의하면 거기에도 전도를 할 필요가 없다는 것입니다. 저절로 교회로 들어온다는 것입니다. 그 사람들을 감당할 수 없을 정도라고 합니다. 1~2만명씩, 어느 섬에서는 20~30만명 단위로 예수를 믿으려고 들어온다고 합니다. 전도를 할 필요가 없다고 합니다. 한국은 그렇게까지는 아니지만 세계적으로 복음의 문이 제일 많이 열려 있는 곳인 것만은 틀림없습니다.


첫째, 민족의 가슴마다 그리스도를 심어 푸르고 푸른 그리스도의 계절이 오게 하는 것이 하나님의 뜻입니까?

한국의 모든 사람이 다 예수를 잘 믿고 역사상 가장 많은 하나님의 복을 받을 수 있는, 그리고 세계사에서 제일 예수 잘 믿는 그러한 나라가 되는 것이 하나님의 뜻입니까? 지금 물어 봅시다. 양심을 다하고 성실을 다해서 우리 속에 있는 성령님께, 우리 마음속에 있는 깊은 것에게 물어 봅시다. 대답은 '예'나 '아니오'일 것입니다. 예수를 잘 믿고 복을 받는 것이 하나님의 뜻이 아니라는 답이 나온 사람이 있습니까? 그런 답이 나온 사람이 있으면 그 사람은 사단입니다. 그렇게 말해도 좋습니다. 하지만 하나님이 그것을 원하지 않을 리가 없습니다. 모든 사람이 그렇게 되기를 하나님은 원하고 계십니다. 그러면 예정론은 어떠냐고 신학적으로 따지지 마십시오. 예정론 같은 것은 다 생각하지 말고 하나님께 물어 보면 전적으로 하나님의 뜻이라고 말씀하실 것입니다. 분명히 하나님의 뜻입니다.

**둘째, 하나님의 뜻이고 하나님이 원하시는 것이라면 그것이 가능합니까?**

하나님이 원하시는 것은 무엇이든지 가능합니다. 하나님의 뜻대로 순종하면 가능한 것입니다. 분명히 가능합니다. 하나님이 절대로 그렇게 할 수가 없다고 하는 것은 기독교적인 대답이 아닙니다. 성경적인 대답이 아닙니다. 성령이 대답해 주는 것이 아닙니다. 하나님은 가능하십니다. 다만 하나님의 법대로, 하나님의 뜻대로 순종하느냐 순종하지 않느냐 하는 데 달려 있습니다.

**셋째, 그렇다면 언제부터 복음화 할 것입니까?**

기독교인에게 있어서 하나님이 요구하는 부름의 시간은 언제든지 현재라는 시간입니다. 우리들이 처해 있는 시간, 현재라는 시간처럼 소중한 시간은 없습니다. 모든 기독교인들이 타락하는 것은 이 현재라는 시간을 무시하기 때문입니다. 현재라는 시간은 모든 사람에게 불편한 시간입니다. 사람들은 지금껏 인생을 연기하며 지내왔습니다. 지금은 무엇인가 불편하다고 하면서 자꾸만 연기합니다.

오늘이라는 시간은 왠지 불편합니다. 중학교에 다니는 사람은 고등학교에 들어간 후 보겠다고 하고, 또 고등학교에 다니면 좋은 대학에 들어가려고 시험 준비하느라고 대학교까지 기다리겠다고 합니다. 그러나 대학교에 들어가서도 마찬가지로 1학년은 1학년이라는 핑계가 있고, 2학년은 2학년이라는 핑계가 있고, 3학년은 3학년이라는 핑계가 있으며, 4학년은 이제 졸업하고 보자고 합니다. 하지만 졸업하고 나면 취직하는 핑계, 장가가는 핑계 등등 별 핑계가 다 있습니다. 세상 핑계, 무슨 핑계를 대서 자기가 처해 있는 현재는 언제든지 불편합니다.

책임있는 인격적 생활을 해야 하는데 현재는 나와는 관계없는 것으로 생각하고 먼 미래로 자꾸만 연기하니까 그러한 생활을 하지 못하는 것입니다. 그래서 시간과 인격적 책임과는 중대한 관계가 있습니다. 비인격적인 사람, 성숙하지 않는 사람, 책임을 안지는 사람은 현재라고 하는 것과 관계없이 살려고 하는 사람입니다. 시어머니는 시어머니대로 핑계가 있고 며느리는 며느리대로 핑계가 있고 사업가는 사업가대로 핑계가 있습니다.

하나님께서는 내가 가지고 있는 것, 내가 처해 있는 곳, 그것을 요구하십니다. 개개인이 가지고 있는 재간을 요구하십니다. 우리가 현재라는 시점에서 최선을 다하지 않으면 항상 연기를 하게 됩니다. 젊은 크리스천들에게 전도하자, 기도하자, 복음화하자고 하면 틀림없이 핑계를 댑니다. 신학교를 가야겠다든가 또 신학을 한 사람은 학위를 더 취득해야겠다든가 미국에 가서 공부를 해야겠다든가 하면서 핑계를 댑니다.

비유 하나를 들겠습니다. 악마가 지옥에서 회의를 했습니다. 어떻게 하면 기독교인들을 전부 실족시키느냐 하는 회의를 했습니다. 그러자 젊은 악마가 "그것은 간단합니다. 기독교인들을 전부 죽이면 됩니다"라고 말했습니다. 이 말을 들은 늙은 마귀는 "옛날에 기독교인들을 많이 죽였지만 기독교인 한 사람을 죽이면 순교의 피가 씨가 되어 기독교인들이 몇 백, 몇 천 명으로 늘어나기 때문에 오히려 손해를 많이 보았다"고 했습니다. 그러자 또 젊은 악마 하나가 일어나서 "그러면 죽이지 말고 감옥에 가두면 전도하러 돌아다니지 못할 것 아닙니까?"라고 말했습니다. 늙은 악마는 그것도 쓸데없다고 대답했습니다. 감옥에 들어가면 감옥에서 모두 기도를 하는 바람에 우리의 세력이 더 약해지더라고 했습니다. 그러자 또 젊은 악마 하나가 "그 사람들을 아프게 하고 매를 좀 때리면 될 것입니다"라고 말했습니다. 늙은 마귀는 그것도 '안 되더라'고 했습니다. 매를 한 대 때리면 그 아픈 자리에서 예수가 몇 백 개 생겨나고 그 매를 때리면 때릴수록 손해가 나더라고 했습니다. 젊은 악마 한 명은 또 "남녀의 성 문제를 가지고 실족하게 하면 됩니다"라고 말했습니다. 늙은 악마는 그 방법이 좋고 성공률도 있지만 결국은 손해라고 했습니다. 한 사람이 실족을 하면 제7계명을 범했다고 모든 사람이 설교를 해서 느닷없이 갑옷을 입고 무장을 하고 준비를 하니까 안 된다고 했습니다. 드디어 늙은 마귀는 꾀를 하나 냈습니다. 예수를 잘 믿게 하고, 기도를 하게 하고, 성경을 읽게 하고, 전도를 하게 하고, 사랑하게 하는 등 전부 하도록 해놓고는 내일부터 하자, 오늘은 불편하니까 내일부터 하자고 미루자는 것입니다.

우리는 악마의 이 계략에 제일 많이 걸려 넘어갑니다. 부름 받는 것은 현재 내가 있는 이 자리에서 부름 받는 것입니다. 현재 내가 가지고 있는 것을 요구하는 것입니다. 하나님은 바쁜 사람의 시간을 요구하십니다. 사람들은 현실에 붙잡혀 있습니다. 그러나 우리가 부름을 받는 시간과 환경은 현재입니다.

**넷째, 누가 할 것입니까?**

이 질문에 대한 책임적인 대답은 언제나 "내가 하겠습니다." 입니다. 복음화 운동은 '목사도 많고 교회도 많고 성경을 아는 사람도 많으니까 그 사람들이 하겠지, 혹은 장로 가운데, 집사 가운데 열심이 많은 사람이 하겠지, 나는 그저 그것을 구경하고 있으면 되겠지'하고 생각해서는 안 됩니다. "주여! 내가 가겠나이다" 하고 책임 있게 대답하는 것을 힘들게 생각합니다. 그러나 우리의 기도 속에 "주여! 나를 보내소서. 내가 책임을 지겠나이다. 아무에게도 책임을 지울 수가 없습니다"라고 하며 책임 있게 이 운동을 하기 위해 자원해서 나와야 하겠습니다.

**다섯째, 어떤 방법으로 할 것입니까?**

이것은 중대한 문제입니다. 사도행전 이하의 방법으로는 절대로 안 됩니다. 사도행전의 사람들을 보고 사람들은 미쳤다, 술 취했다, 귀신 들렸다고 했습니다. 오늘 이 복음화 운동을 하려고 나온 사람들은 저 사람들은 미쳤다, 저 사람들은 귀신 들렸다는 소리를 들을 정도의 사람이 되어야 하겠습니다.

우리는 민족 복음화 운동을 확실히 우리의 소명으로 받아서 꼭 해야 되겠다고 말해야 할 것입니다. "내가 파송을 받았구나! 이런 방법으로 해야 되겠구나!" 하고 자기의 마음속에 이것을 꼭 새겨 놓아야 참여가 됩니다. 그렇지 않을 때는 언제든지 멀리서 구경하고 따라만 다니게 될 것입니다. 민족 복음화 운동에 우리 모두 참여합시다.

# 새롭게 하소서


● **약    력**
기독교한국루터회 증경총회장
한국기독교 이단, 사이비 대책협의회 대표회장
한국찬송가협의회 공동부회장
재단법인 한국기독교100주년기념사업회 이사
팔복교회 원로목사

김해철 목사

"그런즉 누구든지 그리스도 안에 있으면 새로운 피조물이라 이전 것은 지나 갔으니 보라 새 것이 되었도다"(고후 5:17)

이 말씀은 그리스도 안에서만 새로워질 수 있다는 가능성과 비전을 제시하고 있다. 왜 새로워져야 하는가? 무엇이 새로워져야 하는가?

우리가 새롭다고 하는 것은 무엇일까? 달력을 새것으로 걸었다 해서 새해가 되는 것이 아니다. 새옷을 입었다고 해서 새사람이 되는 것도 아니다. 우리가 어떤 새 계획을 갖고 새해를 맞았다고 해서 금년이 새해가 되고 복된 해가 되는 것도 아니다. 그렇다면 무엇이 새로워져야 할까?

창세기 1장에 보면 하나님이 창조하신 모든 것, 곧 삼라만상이나 인간은 선하고 아름다웠다고 하였다. 그리고 하나님은 그가 지으신 모든 세계를 하나님의 버금가는 존재인 인간에게 다스리고 보존할 영광스러운 책임을 주셨다. 그런데 그 인간이 그만 사단에게 정복된 이래 인간만이 하나님의 저주를 받은 것이 아니라 인간의 범죄로 인하여 자연계도, 그리고 이 세계안에 사는 모든 피조물도 저주가운데 살게 되었다. 하나님의 동산에서 추방된 인간은 낙원의 회복을 위해 부단히 노력해 왔으나 모든 것이 허사였다. 진보된 사회를 말하면서도 인간의 정신계는 퇴화해가고 있지 않은가! 사랑을 말하면서 미워하고, 평화를 말하면서 분쟁하고, 복종을 말하면서 반역하고, 중용을 말하면서 도가 지나치고, 이타적인 것을 말하면서 여전히 이기적이다. 왜 이렇게 인간은 이율배반적일까?

저 유명한 시성 괴테는 영과 육의 투쟁때문이라고 했고, 철학자 파스칼은 이성과 정욕간의 투쟁때문이라고 했다. 다시 말해서 우리 속에 있는 죄라고 하는 것이, 원하는 선은 행하지 아니하고 도리어 원치 아니하는 악을 행하게 한다는 것이다. 그러므로 인간은 죄의 문제가 해결되지 않는한 인간의 영원한 염원인 낙원에로의 복귀는 불가능하다. 그래서 예수님은 "너희가 돌이켜 거듭나지 않으면 하늘나라에 들어갈 수 없다."(요 3:5)고 하였다. 다시 말해서 내 자신이 거듭나야 생활이 개선되고, 사회가 변화되고, 그리고 세상이 새롭게 보이는 것이다.

그러면 내 자신이 거듭나고 중생하려면 어떻게 해야 하는가?

**첫째, 교육으로는 불가능하다.**

18세기의 계몽주의자들은 인간을 무지에서 해방하면 새롭게 개조될 수 있다고 믿었다. 그 이후 세계 도처에는 수많은 학교가 세워졌고 또한 매년 수백만의 석, 박사가 쏟아져 나온다. 그런데, 왜 범죄자는 날로 늘어날까? 유식한 사람이 더욱 지능적이고 잔인한 이유는 무엇일까?

이는 교육만으로 인간 개조가 불가능하다는 사실을 실증하는 예인 것이다.


**둘째, 정치 제도로도 불가능하다.**

우리나라는 1948년 제 1공화국이 수립된 이래 제 2, 3, 4, 5공화국에 이르기까지 또한 문민정부와 국민의 정부 등 새 정권이 들어설 때마다 헌법을 고치고 사회 개혁운동이다 혹은 정화운동이다 해서 인간 개조와 의식 개혁을 구호처럼 외쳐왔지만, 왜 우리는 아직도 예나 다름없이 구태의연할까? 이것은 어떤 정치제도나 구호를 가지고는 인간 개혁이 불가능하다는 사실을 입증하는 좋은 예이다.


**셋째, 과학적인 진보로도 불가능하다.**

과거 인간은 자연의 힘에 의해 지배를 받아왔다. 그래서 천둥치면 하늘이 노했다 하였고, 풍랑이 일면 용왕신이 노했다 하였으며 한재가 들면 지신이 노했다고 해서 이들 신의 노여움을 풀기 위해서 제사를 지내거나 아니면 무당을 불러 굿거리를 하곤 하였다. 그러나 현대과학의 힘은 인간을 모든 자연의 힘의 공포로부터 해방시켰다. 질병의 공포에서 해방하였고, 가난과 배고픔에서 해방하였으며 노동의 고역에서 해방하였다. 그러면 인간이 선해지고 정직해질줄 알았는데 오히려 그 인간은 날로 퇴화하고 잔인해지고 부도덕해지고 있지 않은가? 인간 개조가 과학의 힘으로는 불가능하다는 사실을 입증하는 것이다.

넷째, 수신(修身)으로도 불가능하다.

인간이 새롭게 되는 것은 자기 수련을 통한 수신으로는 불가능하다. 비록 인간이 속세를 떠나 저 깊은 심산유곡에서 108개의 염주알을 알알이 굴리며 나무아미타불을 수천 번씩 반복한다 해도 약간의 수양은 되고 교양있는 사람이 될 수는 있으나 거듭난 새 사람은 결코 될 수 없다. 그래서 일찍이 예레미야 선지자는 이 사실을 간파하고 "구스인이 그 피부를, 표범이 그 반점을 변할수 있느뇨? 할 수 있을진대 악에 익숙한 너희도 선을 행할 수 있으리라"(렘 13:23) 고 하였다.

이상에서 본것처럼 인간이 새로워지는 것은 사람의 노력이나 힘으로는 절대 불가능하다. 그래서 구약의 전도자는 "헛되고 헛되며 헛되고 헛되니 해 아래 모든 것이 헛되도다. 하늘 아래 새것이 있을 수 있느냐"(전 1:2-9) 고 하였다. 하늘아래 새것이 없다는 이 말은 인간은 교육이나 어떤 제도, 과학, 혹은 수신으로도 새로워질 수 없다는 말이다.

그러나 이와같이 새로워지길 염원하면서도 새로워지지 못하는 불행한 인간에게 한 가지 소망을 제시한 이가 있으니 그가 바로 사도 바울이다. 바울은 "누구든지 그리스도안에 있으면 새로운 피조물이라" 하였다.

실제 주님앞에 나와서 새로워지지 않은 사람이 없다. 수전노가 변하여 자기 소유 전부를 불우한 사람에게 아낌없이 털어주는 선한 사람이 되었다. 절망중에 살던 사람이 변하여 소망가운데 살게 되었다. 비겁한 배신자가 변하여 담대한 믿음의 용사가 되었다. 평생 구걸이나 하며 살던 사람이 변하여 남을 위해 헌신하는 사람이 되었다. 기독교를 박해하던 사람이 변하여 사랑의 사도가 되었고 남을 섬기는 사람으로 변하였다. 세상의 쓰레기처럼 살던 삼류인생이 변하여 일급인생이 되었다.

그런데 이와같이 인간이 근본적으로 거듭나고 새로워지는 데는 한 가지 조건이 따른다. 다름아닌 "그리스도 안(in Christ)"에서란 조건이다. 그리스도의 앞과 뒤도 아니요, 그렇다고 좌나 우도 아닌 그리스도안에 있을 때에만 타락한 인간의 본성은 회복될 수 있고 새로워질수 있다는 말이다.

·그렇다, 우리가 그리스도안에 있을 때 비로소 진정한 중생의 축복을 체험할 수 있다. 예수를 믿기는 믿는데, 아직도 그 신앙이 덥지도 차지도 않다면 이는 내가 그리스도 주변에서 맴돌고 있다는 증거이다. 그리스도안에서만 새로워질 수 있다. 그래서 신약성서에 보면 "그리스도 안"이란 말이 169회나 발견되며 특히 사도 바울의 신학을 가리켜 "그리스도안의 신학"이라 하는 이유도 여기에 있다. "그리스도안"이란 말은 다른 말로 성령의 은혜로만 새로워질 수 있다는 말이기도 하다.

그래서 일찍이 하나님은 스가랴 예언자를 통해 "힘으로도 못하고 능으로도 못하고 오직 내 신으로 하리라"(슥 4:6) 고 말씀하셨다. 한때 하나님은 이스라엘 백성에게 율법을 주시고 예언자를 보내어 우상숭배하는 죄를 책망도 하시고 때로는 앗수르와 바벨로니아를 통하여 징계도 하셨다. 그러나 그것만으로 이스라엘 백성이 새로워지리라고는 생각하지 않으셨다. 그래서 이스라엘의 암담한 장래를 내다보고 탄식하는 에스겔 선지자에게 하나님은 새로운 이스라엘의 소망을 제시해 주셨다. "내가 그들에게 일치한 마음을 주고 그 속에 내 신을 주며, 그 몸에서 굳은 마음을 제하고 부드러운 마음을 주어서 내 율례를 좇으며 내 규례를 지켜 행하게 되리니 그들은 내 백성이 되고 나는 그들의 하나님이 되리라"(겔 11:9) 고 하셨다.

우리가 거듭나고 새로워지는 것은 내 힘이나 내 노력으로 되는 것이 아니라 그리스도안에서 역사하시는 성령의 능력으로 가능하다. 그리스도안에서 나 하나가 새로워지면 자연히 나의 인생관이 새로워지고 가치관이 새로워지며 역사관이 새로워지고 나아가서는 내가 속한 직장과 사회, 그리고 만물을 새롭게 하시는 주님의 사역에 동참하는 영광까지도 누리게 된다. 그러나 우리가 구태의연한 옛사람 그대로는 아무리 좋은 이상과 설계가 있다 해도 말짱 허사다. 그래서 바울은 골로새교회에 보낸 편지에서 "너희가 옛사람과 그 행위를 벗어버리고 새사람을 입으라"(골 3:10) 고 하였다.

옛사람을 벗어버린 새사람 된 도리는 무엇일까?

**첫째, 믿음으로 사는 생활이다.**

로마서 14:23에 보면 "믿음으로 좇아 하지않는 모든 것은 죄니라"고 하였다. 마틴 루터는 "믿음없이 행하는 자선은 모두가 위선이다"라고 하였다. 그러므로 믿음의 생활은 새사람의 기본이 되는 생활이다. 믿음으로 산다는 것은 하나님께 대해서나 이웃에 대하여 신실하게 사는 것을 의미한다.

히브리서 11:6에 보면 "믿음이 없이는 하나님을 기쁘시게 못하나니 하나님께 나아가는 자는 반드시 그가 계시다는 것과 또한 그가 자기를 찾는 자들에게 상주시는 이임을 알아야 할지니라"고 하였다. 하나님이 살아 역사하심을 믿는 것, 하나님을 찾는 자를 결코 버리시지 않고 상주시는 분이심을 믿는 것, 하나님이 구세주를 세상에 보내셨듯이 언젠가는 심판주로서 예수님을 다시 보내실 것 등을 믿는 것, 그것이 바로 거듭난 사람의 마땅한 도리이다.

믿음의 생활이란 결코 쉬운 것이 아니다. 때로는 오해도 있고, 손해를 입는 수도 있고, 심지어는 생명의 위협을 각오할 수밖에 없는 경우도 있다. 그러나 그 길이 하나님의 원하시는 것이라면 항상 내 뜻보다는 하나님의 뜻을 앞세우며 사는 신앙적인 용단이 필요하다.

둘째, 정결하게 사는 생활이다.

거듭난 사람은 항상 정결한 생활을 해야 한다. 잠언에 보면 "무릇 지킬만한 것보다 더욱 네 마음을 지키라. 생명의 근원이 이에서 남이라"(잠 4:23) 고 하였고, 시편에서는 "청년이 무엇으로 그 행실을 깨끗게 하리까? 주의 말씀을 따라 삼갈 것이니라"(시 19:9) 고 하였다. 일찍이 요셉은 애굽에 노예로 팔려가 곤고한 중에서 외롭게 지낼 때 자기 주인인 보디발의 아내의 유혹을 받고 "내가 어찌 하나님 앞에서 득죄 하리까"(창 39:9) 하며 물리쳤다. 바벨론에 포로로 끌려갔던 다니엘도 왕궁에서 매일같이 진수성찬을 공궤받을 때에 그 음식이 우상에게 바쳐졌던 음식이라 해서 자신의 성결을 지키기 위해 물리쳤다.

거듭난 사람은 늘 정결한 생활에 힘써야 한다. 신자는 자신의 의로 구원받는 것이 아니므로 나를 구원하시기 위해 십자가 위에 못 박혀 돌아가신 주님의 은혜를 늘 생각하며 항상 자신의 생활을 성찰하며 살아야 한다. 요한계시록 7:13에 보면 장차 우리가 하나님의 심판대 앞에 서게 되는 날이 있는데 그 앞에서 구원받는 이는 현세에서 어린 양 예수의 보혈로 옷을 깨끗하게 세탁한 사람이라고 하였다. 이 말은 날마다 그리스도의 십자가의 은혜를 생각하며 자신의 정결된 생활을 도모하며 산 사람만이 구원받는다는 말이다.

셋째, 감사하는 생활이다.

신자는 당연히 감사하는 생활을 해야 한다. 은혜를 아는 사람은 감사할 줄 아는 사람이다. 그래서 사도바울은 "범사에 감사하라. 이는 그리스도 안에서 너희를 향하신 하나님의 뜻이니라"(살전 5:18) 고 하였다. 이 말은 무슨 일이든지 하나님의 뜻으로 오는 것이니 감사하라는 것이다. 이 본문에서 "누구든지 그리스도 안에 있으면 새로운 피조물이라 이전 것은 지나 갔으니 보라 새것이 되었도다" 라고 하였다. 우리가 새롭게 거듭난 것도, 건강한 것도, 가정이 평화로운 것도, 자녀가 번성하고 사업이 잘되는 것도 모두가 하나님이 주신 것이니 감사하라는 말이다. 이와 함께 그리스도안에서, 저주받은 우리 환경도 하나님이 허락하신 것이니 역경중에서도 감사하면 축복을 받게 된다는 것이다.

그래서 새롭게 거듭나서 구원받은 신자는 그의 환경이 어떻게 변하든지 하나님의 뜻으로 말미암은줄 알고 범사에 감사하면 더 큰 은혜가 되고 축복이 된다는 말씀이다. 요셉의 생도 그러했다. 욥의 생이 그랬다. 다니엘의 생이 그랬다. 또한 예수님의 생도 그러했다.

우리 앞서간 믿음의 선인들이 믿음으로 구원받고 행함으로 더욱 크신 축복을 받았음을 안 바울은 로마 교회를 향하여 "우리가 알거니와 하나님을 사랑하는 자 곧 그 뜻대로 부르심을 입은 자들에게는 모든 것이 합력하여 선을 이루느니라"(롬 8:28) 고 하였다.

**넷째, 새롭게 하는 생활이다.**

그리스도안에서 거듭난 사람은 이 세계속에 누룩처럼 스며들어 새롭게 할 책임이 있다. 우리의 발이 닿고 손이 미치는 곳마다 그곳이 어디이든지 각계각층에 스며들어 복음으로 새롭게 할 사명이 있다. 나로인해 내가 속한 가정이 새로워져야 한다. 나로인해 내가 속한 교회가 새로워져야 한다. 나로 인해 내가 속한 사회가 새로워져야 한다. 나로인해 내가 속한 국가가 새로워져야 한다. 나아가서 나로인해 온 인류가 새로워져야 하고 세계가 새로워져야 한다.

"주여, 새롭게 하소서!"

이것이 온 인류의 염원이요 또한 우리의 기도제목이다. 그리고 새롭게 거듭난 우리 한 사람 한 사람은 가정과 교회, 그리고 우리 사회를 새롭게 개혁하는 주체로 살아야 한다.

# 인내는 쓰나 그 열매는 달다

● 약　력
대조동순복음교회 담임
기독교대한하나님의성회 총회장
한국기독교 지도자협의회 공동회장
한세대학교 교수

박정근 목사

　저는 부족한 종으로서 큰 목회를 하지 못했으나 주님의 은혜로 혼신의 힘을 쏟아 목회를 하였습니다. 그래서 자랑할 것도 없고 내어놓을 것도 없지만 후배 목회자들의 목회에 다소라도 도움을 줄 수 있을까 하여 회고록을 준비 중에 있습니다. 그 일부를 50인 탈무드에 싣고자 합니다.

　저는 26세라는 젊은 나이에 단독목회를 시작하여 정년이 되는 70세까지 만 45년간 목회를 하고 정년퇴임하였으나 그 후 오늘에 이르도록 순복음신학교와 총회신대원에서 강의를 하고 있어 도합 50년간 성역을 하고 있는 셈입니다. 45년간 목회를 하는 동안 우리교회에서 1년간, 부산순복음교회에서 3년간 목회를 하였으며 서울 은평구 대조동 순복음교회로 전임하여 그 교회에서 41년간 목회하였습니다.

교인수 50명 정도 되는 교회에 부임하여 재적교인 3,000명이 넘는 교회로 부흥 성장시켰으며 존 스텟츠목사님이 선교부 부지 300평 대지위에 시멘트 부르크로 99평의 예배당을 건축해 놓았는데 제가 부임한 다음 성전부지 1,054평의 대지를 마련하여 연건평 2,100평의 예배당과 교육관을 건축하였습니다. 건축 시 제 집도 팔아서 건축비로 충당했으며 부모님께 받은 유산도 바쳐서 건축비로 사용하였습니다. 산도 6만평이나 구입하여 현재 5만 일천 여 평이 남아 있어 교회재산을 현시가로 평가하면 1,000억원이 넘는 것으로 평가하고 있습니다. 은퇴 시 퇴직금을 일시불로 계산해서 일산 변두리에 있는 전 300평을 퇴직금으로 받고 깨끗이 교회를 떠났습니다. 현재는 그 땅도 팔아서 우리 아들 박성주목사가 개척하고 있는 교회를 위해 200평 정도의 예배당 부지를 마련하고 건평 86평의 예배당을 건축하는데 사용하고 있습니다. 그것은 내가 한 것이 아니고 오직 하나님의 은혜뿐이므로 모든 영광을 하나님께 돌려드립니다.

저의 목회와 성역을 한마디로 요약해서 말하라고 하면 인내는 쓰나 그 열매는 달다. 라고 말할 수 있습니다. 성령의 열매의 하나가 인내(忍耐) 입니다(갈 5:22-23). 사랑 장(章)인 고린도전서 13장에 사랑을 13개 항목으로 설명하고 있습니다. 그런데 우연의 일치이겠지만 사랑 애(愛)자를 보면 13획(劃)으로 되어 있습니다. 사랑 장에 다른 항목들은 한번 씩만 언급하고 있으나 오래 참음(Long Suffering)에 대해서는 세 번이나 강조하고 있습니다. '사랑은 오래 참고(고전 13:4상).' '모든 것을 참으며(고전 13:7상).' '모든 것을 견디느니라(고전 13:7하).' 이는 인내가 사랑의 핵심(核心)임을 의미하는 것입니다.

그런데 열매란 저절로 맺어지는 것이 아닙니다. 마치 농부가 농사를 지을 때 열매가 저절로 맺어지는 것이 아님과 같습니다. 이른 봄부터 땅을 일구어 씨를 뿌리고 김을 매며 벌레를 잡아주고 거름을 주는 수고를 할 뿐 아니라 폭양과 장마를 견디어야 하며 끝까지 참아야 열매가 맺어지듯이 성령의 열매를 맺기 위해서도 많은 시련을 견디어야 하며 오래토록 인내해야 하는 것입니다.

일찍이 야고보 사도가 말씀하시기를 '내 형제들아 너희가 여러 가지 시험을 만나거든 온전히 기쁘게 여기라 이는 너희 믿음의 시련이 인내를 만들어 내는 줄 너희가 앎이라 인내를 온전(穩全)히 이루라 이는 너희로 온전하고 구비하여 조금도 부족함이 없게 하려 함이라(약 1:2-4).'고 하셨으며 '시험을 참는 자는 복이 있도다. 이것에 옳다 인정함을 받은 후에 주께서 자기를 사랑하는 자들에게 약속하신 생명의 면류관(冕旒冠)을 얻을 것임이니라(약 1:15).'고 하셨습니다.

또한 '그러므로 형제들아 주의 강림하시기까지 길이 참으라. 보라 농부가 땅에서 나는 귀한 열매를 바라고 길이 참아 이른 비와 늦은 비를 기다리나니 너희도 길이 참고 마음을 굳게 하라 주의 강림이 가까우니라(약 5:7-8).'고 하셨습니다.

다이아몬드(Diamond)나 숯은 똑같이 탄소(炭素, Carbon)의 결정체입니다. 그런데 땅속에 묻힌 탄소가 150만 파운드(약 675만 톤)의 엄청난 지압(地壓)과 1,700도가 넘는 뜨거운 열을 견디어내면 값비싼 보석인 다이아몬드가 되는 것입니다. 암석이 풍화작용(風化作用)으로 부셔지면 흙이 되는 것이며 흙의 미립자가 균형을 이룬 것이 점토(粘土)입니다. 그 점토에다 물을 섞어서 빚은 다음 불로 구우면 토기가 됩니다. 점토에다 규소를 조금 더하여 열을 가하면 유리가 되고 좋은 점토에 유약을 가하여 1,000도로 두 번 구우면 토기가 되고 다시 유약을 발라 90도로 굽고 다시 1,200도로 구우면 고급 도자기가 된다고 합니다.

'오래 참는다.'를 헬라어로 마크로뒤메이(μακροθυμει) 라고 하는데 이 말의 의미는 단순히 어떠한 상황에 대하여 오래 참는 것 뿐 아니라 인간관계에 서 빚어지는 어려움을 견디는 것을 뜻한다고 모리스

(Morris)는 설명하고 있습니다. 구체적으로는 자신의 감정으로는 도저히 이겨낼 수 없는 것을 억제하는 소극적인 의미의 인내(약 1:3)와 한 거름 더 나아가 타인에게 손해를 당하였을 때에 그것을 보복할 힘이 있으면서도 자제하는 적극적인 인내로 구분할 수 있습니다.

사도 바울은 '우리가 하나님 나라에 들어가려면 많은 고난을 겪어야 할 것이니라(행 14:22).' 라고 하였으며 또한 '미쁘다 이 말이여 우리가 주와 함께 죽었으면 또한 함께 살 것이요 참으면 또한 함께 왕 노릇 할 것이요 우리가 주를 부인하면 주도 우리를 부인하실 것이라(딤후 2:12상).'고 하였습니다.

하나님께서 이 부족한 종을 연단하시려고 많은 시련을 허락하셨습니다. 제가 겪었던 시련을 다 간증하려고 하면 한 권의 책이 될 수 있을 것이기에 이 책에 다 실을 수 없지만 너무도 고통스러웠던 일들이 많았습니다. 겪었던 시련들을 돌이켜 생각해 보면 눈물이 앞설 뿐이며 그 험한 시련들을 어떻게 참고 견디었을까, 생각하니 오직 주님의 은혜뿐이었다고 고백하지 않을 수 없습니다. 주님께 감사할 따름입니다.

한 가지만 간단하게 말하고자 합니다. 제가 대조동 순복음교회에 부임하여 처음에는 교회가 분열되는 큰 시련을 겪었지만 그 후 10년간은 은혜 중 교회가 평안하였으며 성령님의 역사하심으로 교회가 놀랍게 부흥 성장하였습니다.

그런데 마귀가 욥에게 고난을 가했듯이 뜻밖에 나를 아끼고 사랑하던 분이 어느 날 갑자기 돌변하여 배척운동을 전개하는 것입니다. 처음에는 그분이 나를 사랑했으며 나의 목회에 잘 협력을 해 주었는데 어느날 갑자기 돌변을 한 것입니다.

이 간증을 하려고 하니 나의 자존심이 상처투성이가 되고 부끄럽기 한이 없는 것 같아, 그리고 나에게 시련을 주었던 분에게 마음의 상처를 주지 않을까 싶어서 몇 번이나 망설이다가 나의 후배 목회자들이 나의 전철을 밟지 않도록 하게 하기 위하여 또한 그들의 목회에 다소라도 도움을 줄 수 있을까 하여 감히 이 글을 쓰기로 결심하였습니다.

40세도 못된 젊은 나이, 목회경험이 부족했기에 그런 시련이 다가왔으리라 생각되나 한 가지 결정적인 잘못이 있었다면 그분의 비위를 맞추어 드리지 못한 잘못이 있었던것 같습니다. 금식기도도 많이 하였으나 즉시 응답이 없었습니다.

그래서 교회를 사임하고 경기도 성남에다가 교회를 개척하기로 마음먹었습니다. 저의 아내가 시골에 사시는 아버님께 달려가서 저의 전후 사정 말씀을 드리고 매어달려 하소연을 하자 아버님께서 문전옥답을 매매해 주셨습니다. 아들의 말보다 자부의 말을 잘 들으셨던 것 같습니다. 그때 마침 성남시가 개발되고 있었는데 저의 집 식구가 성남시에서 복덕방을 하신 모 집사에게 의뢰하여 성전 부지를 구입해 달라고 요청을 하였습니다.

그때 성남시가 서울에 편입된다며 땅값이 하루가 다르게 뛰었습니다. 그 집사가 말하기를 땅이 나오면 즉시 팔리고 말기 때문에 현찰을 손에 쥐고 있어야 땅을 살 수 있으니 돈을 자기에게 맡기라는 것이었습니다. 얼마나 세상물정에 어두웠던지 영수증도 받지 않고 그 집사에게 돈을 맡겼는데 이 핑계 저 핑계를 하다가 그 집사가 그 돈을 가로채 버리고 부지를 구입해 주지 않았습니다.

부모님께 너무도 죄송하고 너무도 기가 막힌 일이었으나 그 돈을 돌려받을 생각을 하지 않고 하나님께서 교회를 사임하는 것을 막으시는 것이라고 믿고 대지 500평을 살 수 있었던 거액을 포기하고 교회개척을 중단하였으며 교회를 사임하려는 생각을 버렸습니다. 교회를 사임하는 것은 나를 사랑하고 나를 따르는 절대 다수의 양떼를 버리는 것이라는 커다란 죄책감이 나를 짓눌렀습니다.

그때 내 심장에 비수(匕首)같이 꽂인 말씀은 스가랴 11:17 이었습니다. '화 있을진저. 양떼를 버린 못된 목자여 칼이 그 팔에, 우편 눈에 임하리니 그 팔이 아주 마르고 그 우편 눈이 아주 어두우리라.' 3년간의 시련은 너무도 견디기 힘든 아픔이었으나 양떼를 위하여 제단에 피를 쏟을 각오로, 죽으면 죽으리라는 각오로 강단을 지켰습니다.

마침내 하나님께서 나를 반대했던 그들의 마음을 돌이켜 주심으로 3년간의 시련이 끝나게 되었습니다. 나의 신앙을 온전케 하시려고 하나님께서 허락해 주신 연단(鍊鍛)인줄로 믿었기에 당시에는 슬퍼 보이고 견디기 어려웠으나 성령님께서 은혜를 주시고 힘을 주시므로 잘 참고 극복할 수 있었습니다. 그 연단을 통하여 의의 평강의 열매를 맺게 해 주셨으니 우리 주님께 존귀와 감사와 영광을 돌립니다.

'내 아들아 주의 징계(懲戒)하심을 경(輕)히 여기지 말며 그에게 꾸지람을 받을 때에 낙심하지 말라 주께서 그 사랑하시는 자를 징계하시고 그의 받으시는 아들마다 채찍질하심이니라(히 12:5-6).'

'보라 내가 너를 연단(鍊鍛)하였으나 은처럼 하지 아니하고 너를 고난(苦難)의 풀무에서 택하였노라(사 48:10).'

'너희 믿음의 시련(試鍊)이 불로 연단하여도 없어질 금보다 귀하여 예수 그리스도의 나타나실 때에 칭찬과 영광과 존귀를 얻게 하려 함이라(벧전 1:7).'

# 만남의 人生

박태희 목사

● 약　력
기독교대한성결교회 증경총회장
서울교시협의회 대표회장
서울신대 이사장
한국기독교지도자협의회 상임회장
성락교회 원로목사

　　AD 3세기 유대나라 예루살렘에 진실한 기독교 신앙(信仰)을 가진 마돈나(Mathonna)라는 소녀가 있었습니다. 평화스럽던 예루살렘에 로마의 대군대(大軍隊)가 침입하여 집과 재산을 태우고 사람들을 노예로 잡아갔습니다. 그때에 마돈나는 아름답고 매력이 있으므로 로마나라의 수도(首都)에 노예로 잡혀가서 로마나라의 장군(將軍)의 어머니 헤레네(Herenne)의 몸종이 되었습니다. 마돈나는 그때부터 목욕시킬 때, 식사대접할 때, 옷을 입힐 때, 청소를 할 때, 예수 그리스도의 사랑의 복음을 전하였습니다. 태양신(太陽神)을 믿던 어머니인 헤레나가 개종(改宗)하여 진실한 기독교인이 되었습니다. 그후 헤레네는 아들 장군(將軍) 콘스탄티누스 1세(Constantinus 1세: AD

274~337)에게 전도하여 진실한 기독교인으로 만들었습니다. 그가 로마의 역사를 바꿔지게 하였습니다.

① 東로마와 西로마를 합하여 통일로마를 만들었으며
② 신앙(信仰)의 자유(自由)를 선포하고 기독교를 국교로 만들었으며
③ 일요일을 휴일(休日)로 성일성수(聖日聖守)하는 법(法)을 만들었습니다.

만남은 마돈나(Mathonna) -〉 헤레네(Herenne) -〉 콘스탄티누스 1세(Constantinus)로 이어진 것입니다.


### 1. 바울은 다메섹에서 예수 그리스도를 만났습니다.

"대답하되 주여 뉘시오니이까? 가라사대 나는 네가 핍박하는 예수라"(행 9:5)

대제사장의 공문(公文)을 가지고 예수교를 핍박하던 바울이 다메섹(활발한 땅 이름)에서 예수 그리스도를 만남으로 인생(人生)이 바뀌어졌습니다.


### 2. 바울은 바나바라는 좋은 친구를 만났습니다.

"바나바는 착한 사람이요 성령과 믿음이 충만한 자라. 이에 큰 무리가 주께 더하더라"(행 11:24)

바나바(위로하는 아들)는 베드로, 요한, 야고보, 마태, 안드레 등 12제자들에게 와서 많은 기독교인들에게 바울의 개종(改宗) 이야기를 들려주면서 그를 일생동안 보호하고 도와주고 자기는 겸손하게 낮아진 사람입니다.


### 3. 바울은 실라라는 성령충만한 친구를 만났습니다.

"밤중쯤 되어 바울과 실라가 기도하고 하나님을 찬미하매 죄수들이

들더라 이에 홀연히 큰 지진이 나서 옥터가 움직이고 문이 열리고 모든 사람의 매인 것이 다 벗어진지라"(행 16:25-26)

4. 바울은 디모데라는 좋은 후계자(後繼者)를 만났습니다.

"사랑하는 디모데에게 편지하노니 하나님 아버지와 그리스도 예수 우리 주(主)로부터 은혜와 궁휼과 평강(平康)이 네게 있기를 원하노라"(딤후 1:2)

디모데(하나님을 높이는 사람)는 어머니와 할머니의 깊은 신앙(信仰)을 이어받은 모범 청년(靑年)제자였으며, 디모데전서를 받은 충실한 후계자(後繼者)였습니다.

그래서 사도바울은 ① 훌륭한 선교사(宣敎師) ② 훌륭한 목회자(牧會者) ③ 훌륭한 문필가(文筆家) ④ 훌륭한 치유자 ⑤ 훌륭한 신학자(神學者)의 5가지로 유명(有名)한 주의 종이 되었습니다.

그는 ① 좋은 인생의 길 되신 예수 그리스도를 만남 ② 좋은 목회자 아나니아를 만남 ③ 성령사람 친구 실라를 만남 ④ 모범적 가정 브리스길라와 아굴라를 만남 ⑤ 성실한 후계자 디모데를 만남으로 위대한 하나님의 종이 된 것입니다.

# 입체적 신앙

"내가 주께 대하여 귀로 듣기만 하였삽더니
이제는 눈으로 주를 뵈옵나이다. 그러므로 내가 스스로 한하고
티끌과 재 가운데 회개하나이다"

(욥 42:5-6)

● **약    력**
대한예수교장로회(통합) 증경 총회장
중국 초대선교사
한국기독교지도자협의회 상임고문
영등포교회 원로목사

방지일 목사

　입체를 분석해 본다면, 점(點)이 모여서 선(線)이 되고, 선이 모여서 면(面)이 되고, 면이 모여서 입체가 된다할 것입니다. 작은 점으로 입체까지 이릅니다.

　신앙면에서도 이런 이치를 볼 수 있습니다. 성경을 보거나 설교를 듣거나 하는 내 생활 양상에서 반짝하는 빛이 보여집니다. 그 당시의 쾌감은 무척 큽니다. 이런 것을 한 점이라 할 수 있습니다. 그러나 이 점만으로 만족해서는 안됩니다.

이런 점들이 모여 한 선을 긋고 선을 이룹니다. 점, 점들만이 아니라 이 점들이 선을 이룬다 함은 한 신앙의 선이 그어짐을 말합니다. 한 노선이 작정되었다고 할 것입니다.

내 노선이 그어지고 작정되었다 하더라도 그 노선만의 고집이나 아집을 가지면 편협함을 면치 못합니다. 이 선이 모이는 평면이 있어야 합니다. 신앙의 면이 보여져야 합니다. 그렇게 해야 독선주의를 면할 것입니다. 흔히 내 노선을 고집하여 다른 사람의 노선을 무시하게 되므로 독선으로 나아가 남을 용납하지 못하는 경우를 얼마든지 볼 수 있습니다.

선이 모여 면이 되어질 때 내 관점이 달라집니다. 폭넓게 면이 이루어졌다하여 여기서 그칠 것도 아닙니다. 평면만 가지고는 전체를 파악하지 못하기 때문입니다. 그러기에 오늘날에는 그림도 입체로, 영화도 입체로 영사합니다. 건축에 있어서도 평면도만으로는 안됩니다. 입체적 도면이 있어야 합니다. 설계도에 보면 분명히 점에서 시작하여 선으로, 선이 면으로 그리고 면이 입체로 제도되어 설계가 끝나고, 그 설계도에 의하여 건축이 구체화됩니다. 나의 신앙을 이런 설계도에 비기어 볼 만 합니다.

욥이란 신앙인은 확실히 위대한 신앙인으로 많은 사람에게 본이 되고 있습니다. 그 크나큰 시험 중에도 "내가 모태에서 적신으로 나왔사온즉 또한 적신이 그리로 돌아가올찌라 주신 자도 여호와시요, 취하신 자도 여호와시오니 여호와의 이름이 찬송을 받으실찌니이다"(욥 1:20-21) 얼마나 위대한 신앙의 발언입니까? 그 신앙은 점들이 모여 신앙의 선이 그어졌다 할 것입니다. 그러나 선이 그어졌으나 자신의 육에 대한 절박한 처지에서 무한한 고통을 느끼며, 위로하러 온 친구들과의 논쟁은 그를 한층 더 괴롭힐 뿐이었습니다.

원칙은 섰지만 어찌할 수 없었습니다. 이 선이 모이기 시작하니 "내가 알기에는 나의 구속자가 살아계시니 후일에 그가 땅위에 서실 것이라"(욥 19:25) 신앙의 힘이 후일을 내다보게 합니다. 그에게 이 만한 아량이 전개되었습니다. 한 면이 더하여진 것입니다. 그러나 이 것으로 친구들과의 논쟁이 해결되지는 못했습니다. 욥도 네 친구도 실로 호미난방(虎尾難放)에 이른 것입니다. 어찌할 수 없을 때 여호 와께서 나타나시사 저들의 진퇴양난의 어려움을 해결해 주셨습니다.

여호와를 만나고 난 후에야 욥의 오늘 본문의 고백이 나왔으니 넓은 면만으로도 안된 것이 입체로 보여질 때 해결된 것입니다. 듣기만 했던 그 감각이 보는 시각에까지 이른 것입니다. 이 말씀에는 시청각만이 언급되었으나 실은 모든 감각이 총동원되는 요약이라고 할 것입니다.

우리는 신앙생활에 있어서 한 면의 감각, 혹 두 면의 감각으로 족할 때도 있습니다. 이는 점이던지, 나아가 선이던지, 더 나아가 면에 불과한 것 뿐이기 쉽습니다. 감각이 총동원되어야 입체에 이릅니다. 청각에만 의존하였던 욥은 다른 감각을 동원하여 하나님을 눈의 감각으로 보았던 것입니다. 부분적 감각으로 깨닫기도 하고 반짝이는 쾌감으로 감각함도 사실입니다. 남에게 전달해도 감격할 만한 한 면의 체험을 얻음도 귀한 것입니다.

그러나 그것만으로 완전을 기하지는 못합니다. 완전을 기한다는 말은 자신의 위치를 입체하에서 보게하고 알게 하는 것입니다.

점 아래서, 선 아래서, 면 아래서 나를 보고 나를 안 것은 완전한 것이 못됩니다. 후일을(욥 19:25) 바로 내다본 욥이니 얼마나 위대한 신앙이겠건만 그 위대한 신앙이 진퇴양난의 욥을 석방하지를 못했습니다. 욥은 감각의 총동원으로 하나님을 뵈옵고 난후, 과거의 그 점(點) 신앙, 선(線) 신앙, 그 면(面) 신앙의 불실을 알고도 남음이 있었습니다. 그리하여 "스스로 한"하게 된 것입니다.

이 "한"이란 다른 번역대로 "스스로 자신을 비위"하게 된 그 일입니다. 그 자부심 있던 존재가 공수래공수거(空手來空手去)의 이치를 깨달은 일, 여호와께서 주시고 거두시는 귀한 진리를 깨달은 바요, 구속자가 땅 위에 설 것의 미래의 신앙도 분명하지만 그것들만으로는 해결이 안되었습니다. 자신이 비워지게, 자신을 비위하게 되었을 때 그는 참된 회개를 하였습니다. 과거에 깨달았던 것이 불급하였던 것을 토로한 것입니다.

이제 이렇게 동원된 감각으로 하나님께 나아온 자신을 바로 발견한 욥은 모든 문제가 해결되었으며, 그의 친구를 제물까지 드려 사함을 받게 하였으니, 입체적 신앙에 들어감으로 비로소 제사장의 지위를 얻었다 할 것입니다.

# 말이 운명을 만든다

● 약　력
경희대학교 영어영문학과 졸업
서울장로교 신학대학 신학과 졸업
경희대학교 외국어대학장
경희대학교 부총장
성지에서온교회 담임목사
경희대 동서신의학병원 원목(현)

배태영 목사

　'적극적인 사고의 힘'의 저자 노만 빈센트 필(Norman V. Peale)은 적극적인 사고를 갖기 위한 열 가지 방법 중의 하나로, 매일 열 번식 다음 구절을 큰 소리로 암송하라고 했다. "내게 능력 주시는 자 안에서 나는 모든 것을 할 수 있다"(빌립보서 4:13). 이 마술적인 말은 인간의 열등감을 몰아내고 적극적인 생각을 갖게 하는 이 세상에서 가장 강력한 힘이 된다고 그는 말하면서 말에는 위대한 능력이 있는 것을 강조했다.

　그런데 철학은 지금까지 언어 문제에 있어서 무관심했을 뿐만 아니라, 언어에 구애됨이 없이 보편적인 사유(思惟)를 하는 것을 이상으로 삼았으므로, 사실은 언어에 대하여 적대적인 태도를 취해 왔다.

볼노브(Bollnow)는 이것을 전통적인 철학의 언어적대관계라고 표현했다.

철학에서 뿐만 아니라 엄밀한 과학과 교육학 등에서도 그와 같은 언어적대관계의 경향을 가지고 있다. 그래서 엄밀한 논리는 언어를 통하는 것보다 기호(記號)를 통해서 전개되어야 한다고 믿는다. 교육에 있어서도 직관에 의한 실물 교육을 주장하는 교육학자들이 "빈말보다는 실물을 가르쳐 주라"고 언어보다 실물을 앞세우는 실물 교육을 강조하는데 이것도 언어적대관계의 한 본보기라 할 수 있다.

전통적인 철학과 과학과 교육학이 이와 같이 언어에 대한 적대관계를 가지는 이유 중의 하나는 언어의 의미가 늘 불확정적이며 불분명하다는 것이다. 그래서 언어는 엄밀한 사유의 전개를 표현하기에는 너무나 불완전한 도구라는 것이다. 동일한 말이 때로는 여러 가지 의미를 가지는가 하면, 또 때로는 동일한 개념을 위해서 여러 가지의 언어적인 표현들이 가능하기 때문이다.

그리고 또 하나는 인간의 사유가 언어에 의하여 잘못 지배된다는 것이다. 우리의 언어가 그것을 위해서 낱말을 가지고 있는 그 모든 것은 실재한다고 믿는 언신사상(言信思想)이나, 인간의 언어는 마술적인 능력을 가지고 있다는 언령사상(言靈思想)에 대해서 특히 철학과 과학은 늘 반대했던 것이다.

마우트너(Mauthner)는 언어는 인식을 위한 적합한 도구가 아니라고 비판하면서 이런 말을 했다. "태초에 언어가 있었다. 언어와 더불어 인간은 세계를 인식하기 시작한다. 그러나 인간이 언어에 사로잡혀 있는 동안 그는 인식의 첫걸음에 그대로 머물러 있게 된다. 그러므로 누구든지 거기에서 한 걸음 더 앞으로 나아가려고 하는 사람은 언어에서 해방되어야 하며, 그의 세계를 언어의 폭군으로부터 자유롭게 해야 한다." 이는 언어적대관계의 극단적인 표현이다.

그러나 지나간 몇 십 년 동안에 사정은 아주 달라졌다. 이제 언어

문제는 철학의 가장 기초적인 중심 문제가 되었다. 언어가 인간의 사유와 인식에 대해 갖는 구성적인 기능을 매우 중대시하게 되었다. 카시러(Cassirer)는 '상징적인 형식들의 철학'에서 상징적인 형식들이 인식에 있어서 창조적인 역할을 담당한다고 했다. 인간은 그 상징적 형식들에 의해서 그의 세계관을 창조한다는 것이다. 그런데 그 상징적 형식들 중에서 언어가 가장 기본적인 것이라고 했다. 카시러에 의하면 언어는 객관적인 현실을 묘사하는 것이 아니고 현실을 형성하는 것이며, 인간의 언어가 형성해 주는 현실만을 알고 있다고 한다.

한스 립스(Hans Lipps)는 그의 '해석학적 논리학'에서 인간의 사유의 논리적 구조와 그것이 거기에서 나타난 삶의 상황과의 관련을 연구하면서 언어의 창조적인 기능 곧 일정한 상황 속에서 구체적으로 표현된 말이 삶을 창조하는 힘을 가졌다는 사실을 깨닫게 되었다고 한다. 그는 이것을 현실을 형성하는 '말의 힘'이라고 했다.

인간의 사유는 여러 가지 역사적·사회적인 조건들의 제약을 벗어날 수 없는 삶에 뿌리박고 있는 삶의 하나의 표현이다. 그러므로 인간의 사유는 여러 가지 삶의 조건들의 제약을 벗어날 수 없다. 그런데 인간의 사유에 영향을 주는 삶의 조건들 중에 가장 중요한 것이 언어이다. 언어는 사유를 뒤따라서 표현되는 것이 아니고 사유과정 자체에 이미 함께 작용하는 것이다.

그래서 함만(Hamman)은 언어는 이성의 기관(器官)이라고 했다. 이성이라고 하는 것은 언어라는 기관을 통해서만 그의 작업을 할 수 있다는 것이다. 볼노브는 언어를 사유의 통로라고 했다. 인간의 사유는 언어라는 통로를 거쳐서만 전개될 수 있다는 것이다.

슐라이엘마켈(Schleiermachel)의 표현을 빌리면 사유는 '내적인 대화'이다. 그런데 대화는 말과 분리되어서 전개되는 것이 아니다. 사람의 생각은 마음의 대화이므로 우리가 생각을 풀이해 간다는 것은 그가 알고 있는 말과 말을 우리 문법을 따라서 이어 간다는 것을 뜻한다. 사유는 마치 언어가 마련하는 수로를 따라 흘러가는 물과 같다.

이와 같이 사유의 구성적인 역할을 하는 것은 언어이다. 따라서 우리는 인간의 사유에 있어서의 언어의 창조적인 기능을 더욱 중요시하는 것이다. 이러한 의미에서 노만 빈센트 필이 적극적인 사고를 하게 하는 방법으로 "나는 할 수 있다"라는 말을 여러 번 소리내어 암송하도록 권장한 이유를 알 수 있다.

언어는 인간의 이성에 대해서 뿐만 아니라 인간의 감성에도 영향을 준다. 어떤 사물의 전체 형태에 대한 이해는 언어적인 파악에 의해서 결정된다. 다시 말하면 그 사물을 파악하는 언어는 그 사물에 대한 이해를 규정하고 이러한 이해는 다시 그 사물에 대한 감각에 영향을 준다는 것이다. 볼노브에 의하면 무지개의 색깔이 일곱 가지로 보이는 것은 입곱이라는 말의 힘이 우리 감각에 영향을 미친 때문이라는 것이다.

언어는 이와 같이 이성의 기관으로서 인간의 사유를 이끌어 갈 뿐만 아니라 인간의 감성적인 지각에도 작용한다. 그러므로 인간의 이해의 세계는 사실에 있어서 언어를 통해서 구성되는 것이다. 훔볼트(Humbolt)도 인간이 객관적인 세계를 직접 인식하는 것이 아니고 언어의 통로를 통해서 인식한다고 말했다. 인간은 언어가 그에게 드러내 보여 주는 대로의 세계를 이해한다는 것이다. 언어는 객관적인 세계를 재창조해서 인간의 정신적인 이해의 세계를 이룩한다.

언어는 단순히 현실을 묘사하기만 하는 것이 아니고 현실을 창조한다. 자연현상의 세계에 있어서는 그것을 해석하고 가공하고 정리해서 체계를 이룩하게 하고, 정신상의 세계에 있어서는 그것을 형성하고 규제하면서 일정한 형태를 통해서 의식화한다.

말은 이와같이 사람의 생각과 느낌을 이끌어가며 삶의 세계를 이룩하는 큰 힘이라고 할수 있다. 말이 있기 전에는 우리의 생각은 어둠의 혼돈이다. 말과 더불어 우리의 생각에는 빛이 나타나고 질서가 이룩된다.

　말에는 이와 같이 사람이 보고 듣는 감성적인 기능에 영향을 줄 뿐만 아니라 정서적인 느낌과 이성적인 생각을 이끌어 가는 창조적인 힘이 있다. 그렇다면 우리는 또 하나의 다른 의미에서 우리가 하는 말에 아무리 신중을 기해도 지나치지 않는다. ‘나는 할 수 있다’고 말하면 내 마음은 할 수 있는 생각을 하게 되고 할 수 있다는 생각은 할 수 있게 만든다. 반대로 ‘나는 할 수 없다’고 말하면 할 수 없다는 생각을 낳게 되고 결국 할 수 없게 만든다. “…인 것 같아요”라고 하는 자신 없는 말투는 나를 자신 없는 사람으로 만들어 놓는다. “나는 당신을 사랑해”라고 말하면 사랑하는 마음이 일어나서 사랑하게 되고. “나는 네가 싫어”라고 말하면 싫지 않던 사람도 싫어지게 된다. 저속한 말을 하면 저속한 행동을 하게 된다.

　우리의 하는 말은 곧 우리 마음 밭(心田)에 씨 뿌려지게 되고 뿌려진 대로 거두게 되는 것이다. 민수기 14:25 이하에서 하나님께서 말씀하셨다. “너희 말이 내 귀에 들린 대로 내가 너희에게 행하리니…… 갈렙과 여호수아 외에는 내가 약속한 땅에 결단코 들어가지 못하리라.”

　마태복음 27:25에 보면, 그리스도의 피의 책임에 대해서 묻는 빌라도에게 예수님을 십자가에 못박으라고 한 이성을 잃은 군중은 “그 피를 우리와 우리 자손에게 돌릴지어다” 라고 소리쳤다. 그리하여 그들이 말한 대로 그 후 2천 년 동안 나라 없는 민족으로 온 세계에 흩어져서 살아야 했고, 제 2차 세계대전 때는 나치에 의하여 단지 그들이 유대인이라는 이유만으로 6백만 명이나 가스실 사형장에서 처참한 죽음을 당했다.

　내가 말하는 것은 내 마음이 제일 먼저 가장 정확하게 듣는다. 그리고 그 말이 마음 밭에 심어지는 대로 생각하게 된다. 내 마음에 들리는 나의 말은 하나님이 동시에 들으신다. 천국은 내 마음 가운데 있고 하나님이 내 마음속에 계심을 명심하라.

그런데 요즘 우리 사회에도 부정적인 말이 너무 헤프게 사용되고 있다. 툭하면 "못해 먹겠다"는 말을 쏟아낸다. "아이들이 말을 잘 듣지 않아서 선생 노릇도 못해 먹겠다.", "이제 공우원 생활도 못해 먹겠다.". "…노릇도 못해 먹겠다." 선택 받은 자리에 앉아 있는 사람들이 하는 이러한 부정적인 말은 핵폭탄보다도 더 무서운 파괴력이 있다는 것을 알아야 한다. 그러므로 우리는 우리가 하는 말부터 개혁해야 한다.

김대중 전 대통령이 당선 직후에 "IMF의 극복, 그것 해볼 만한 것이다"라고 말했는데, 그분이 재임 5년 동안에 한 말 중에서 이 말이 나에게는 가장 감동을 준 말이었다.

우리가 하는 말이 우리 인생의 승패를 좌우한다. 말씀 언(言) 변에 이룰 성(成) 자가 정성 성(誠) 자이다. 말대로 이루어지니 말을 함부로 하지 말고 정성스럽게 하라는 뜻으로 본다. 말하는 대로 이루어진다는 것은 동서양이 마찬가지다. 임마누엘 칸트(Immanuel Kant)는 이렇게 말했다. "기도를 하지 말라. 말을 기도처럼 하라. 말이 운명을 만들기 때문이다."

미국에서 제일 큰 교회인 크리스탈 교회를 세우고 전세계를 향해서 명설교를 해온 TV설교가 로버트 슐러(Robert Schuller) 목사는 '적극적으로 생각하라'는 그의 책에서 시종 I can if I think I can(할 수 있다고 생각하면 할 수 있다) 이라고 말했다. 그러나 나는 I can if I say I can (할 수 있다고 말하면 할 수 있다)이라고 감히 단언한다.

# 후회없는 삶

● 약  력

한·미 기독교 지도자협의회 상임회장
감리회 신학교 대학원 원장
한국기독교 지도자협의회 대표회장
국민일보 운영이사
한강중앙교회 담임목사

신신묵 목사

숱한 인생들이 이 땅에 왔다가는 사라져 간다. 올 때에는 예고하고 왔지만 갈 때에는 예고없이 가곤 한다.

사도 베드로는 인생을 가리켜 '이른 아침 풀 위에 맺혔다가 사라지는 이슬과 같다'고 했다. 그런데 나그네, 혹은 이슬과 같은 인생을 어떻게 보내느냐? 하는 문제는 실로 중요한 문제인 것이다.

1975년 4월, 우리의 우방이던 월남이 공산주의자들과 치열한 전쟁을 30년동안 계속하다가 불행하게도 공산군에 백기를 들고 말았다. 그때에 사이공대학 철학과에 재학중인 '레티탕'은 이렇게 말을 했다. "백치(天痴)의 얼굴 같은 흰 깃발 위에 마지막으로 쓰고싶은 말이 있다면 이것은 바로 후회라는 글자이다" 라고. 후회라는 단어는 현재도 아니요 미래도 아닌 이미 지난 과거를 말하는 것이다.

이 땅에서 가장 위대한 삶을 산 분이 누구인가? 라고 묻는다면 그는 영웅호걸이나 미인이 아니라 후회없이 살아간 인생이라 할 수 있다.

세기의 영웅 나폴레옹도 유럽의 전역을 짓밟고 주위의 강대국을 호령했지만 워털루전쟁에서 참패한후 대서양의 한 작은 섬 센트헬레나에 유배당하고 말았다. 자기의 몸이 점차 쇠약해져감을 알고 불가능이 없다고 외쳤던 그는 비로소 인간의 무상함을 깨닫고 자신의 지난 과거를 깊이 후회했던 것이다.

자살로 생의 막을 내린 독재자 히틀러를 비롯하여 시저, 폼페이우스, 안토니우스, 이들은 모두가 한때 영웅같이 보였지만 말년에는 한결같이 자신의 삶을 후회하면서 숨을 거두었다. 성서 갈라디아서 6:7에 '스스로 속이지 말라 하나님은 만홀히 여김을 받지 아니하시나니 사람이 무엇으로 심든지 그대로 거두리라'고 하셨다.

존재란 것은 순간적이요 잠시 후면 존재하였다는 과거가 되고 만다. 30년전 전라도 무등산 중턱에 무명옷을 입고, 짚신을 신은 이름 없는 전도인이 이 산을 올라오는 등산객과 나무꾼을 붙잡고 간곡히 말하기를 "형제여 속지 마세요, 자매여 속지 말아요. 속으면 후회 합니다" 라고 전도하였다는 말을 들었을 때 존재의 의미를 생각하게 했다.

무더운 여름에 푸르던 가로수 잎들도 가을이 되면 붉게 단풍이 들고 점점 가을이 깊어감에 따라 싸늘하게 불어오는 바람과 함께 한 잎, 두 잎 아스팔트 위를 뒹굴게 되듯이 이 땅에 살아가는 수많은 인생들도 잠시후 하나님께서 부르시면 떠나야 된다. 싫어도 떠나야 되고 안가겠다고 몸부림쳐도 떠나야 된다. 그것은 하나님의 명령에는 불응할 수 없기 때문이다.

그러나 그 날이 언제인지는 누구도 알 수가 없고 오직 하나님만이 알고 계시는 비밀의 신비이다.

"당신은 언제 떠나는가?" 세상에서 말이다. 아무도 말할 수 없다.

하나님만 아신다. 그러나 당신과 나는 떠나야 한다. 조만간에 떠나야 한다.

"그런데 어디로 가는가?" 세상에서 떠날 때 말이다. 아무도 말할 수 없다. 하나님만 아신다.

당신과 나는 가야한다. 응분의 세계로 가야한다.

우리 모두 가기전에 바른 생을 보내자. 운명의 그 순간에 후회의 숨결이 높지 않게 말이다.'


33세의 젊은 청년의 몸으로 갈보리 언덕에서 인류구속의 대업을 위하여 피를 흘리고 돌아가신 예수 그리스도는 그의 생은 비록 짧았으나 이 땅에 오셔서 하실 일을 다 하시고 후회없이 가신 분이다. 오늘도 그가 남긴 위대한 교훈은 오고가는 인류역사에 어두운 새벽 하늘의 별같이 빛나고 있는 것이다. 그리고 예수 그리스도의 고귀하고 위대한 정신을 받은 많은 성현들은 그가 남긴 발자취를 따라 값진 삶을 보냈던 것이다.

다이엔은 모든 사람들이 외면하고 버려진 몰록카섬에 건너가서 고통과 신음소리로 들끓는 나병 환자들의 친구가 되어 그들을 위해 봉사하다가 생을 마쳤다. 그는 이 세상을 떠나기 얼마전 고국에 있는 친구에게 편지하기를 '나는 여기 버림받은 영혼들의 마음의 친구가 되었고, 이들의 영육을 돌보는 의사가 되었다. 그리고 이들의 영혼을 지도하는 목자가 되었으며, 이들의 시체를 담을 관을 짜는 목수가 되었다. 그리고 이들을 하나님 앞으로 안내하는 안내자가 되었다. 그러므로 생에 만족을 느끼며 후회하지 않는 일생을 보내었노라'고 하였다.

유명한 아프리카 원시림의 선교사 슈바이처 박사도 이직 꿈많은 젊은 시절, 21세 되던 어느 아름다운 봄날 아침, 균수바하에 있는 그의 아버지가 계시는 목사관에서 잠을 깨었을때 문득 머리에 떠오르는 생각이 있었다.

'나는 이런 행복을 당연한 것으로 받아서는 안되겠다. 나는 이 행복의 댓가로 이 세상에 무엇을 주어야 한다.' 그는 스스로 생각하기를 '내가 지금까지의 20년간은 나 자신만을 위해 살아왔지만 앞으로 남은 생은 남을 위해서 살아보자'고 다짐했다고 한다.

그후 그는 생명의 위험을 무릅쓰고 정든 고국과 부모를 떠나서 미개인과 식인종들이 들끓는 불타는 대륙으로 건너가서 일생을 그들과 살면서 생 전체를 바쳤던 것이다.

내가 배운 지식은 무엇에 쓰며, 내가 받은 물질로는 어떤 일을 해야 하는가? 지금 나에게 주신 이 건강은 어디에 봉사해야 하며 내가 소유한 재능을 무엇을 위해 사용하여야 가장 보람있고 하나님께 영광이 되겠는지.

짐승은 죽어서 가죽을 남기고 사람은 죽어서 이름을 남긴다고 하는데 내가 이 땅을 떠난 후 후손들에게 무엇을 남겨줄 것인가?

하나님께서 나를 이 땅에 보내실 때에는 목적이 있어서 보내신 것인데 그 목적을 올바로 실현하고 가는 자가 생의 승리자요, 생의 성공자요, 생을 후회없이 보낸 자 이다. 얼마나 오래 오래 사느냐가 문제가 아니라 비록 짧게 살아도 얼마나 최선을 다했으며 하나님과 사람 앞에서 어떻게 살다가 가느냐가 중요한 것이다.

하나님께서 언제 나를 부르실지 오늘밤에 부르실지, 내일 아침에 부르실지, 그렇지 않으면 일터에서 부르실지 여행중에 부르실지, 나도 모르고 그 누구도 어느 한 사람도 모른다.

생사화복의 주관자이신 전능하신 하나님께서 나를 오라고 하시기 전, 주신 달란트를 남은 생애에 값진 땀을 흘리는 삶으로 전개해야만 한다.

기회를 놓친 이가 후회하는 것이며, 사명에 불충실하던 이가 후회하며 탄식할 것이니 늦기전, 일할 수 없는 어두운 밤이 오기 전에 생의 긍지와 보람을 가지고 하나님이 나에게 주신 일터에서 묵묵히 순종하며 최선을 다하는 청지기가 되어야 한다. 최선을 다하는 자에게는 결코 후회가 없는 것이다.

'자기의 육체를 위하여 심는 자는 육체로부터 썩어진 것을 거두고 성령을 위하여 심는 자는 성령으로부터 영생을 거두리라'(갈라디아서 6:8)

# 당신의 하나님은 어디 계신가?


● **약  력**
　미국 미드웨스트대학교 부총장
　한국찬송가공회 공동회장 역임
　한국선명회 음악원 원장 역임
　기독교교육학 박사(현)
　대한기독교교육협회 고문(현)

엄문용 장로

## 1. 죽음에로의 도전

　우리들의 절망하는 복 중의 복은 수복(壽福)이다. 죽음을 미워하고 두려워하고 눈물을 흘린다. 흔히 듣는 상두꾼의 상두소리 한 구절을 듣자.

　"불쌍한 곽씨 부인 행실도 얌전터니 불쌍히도 죽었구나.
　어와 넘차 어호~
　우리 마을 곽씨 부인 칠십향수 못하고서 오늘 이 길 웬 말인가.
　어와 넘차 어호~"

　우리는 누구보다도 죽음을 미워하고 이 세상에 오래 살기를 염원

하는 민족이다. 또 한편 죽음보다 강한 가치와 효도 있다. 심봉사의
눈을 뜨게 하기 위하여 의연히 죽음을 택한 심청이가 바로 그녀이다.
그가 팔려가던 날 그는 이렇게 읊고 있다.

　　"닭아 닭아 우지 마라
　　네가 울면 날이 새고
　　날이 새면 나 죽는다
　　나 죽기란 서럽지 않거니와
　　의지 없는 우리 부친
　　어찌 잊고 가잔 말고"


　서양의 신학자 폴 틸리히는 인간이 그의 한계상황에서 느끼는 불
안중에 가장 큰 것이 죽음의 불안이라고 말했다.
　죽음을 생의 종말로 보지않고 생의 완성으로 볼때 죽음의 고통이
란 자기 미완성에서 오는 통증일 것이다.
　예일대학교 로버트 제이 리프턴 박사는 "인류는 죽음이라는 단순한
어휘를 두려워한다."고 했다. 실로 인류는 죽음이라는 단순한 어휘를
두려워하는지도 모른다. 그러나 한 걸음 더 나아가서 죽음을 매개로
한 새로운 삶, 하나님과의 교합(交合)에서 얻는 삶의 기쁨이 있는 것
이다.
　죽음, 곧 나와 이 세상에 대한 이별에서 새로운 삶을 찾고 아름다
운 역사가 창조된다는 것이 우리들의 사생관(死生觀)이며, 우리들의
지혜이다. 죽음은 대륙을 종횡무진 달리며, 여권, 비자도 없이 자유
로이 국경을 넘으며 참호를 파고 거기에 인간의 시체를 채우고 다니
면서 존재와 경험과 인식을 부정하지만 세계의 최강자로 자처하던
바로 이 죽음도 4월이 되면 말을 못한다. 이는 부활이 있기 때문이
아닐까 생각한다.

## 2. 내세의 확신

이 준 선생은 이렇게 말했다.

"사람이 죽는다는 것은 무엇을 죽는다 하며 사람이 산다는 것은 무엇을 산다 하는가? 죽어도 죽지 아니함이 있고 살아도 살지 아니함이 있다. 그릇 살면 죽음만 같지 못하고 잘 죽으면 도리어 영생한다. 살고 죽는 것이 다 나에게 있나니 모름지기 죽고 삶을 힘써 알지어다"

또한 레오나르도 다빈치는 "충실한 하루가 행복한 수면을 가져오듯이 충실한 일생은 행복한 죽음을 가져온다."고 하였다. 이렇듯이 지혜로운 삶은 죽음을 자신있게 맞이할 생의 여유가 전제되어야 한다.

죽음은 결국 밖으로부터 오는 생리적인 생의 종식이지만 내면적인 인간의 인격완성을 볼때 내세의 확신이 온다. 토마스는 그의 시(詩)에서 이렇게 말했다.

"미친 정신으로 죽어가도 말짱한 정신이 되리라.
심연 속으로 가라앉아도 다시금 솟아오르리라.
연인들은 잃어져도 사랑은 잃어지지 않으리라.
그리고 죽음은 그 세력을 떨치지 못하리라"

또 칼 라너는 죽음을 계기로 하여 영혼은 구조적으로 육체와의 관계를 유지하지 못하기때문에 육체는 생을 지속할 수 없으며, 결국 이러한 뜻에서 죽음은 영육의 분리이며 인격적이고 영적인 생명체가 육체로부터 벗어나는 이탈일뿐 우리는 계속 영적 생활을 유지한다고 말한다.

하나님은 신약에서 영생에 대한 약속을 우리에게 45회나 직접 말씀하셨고, 시편기자는 23:4에서 이렇게 기록했다.

"내가 사망의 음침한 골짜기로 다닐지라도 해를 두려워하지 않을

것은 주께서 나와 함께 하심이라 주의 지팡이와 막대기가 나를 안위
하시나이다"

이 말씀속에는 끓어오르는 소망이 있다. 사망을 영원히 멸하시는
하나님(사 25:8), 사망아 네 재앙이 어디 있느냐고 묻는 하나님(호
13:14), 사망에서 생명으로 옮겨 놓으신 하나님(요 5:24), 죽음을
영원히 보지않게 하신 하나님(요 5:51)께서 죽음은 종말이 아니라
영원으로 가는 채널이며, 고통이 아니라 환희이며, 저주가 아니라 도
리어 축복임을 믿게 된다. 이 확신이 바울로 하여금 '나는 날마다 죽
는다'고 했다. 죽음은 바로 그리스도와 만나는 통로이며, 그 분과 일
치하는 접촉점이며, 자기완성의 정점인 것을 믿는다. 바울은 '죽음도
너희 것이다'(고전 3:22) 라고 자신있게 말했다.

### 3. 죽음의 초월

내세는 오고있는 미래이지 결코 무시간적 관념의 세계는 아니다.
하나님의 창조적 생명력은 죽음에 의해서 방해받는 일은 결코 있을
수 없다. 살았다 하는 명색은 있지만 실상은 죽은 자에 불과한 '살아
있는 죽음'(계 3:1-3)을 초월해야 한다.

김활란 박사는 그의 죽음 앞에서 이렇게 말했다.

"나의 죽음을 슬퍼하지 말고 개선가를 불러다오"

바울은 "사망아 너희 이기는 것이 어디 있느냐"고 외친다.

몸의 죽음에서 생명으로의 만남이 가능한 것으로 볼때 죽음은 바
로 영원한 도상위에 베풀어진 축제이며 개선장군의 승전고이다.

인간은 음식없이는 40일을, 물 없이는 3일을, 공기없이는 8분까
지는 살 수 있다고 하지만 죽음의 초월인 영원한 하나님과의 계속적
'만남'의 소망이 없을때 우리는 지금 죽음 앞에서 있는 것이다.

예수는 요한복음 11:25-26에서 이렇게 묻는다.

"나는 부활이요 생명이니 나를 믿는 자는 죽어도 살겠고 무릇 살아

서 믿는 자는 영원히 죽지 아니하리니 이것을 네가 믿느냐?"

다가올 죽음에 대하여 항상 준비를 갖춘 인간은 누구에게나 언제나 반드시 오고야 마는, 그리고 나 혼자만이 가야하는 죽음을 영원한 승전가로 초월할 수 있을 때 영광스러운 승리를 얻게될 것이다.

진실로 구원의 현재적 경험을 가지고 미래를 약속으로 성취하고 이 성취된 구원의 기쁨이 영원히 실재할 때에 우리는 그리스도의 현존을 경험하게 된다.

만물 위에 자유한 삶, 시간속에 살면서 아울러 영원히 그 시간성을 삼켜버리는 삶, 이것이 성서의 응답이며, 죽음으로의 도전이요, 내세의 확신이요, 죽음의 초월임을 다시 한번 힘있게 믿는다.

이제 한 가지 질문이 있다.

당신의 하나님은 어디 계신가?

바로 언제나 죽음에 자신이 있을 때 하나님은 임재할 것이다.

# 감동의 삶

● 약 력
한국기독교 지도자협의회 공동회장
한국기독교장로회 총회실행위원, 재정위원장,
한국교회부활절연합예배위원회 상임총무
한국기독교장로회 전국장로회 초대회장, 고문
한국장로회 총연합회 회장, 고문

오 건 장로

'만일 내게 천의 생명이 있다 해도 그 모두를 한국에 바치리라'

마포 양화진언덕에 자리잡고 있는 외국인 묘지공원에 묻혀있는 루비 케드릭(1883~1908) 선교사의 비문입니다.

그녀는 1883년 1월 28일 미국 텍사스에서 출생하여 1907년 9월 텍사스 엡윗 청년회 후원으로 미국 남 감리회 해외 여선교회 선교사로 한국땅을 밟았습니다.

한국에 체류한 기간은 1년도 채 안되었지만 황해도 개성에서 여학교 교사로 봉사하였습니다.

이때의 주된 일은 선교사역의 준비와 한국어를 배우는 과정에 불과하여 선교의 꽃은 피우지 못했습니다.

급성맹장염으로 서울 세브란스병원에 입원하여 수술을 받았으나 1908년 8월 15일, 25세의 젊은 선교사는 별세하여 양화진 제 1묘역(4-6)에 안장되었습니다.

그의 묘비는 고향 엡윗 청년 회원들이 모금하여 세웠습니다. 이 비문은 그가 생존시 텍사스 엠윗 청년회에 보낸 편지속에 있었던 내용이며 이 편지가 미국에 배달되었을때 이 청년회는 연합 대회를 개최하고 있었습니다.

그런데 이 편지를 받고난 다음날에 켄드릭 선교사가 별세하였다는 전보를 받게 됩니다. 회의에 참석한 분들은 너무도 놀라고 슬퍼했습니다.

그러나 이 대회의 참석자 중에서 20명이 선교사로 지원하는 놀라운 결단의 기회가 되었다고 합니다.

그 후로부터 텍사스 엡윗 청년회는 헌금하여 한국에서 사역하고 있는 선교사들을 지원했답니다.

요즘의 덕담중에서 건강과 장수에 관한 말들이 많이 있는가운데 어른신들 모임에서는 구십 구세까지 팔팔하게 살자고 9988을 소리 높여 외친다고 합니다. 그러나 무조건적 장수가 더이상 덕담이 되지 못하는 사회분위기도 동시에 존재한다는 것을 기억하라고 깨우치고 있습니다.

배아줄기세포연구로 난치병치료는 물론 장수를 가능케 하는 것으로 큰 기대를 모았던 사건이 일장춘몽으로 변하는 것을 우리는 보았습니다.

사람은 오래 살기를 희망합니다. 그러나 긴 세월동안 무엇을 하고 사느냐가 문제입니다.

사도 바울은 "살든지 죽든지 내 몸에서 그리스도를 존귀케 하기 위하여 산다" 라고 고백하고 있습니다.

우리도 각자에게 주신 일을 하기 위해, 하나님께서 생명을 허락하시는 동안 최선을 다해 주님을 전하고 하나님께 영광을 돌리는 생활을 하는 것이 삶의 목적입니다.

저는 한국기독교지도자협의회라는 명칭에 대하여 두렵고 떨리는 심정을 가집니다. 예수님은 "지도자라 칭함을 받지 말라 너희의 지도자는 한 분이시니 곧 그리스도라"고 말씀하셨기 때문입니다.

주님의 그 말씀에 어느 누구도 부정할 수 없고 긍정할 뿐입니다. 나를 종이라 불러도 행복합니다. 오직 내가 예수 그리스도께 붙잡혀 주님의 일꾼으로 동참할 수 있다는 것으로 만족합니다.

오늘 우리가 누리고 있는 복음의 풍성한 은혜는 한국을 위해 자신의 생명을 아끼지 않고 헌신한 수많은 분들의 피와 땀의 열매입니다.

한 알의 밀알이 땅에 떨어져 죽음으로써 많은 열매를 거두게 하신 하나님의 놀라운 사랑과 축복이 한국교회에 함께 하시기를 소원하면서 한국기독교지도자협의회의 체제를 견고히하여 한국교회에 감동을 주는 일을 성취하기 위해 더욱 노력합시다.

# 바울처럼 십자가만 자랑해야지

● 약  력

서울 신광교회 원로목사
대한예수교장로회 경기노회 노회장 역임
대한예수교장로회 총회 교육부장 평신도훈련원 원장 역임
대한예수교장로회 총회 학생신앙운동지도위원장 역임
대한예수교장로회 총회 전도부장 및 전도훈련원장 역임
대한예수교장로회 총회 사회복지위원장 역임
서울경찰청 경목회 회장 및 교경협의회 회장 역임
대한민국 건국 기념 사업회 상임이사(현재)
대한민국 안보와 경제 살리기 국민운동본부
대표회장(현재)

윤지환 목사

나는 1945년 11월에 전도사로 교회 사역을 시작하였고 2004년 12월 29일 은퇴하였으며 지금은 서울신광교회 원로목사로 있다.

그러면서 사단법인 기독교사회복지협의회 실행위원, 사단법인 대한민국 건국기념사업회의 상임이사로서 건국정신 살리는 일에 참여하고 있고, 또 대한민국 안보와 경제살리기 국민운동본부 대표회장의 직함을 가지고 대한민국 정체성살리기운동을 하고 있다.

그러나 어디까지나 나는 목사이고 애국운동을 하면서도 하나님을 먼저 생각하고 그 영광을 목적으로 한다.

충현교회 원로목사이신 김창인 목사님에게 어떤 장로님이 이 세상이 너무 혼탁해져서 신자로서 어떻게 살아야 할지 고민스럽습니다.

하니까 목사님께서 말씀하시기를, "나는 다섯 가지 목적의식을 가지고 살아야 한다고 봅니다." 하시면서 다음과 같이 말씀하셨다.

① 믿는 사람은 하나님께 영광돌려야 한다는 의식을 가지고 살아야 하고,

② 믿는 사람끼리 은혜를 나누며 살아야 하고,

③ 믿지않는 사람에게 복음을 전해야 하고,

④ 후손에게 복을 물려줄 수 있는 일을 해야 하고,

⑤ 자기가 세상을 떠나면 보고서 낼 준비가 되어 있어야 한다.

그야말로 금언이다. 우리 그리스도인들은 모든 생활이 하나님 중심이 되어야 하고, 성경 중심이 되어야 하며, 교회 중심이 되어야 한다.


▶ 한국교회, 왜 이러는가?

역사가 토인비는 로마제국의 붕괴는 외적인 요인때문이 아니고 그 국민이 교만했고 나태했고 환락에 빠져있었기 때문이라고 하였다. 그러면서 그것을 '로마병'이라고 명명했다.

한국교회는 세계선교의 센터(center)라고 말해왔다. 그러던 한국교회가 21세기가 되어가면서 성장이 정체될 뿐만 아니라 감소추세로 돌아섰다.

그리고 인구 1/4의 신자가 살고있는 한국사회의 부패지수는 세계의 여러 나라 중 하위에 있고, 도덕적으로 부패해가는 이 사회에 영향을 미치지 못하고 빛과 소금의 역할을 하지 못하고 있는 실정이다.

그리고 우리 교회의 내면을 들여다보면 목회자는 소명이나 사명감보다 직업화 되어가고 교회가 기업화 되는 것으로 세인의 눈에 비쳐지고 있다.

그리고 설교자의 메시지(massage)는 진리의 선포이거나 복음설파가 아니라 사람들의 인기를 모으기 위해 코믹하게 되어가고, 죄를 깨우치거나 회개를 촉구하는 선지자가 아니라, 안위와 축복을 강조함

으로 영혼을 어둡게 하여 거짓 위안에 잠들게 하고 있지는 않은지, 보다가 더 가슴이 아픈 것은 기독교의 핵심진리인 십자가가 묻혀가고 있다는 것이다.

이는 바울의 신앙과 전혀 다른 것이다.


▶ 기독교는 핵심진리가 십자가이다.

갈라디아서 6:12-14에 보면 사도 바울은 십자가만 자랑했고, 십자가 외에는 전하지 않기로 했다고 했다.

우리 인간은 허영을 좋아하고, 자기를 나타내고자 하는 욕심이 있다.

그래서 전도할 때도 말과 지혜의 아름다움으로 사람을 끌어보려고 한다. 그것은 그리스도를 전함이 아니고 자신을 전함이다.

현대에는 이런 사람들이 교회에 많이 있다. 그들은 사실상 교회의 일을 하는 것이 아니고 자신들의 사사로운 일을 하는 자들이라고 박윤선 박사는 주석했다.

그래서 교회를 당파싸움의 마당으로 만들어가고 있다고 했다.

고린도전서 2:2을 보라. 사도 바울은 말하기를, "내가 너희 중에서 예수 그리스도와 그의 십자가에 못박히신 것 외에는 아무것도 알지 아니하기로 작정하였음이라"고 했다.

그 이유는 그것이 기독교의 핵심진리이기 때문이다.

데살로니가전서 5:9에 보면 이 십자가로 말미암아 구원을 얻었다고 했고,

로마서 1:16에서는 이 십자가 복음은 믿는 자에게 구원을 주시는 하나님의 능력이라 했으며,

로마서 3:24과 에베소서 1:7에 보면, 이 십자가의 구속으로 말미암아 죄사함 받아 의롭게 되었다 하였고,

에베소서 2:16과 골로새서 1:20에 보면, 이 십자가로 하나님과 화목하게 되었다고 했다.

그래서 하나님은 사도 바울을 통하여 고린도전서 1:17에서 말씀하시기를 그리스도의 십자가가 헛되지 않게 하려 하심이라고 하셨다.

그러나 오늘날 설교자들의 대부분의 메시지는 십자가와 구속의 교리를 설명하지 않는다.

대신에 능력있는 하나님, 복 주시는 하나님을 강조하고, 예수님의 희생과 예수님의 정신을 강조한다. 물론 그것이 틀렸다는 것은 아니다.

대속의 십자가와 구속의 복음이 묻혀가고 있는 것이 안타깝다는 뜻이다.


▶ 십자가 없는 예배는 하나님이 받으시지 않으신다.

창세기 4장에 보면 예배가 있었다.

가인도 제사를 했고, 아벨도 하나님앞에 제사를 드렸다.

가인은 땅의 소산으로 제물을 삼아 제사를 드렸고, 아벨은 양의 첫 새끼를 잡아서 제사를 드렸다.

그런데 아벨과 그 제물은 하나님이 열납하셨는데, 가인과 그 제물은 열납하여 주시지 않으셨다고 하였다.

여기 열납한다는 말은 '주목한다, 가치있게 본다' 라는 뜻이 있다.

다시 말하자면, 아벨과 그 제물을 하나님이 주목할만한 가치가 있는 제물로 여겨서 기쁘시게 받아주셨다는 뜻이다. 그러나 가인의 제사는 열납하시지 않으셨다고 하였는데 이 말의 원뜻을 그대로 표현하면 쳐다보지도 않으셨다는 것이니 곧 관심조차 기울이지 않으셨다는 뜻이다.

아벨의 제물을 하나님이 열납하신 이유를 히브리서 11:4에 보면, 아벨이 신앙으로 제물을 드린데 있다고 하였다.

그런데 여기 이 신앙을 자의로 정의해서는 안된다.

신앙은 하나님께서 제정하시고 하나님이 명하신대로의 제물을 드리는 것을 의미한다.

히브리서 9:22에 보면, 하나님은 처음부터 생축, 곧 양을 제물로 제정하셨다. 또 생축을 제물로 제정하셨던 것은 우리의 죄를 대속하기 위해서 예수 그리스도께서 십자가에 달려 대속의 죽음을 죽으심으로 속량제물이 되실 것의 예표이다.

▶ 기독교는 십자가의 도를 전하는 선교공동체이다.
우리 성경은 교회의 사명이 무엇인지를 분명히 가르치고 있다.
"때와 기한은 아버지께서 자기의 권한에 두셨으니 너희의 알바 아니요, 오직 성령이 임하시면… 땅끝까지 이르러 내 증인이 되라"고 하셨다.
그리고 바울은 우리 신자를 향해서 "우리는 다 이 일에 증인이라"고 하셨다.
그렇다. 초대교회 성도들이나 성령받은 성도들은 다 같은 인식을 하고 있었다.
① 자신들은 복음의 증인이라는 것(행 1:6-8, 행 2:32)
② 하나님으로부터 복음을 전할 부탁을 받았다는 것(살전 2:4)
③ 그리스도께서 나를 보내신 것은 복음을 전하게 하려 하심이라는 것(고전 1:17)이다.
그래서 저들은
① 담대하게 하나님의 말씀을 전하였다.(행 4:31)
② 할 수만 있으면 로마에 있는 너희에게도 복음 전하기를 원한다고 하였다.(롬 1:15)
③ 때를 얻든지 못 얻든지 전도하기를 힘썼다.(딤후 4:2)
④ 성전에 있든지 집에 있든지 전도하기를 힘썼다.(행 5:42)
하나님이 원하시는 그리스도의 교회는 지식을 자랑하거나 자기를 나타내는 것이 아니라, 사도행전 5:42의 그것처럼 예수는 그리스도라는 것을 가르치고 복음을 전해야 한다.

하나님은 사도 바울을 통하여 고린도전서 1:18에서 말씀하시기를 "십자가의 도가 멸망하는 자들에게는 미련한 것이요 구원을 얻는 우리에게는 하나님의 능력이라"고 하셨다.

그리고 고린도전서 1:23-24에 보면, 바울이 고백하기를 "우리는 십자가에 못박힌 그리스도를 전하니 유대인에게는 거리끼는 것이요, 이방인에게는 미련한 것이로되 오직 부르심을 입은 자들에게는 유대인이나 헬라인이나 그리스도는 하나님의 능력이요 하나님의 지혜니라"고 하였다.

그리고 고린도전서 2:2에 보면, 사도 바울이 크게 외치기를 "내가 너희 중에서 예수 그리스도와 그의 십자가에 못 박히신 것 외에는 아무것도 알지 아니하기로 작정하였음이라"고 했고, 갈라디아서 6:14에서는 "내게는 우리 주 예수 그리스도의 십자가 외에 결코 자랑할 것이 없다"고 하였다.

그리고 로마서 1:16에서는 "나는 복음을 부끄러워하지 아니한다"고 하였다.


### ▶ 복음이 부끄럽지 않다는 말은

① 우리의 이 복음은 부끄러운 것이 아니라 자랑스러운 보배라는 의미이다.(고후 4:7)

그러므로 우리 그리스도인들은 긍지와 담력을 가지고 당당하고 자랑스럽게 전해야 한다.

사회적 시각으로 볼 때에는 우리 복음은 부끄러운 것이다.

우리 예수님은 외양간에서 나시고 가난한 목수 요셉의 아들로 살다가 십자가에 달려 죽으셨다. 그러나 3일만에 부활하시고 승천하셨다.

이제 다시 재림하신다. 이것을 전하는 것이 우리 복음이다.

그러나 바울의 눈으로 볼때 그것은 자랑해도 좋은 보배였다.

② 복음을 믿어 신자된 것이 부끄럽지 않다는 뜻이다.

신자된 것이 자랑스러워야 한다. 왜냐하면, 하나님의 자녀가 되었기 때문이다.(요 1:12, 롬 8:14-17)

③ 복음을 전하는 전도자 된 것이 부끄럽지 않다는 뜻이다.

신자는 전도하는 사람이다.(딤전 2:7, 딤후 1:11, 빌 1:16) 이것이 바울의 신앙이다.

사도행전 16:10에 보면, 바울은 말하기를 하나님이 저 사람들에게 복음을 전하라고 우리를 불렀다고 하였다.

O. J. 스미스 박사는 말하기를, "우리가 성경을 배우면 배울수록 전도의 중요성을 깨닫게 된다"고 했다.

# 천국에 계신 나의 어머니

● 약    력
대한예수교장로회(우리총회) 총회장
세계여성지도자협의회 대표회장
한국기독교지도자협의회 공동회장
혜성교회 담임목사

이규희 목사

　천국가시는 길에도 이 딸을 두고 가시기 아쉬워 머뭇거리시던 나의 어머니! 그 분이 몹시도 그리운 이 밤에 남기신 흔적을 뒤적여보고 싶어졌다.

　나의 아버지는 삼대독자셨다. 누나 여동생 하나 없는 말 그대로 독자셨다.

　때문에 나의 언니가 세상에 태어날 때 여아인 것을 보시고 이제 손이 퍼지겠다고 그리 기뻐하셨다고 어머니는 자주 말씀하셨다.

　내가 태어나기 전 이름을 미리 지으셨다고 하셨다. 또 여아이기를 기대하면서 규희(圭姬)라고 지으셨다고 한다.

　이 이름은 1996년도 싱가포르에서 열린 아시아지역 여교역자 선교대회 때에 주강사로로 수고하신 연세대학교 연합신학대학원 대학원장을 역임하셨던 민경배 교수님이 땅을 많이 가진 여인이 신하를 거느리고 있는 아주 좋은 이름이라고 풀이해주셨다.

이 때 막연하게나마 아버님의 태어날 자식에 대한 기대를 가늠해볼 수 있었다 그렇게 자식에 대한 기대가 크셨던 분이지만 그 당시 교직에 계시면서 과로하여 병을 얻으셔서 나의 태어남을 보지 못하시고 돌아가셨다. 때문에 나는 아버지의 얼굴도 모른다.

이 때 어머니께서는 겨우 스무 살로 소위 청상과부가 되셨다. 그 후로 나의 어머니는 평생 저를 보시기를 남편 보듯, 자식 보듯 보살 피며, 키워 주셨다 라기 보다는 지성으로 섬겨 주셨다.

어머니는 젊은 시절 소위 서양부인이라 불리던 여선교사들이 공부 시키기를 원했을 만큼 총명하시고 늘 단정하셨다. 외할아버지의 완고 하심으로 하고 싶었던 공부의 뜻을 이루지 못한 분이시기도 하다.

그분 나의 어머니는 평생 외롭게 사셨지만 하나님 앞에 지극하셨고 자녀 앞에 온 힘을 다하셨다.

끼니거리가 늘 걱정이었으나 단 한 번도 고생이 된다 내색하신 적이 없으시다.

철들어 딸자식은 어머니의 고생을 덜어드리기는커녕 하는 일마다 어려움을 더하는 것이었다 새벽에 나가 길에 버려진 영아 주어오기, 교도소에서 출소하여 사회에 적응 못하고 재범하는 이들의 삶을 돕는다 하여 살림에 보탬이 되지 못했고, 또 소년원 출신 아이들 뒷바라지에 조금이라도 힘써볼 수 있었던 것도 모두가 어머니의 숨죽여 외쳐 기도해주심과 몸소 돌봐주심이 있었기에 가능했다.

심지어 손녀딸까지 홀트 복지 시설에서 장애아들을 돌보며 일주일에 한 번 집에 오면 그 냄새 고약함은 감당하기 어려웠다. 그래도 어머니는 그것을 다 빨래하고 치우시며 장한일 한다고 격려해주시기를 잊지 않으셨다.

오산리기도원 최자실 기념관에서 집회가 있었을 때 단상에 올라가 가득한 회중 한가운데 하얀 분이 있어 자세히 보니 어머니셨다.

끝이 난 후 젊은 사람들 모임인데 어떻게 들어오셨어요 하니  내가 오늘 강사의 어머니요 했더니 가운데 자리에 앉혀주더라고 하셨다 이렇듯 내가 하는 일에 당신의 기도가 있어야 할 줄 아시고 부지런히 살펴주시던 분이셨다.

이 어머님이 가사일 책임져 주시고 내가 하는 공적인 일까지도 뒷바라지 해 주신 덕으로 1980년 12월 3일 사회발전부분 국민포장을 받기도 했다. 이것이 계기가 되어 나는 1981년 평화통일정책자문위원에 위촉되었다.

당시 경기도에서는 여자 자문위원으로는 나 혼자였다.

그 후 1983년 5월 31일에는 나의 보잘것없는 봉사들이 공적으로 인정되어 평화통일정책자문회의 의장(대통령)으로부터 표창을 받는 일이 생겼다.

시청에서 공적서 작성을 위해 증빙자료들을 갖추며 작업을 했지만 표창 대상이 되었다는 결정통보를 받지 못해 나는 잊어버리고 있었다. 그 당일도 나는 KBS에서 방송순서가 있어 방송국에 있었는데 전갈이 왔다.

그날 시상식이 청와대에서 있다는 것이다. 이런 난감한 일도 있구나 하고 놀라고 있는데 수상자가 참가하지 않았다며 무례하다고 전화하는 사람이 생 불호령이다.

잠시 생각해보니 나는 민간인이라 미안하다 사죄하면 되지만 행정적으로 해당부서에 통보했으므로 연락을 못 받았다고 하면 그들에게는 책임추궁이 있겠다 생각되어 내가 연락을 받았는데 잠시 착각하여 실수되었다고 극구 사과했다.

이미 예정되었던 시상식 시간은 지나고 얼마간 더 실랑이를 한 후 끝이 났다.

나는 수상이 취소 되었겠다 생각하고 있었다. 그런데 몇일 후 시에서 상장과 상품을 전달하러 집으로 찾아왔다.

그때 나는 출장 중이었고 집에는 어머니만 계셨다.

찾아온 분이 내 사는 모습이 안쓰러웠는지 어머니에게 무엇을 도와드릴 일이 없겠는가고 청하셨는데, 그때 어머니는 우리 딸은 그런 일로 도움이나 받을 사람 아니라고 당당히 거절하여 돌려보냈다고 하셨다.

그 담당 직원 쪽에서는 자기들의 행정상 실수를 덮어준 것이 더없이 고마워 하며 배려하려고 한 호의일 것이다. 그러나 나의 어머니는 이런 일에도 단호하셨고 나에게도 구김 없이 살 것을 원하셨다.

도로변 청소하기 등 마을에서 벌리는 봉사활동에도 한 번도 뒤지는 일없이 헌신적이셨다.

지극히 적은 일이나 이것이 애국이라는 생각을 그대로 실천하셨다 우리 어머니가 정정하게 사실 그 무렵은 정부미는 싸고 일반미는 여유 있는 사람들이 먹는 비싼 것이었다. 우연한 기회에 일반미가 생겨 부드러운 밥을 잡수시겠다 했더니 어머니께서는 남을 돕는다면서 나 좋은 것 다 먹고 나 쓸 것 다 쓰고는 할 수 있는 일이 없다고 하시며 또 그렇게 한다면 그것은 위선이라고 기어이 정부미와 바꿔오시던 분이시다.

교회에서도 궂은 일에는 빠지지 않고 허드렛 일을 하셨다. 간혹 이제는 그러지 마시라고 만류하면 옛날 이야기를 하시면서 나무라셨다.

내가 아주 코흘리개 어린 시절 동네 분이 초등학교 교감으로 승진하셔서 모두가 부러워하는 대상이 되었다.

그분의 아버지는 아들이 자랑스러워 시장에 갔다가 지개를 진체 아들을 보려고 학교로 갔다. 그런데 그 교감선생님은 아버지의 모습을 부끄럽게 여겨 우리 집 머슴이요 했다는 이야기다.

어머니는 어머니가 지켜야 할 교회의 자리가 있다시면서 이제 그만하시라는 나를 교만해지면 안된다시며 경계하시던 분이시다.

1997년 3월, 마카오에서 역시 아시아지역 여교역자 선교대회가 있었다.

출발시간에 맞추어 김포공항에 도착했다.

그때 잊을 수없는 또는 있을 수없는 난감한 일을 만났다.

여행사 책임자가 대표회장 서명이 있어야 비행기 표를 주겠단다. 어찌된 일인지 상황을 파악하거나 어떻게 된 일이냐고 실무진들에게 확인할 겨를도 없이 출발시간은 촉박하고 대회 장소에 모여 올 12개국의 대표들을 생각하니 국제적인 부끄러운 일이 생기겠다는 생각에 싸인을 하고 일행과 비행기를 탔다.

현지에 도착하여 계획대로 대회를 진행하던 중 식사시간에 금식을 한다고 전갈이 왔다.

내려앉는 가슴을 안고 본부사무실로 갔다.

말로 무엇이라 표현할 수 없는 상황 벌어졌는데 호텔에서는 요금 지불이 이행 되지 않아 방을 비우라는 것이고 식당에서는 식사를 제공할 수 없다는 것이었다.

나는 순간 아무생각도 나지 않았다.

그냥 입에서 나오는 대로 호텔책임자에게 이제부터 내가 책임을 질것이니 지장 없이 진행되도록 협조해달라고 했다.

그들은 더 묻거나 버티지 않고 협조하겠다고 했다.

나는 행사장까지 10분 거리를 기도하면서 갔다. 다만 아버지 저를 도와주세요 했을 뿐이다.

외국인 참석자는 식사를 하도록 식당으로 보내고 한국인 교역자들만 따로 모였다.

현재의 상황을 설명하고 나를 도우라고 한 10분 이야기했다.

나는 이때 하나님이 어떤 분이신지 일행과 함께 가슴 저리도록 체험했다.

한 사람도 우리가 지불한 돈은 어떻게 되었으며 왜 이렇게 되었는지 묻는 사람이 없었다.

모두가 숙연한 마음으로 눈물을 머금고 호주머니 돈을 털었다. 단 1달라도 남김없이……

또 몇몇 제자들은 한국으로 전화를 해서 돈을 송금하도록 했다.

물론 그 대회는 대성공을 했다.

기도에 전념하며 마음이 하나 되자 97명의 현지인 결신자가 나오는 열매를 하나님은 주셨다.

귀국한후 나는 전세 살던 집을 정리하여 나를 도운 믿음의 동지들의 돈을 다 해결했다.

누가 얼마를? 기록하며 받지 않았기에 달라고 하는 대로 다 주는 것이었다. 이때 어머니는 거처를 잃으셨다.

이 대회에 동행했던 기자는 네 분이었는데, 이분들이 이구동성으로 이것을 기적이라 하며 기사화하기를 원했다. 나는 이것은 국제적인 망신이 되는 것이니 못 본 것으로 해달라고 애원을 했다.

이런 황당한 일을 벌려 당신의 거처를 잃으신 어머니는 한 말씀도 나무라시지 않으시며 여전히 내 걱정은 말라 하시던 분이셨다. 그리고 그 고생을 감당해 주셨다.

나는 다만 내 짧은 기도를 응답해주시고 그 대회를 성공리에 끝나게 해주신 하나님 은혜에 감사해서 누구의 잘못이냐?  무슨 이유였냐? 묻지 않고 그저 감사로 그 일을 감당했던 것이다.

나의 어머니 그분은 노년에 접어든 이 딸을 앞에 두고 어디 가던 궂은일은 네가 하고 자리는 말석에 앉고 남의 말을 늘 귀담아 들으라고 이르시기를 쉬지 않으셨다.

우로는 하나님이 이 비천한 종을 위해 때를 따라 기적으로 도우신 살아있는 이야기를 다하지 못하는 아쉬움과 어머니의 크신 믿음에 미치지 못함을 부끄러워하며 어머니를 불러본다.

나의 어머니! 그분의 귀하신 이름은 박경례 이시다.

# 성공하는 목회자

## (벧전 5:1-4)

● 약 력
대한기독교침례회 총회장
김천동산침례교회 목사(신학박사)
김천대학 명예교수

이태준 목사

　얼마전 친지 목사님의 장례식에 참석했습니다. 모든 장례 순서가 끝나고 산에까지 따라가게 되었는데, 마지막 하관식할때 이를 지켜보던 수백 명의 교인들이 대성통곡을 하였습니다. 산천이 떠나갈 듯한 울음소리에 장지는 눈물바다가 되었습니다. 고인을 마지막 땅에 묻는 아쉬움, 이별의 아픔, 통곡소리는 계속되었습니다. 이 광경을 보면서 '이 친구는 목회에 성공했구나.'고 느꼈습니다. 언젠가 맞이할 장례식에 많은 사람들 앞에서 내 모습은 어떻게 비쳐질까 생각하면서, 무거운 발걸음으로 산을 내려왔습니다. '성공하는 목회자'는 어떠한 모습으로 인생을 살아가는 사람일까 생각하면서 말입니다.

　첫째, 성공한 목회자는 하나님으로부터 칭찬받는 사람이 되어야 합니다. 문득 다윗왕의 역사가 생각납니다. 그는 항상 하나님을 향하여 의논하고, 그의 뜻에 따라 순종하며 살았던 사람이었습니다. 그리하여 하나님으로부터 '내 마음에 합한 자'라는 칭함을 받은 성공한 왕이었지요. 숱한 어려움을 겪으면서도 하나님을 의지하고, 변함없이 사랑했던 그 마음이 언제나 부럽습니다.

주후 1889년에 최초의 한국 선교사로 오셔서 동아기독교회(침례회 전신)를 세우셨던 말콤 펜윅(Malcom C. Fenwick) 목사님의 일화가 떠오릅니다. 그는 캐나다 토론토에서 하나님의 부르심을 받고 한국에 와서 1936년까지 약 47년 동안 복음을 전파하시고, 함경도 원산시 동산에 묻히셨습니다. 그는 유언하시기를 무덤을 평장(平葬)으로 하고, 돌비석을 세우는 일을 일절 금하셨다고 합니다. 그 이유는 행여나 비석을 세워 사람이 자랑거리가 되어 교만할까 염려하셨기 때문이라고 합니다.

펜윅 목사님은 한국의 선교사로서 많은 업적과 위대한 역사를 남겼지만 그렇게도 겸손하셨습니다. 또한 살아계셨을 때 젊은 교역자들에게 강조하신 말씀 가운데 거듭난 사람의 할 일 세 가지 즉 첫째, 매일 성경보는 일, 둘째, 내 안에 계시는 성숨님(성령님)께 순종하는 일, 셋째, 날마다 마귀 대적하는 일이라 하셨습니다. 이 얼마나 귀합니까? 이와 같이 확실히 믿음 안에 살면 하나님께 칭찬 받습니다.

목회에는 양면성이 있는데, 사람의 칭찬은 잠깐이요 하나님의 칭찬은 영원한 것임을 명심하시기 바랍니다. 마태복음 7장 21-23절을 보면 "나더러 주여 주여 하는 자마다 천국에 다 들어간 것이 아니요 다만 하늘에 계신 내 아버지의 뜻대로 행하는 자라야 들어가리라. 그 날에 많은 사람이 나더러 이르되 주여 주여 우리가 주의 이름으로 선지자 노릇하며, 주의 이름으로 귀신을 쫓아내며, 주의 이름으로 많은 권능을 행치 아니 하였나이까 하리니 그 때에 내가 저희에게 밝히 말하되 내가 너희를 도무지 알지 못하니 불법을 행하는 자들아 내게서 떠나가라 하리라."고 기록되어 있습니다. 주님의 뜻대로 목회를 해야 하나님께 칭찬을 받습니다.

어느 성도가 만들어낸 이야기입니다마는 한 사람이 낙원에 갔더니 예수님께서 낙원에 들어오는 성도들을 맞이하고 계셨다고 합니다. 하루는 한국의 목사가 낙원에 들어온다 하니 예수님께서 춤을 추시면서 기뻐하시며 뛰어나가 그를 얼싸안고 환영하셨답니다. 이를 본 장로, 집사들이 우리도 세상에서 목사만큼 수고하고 봉사했는데 왜 예수님께서는 차별하시느냐고 불평하니 예수님께서 말씀하시기를, "보아라. 지난 일 년 동안 한국에서 장로, 집사는 낙원에 많이 왔는데, 목사는 한 사람도 없었지 않느냐. 그래서 오랜만에 목사가 낙원에 오니 내가 이렇게 기뻐하는 것이란다."라고 하더랍니다. 오늘날 한국의 목사는 양적으로는 많이 배출되었지만, 질적으로는 함량미달인 목사가 많은 현실을 꼬집어 풍자하는 이야기라 하겠습니다. 여러분은 하나님을 기쁘시게 해 드려 칭찬받는 목회자가 되길 바랍니다.

둘째, 성공하는 목회자는 교회에 덕을 세우는 사람이 되어야 합니다. 옛날에는 IQ(지능) 시대여서 머리가 좋고 공부를 잘 해서 시험을 잘 보면 출세하고, 인생을 성공할 수 있었습니다. 그러나 오늘날의 시대는 IQ만으로는 성공할 수 없는 EQ(감성지능) 시대입니다. 사람과 더불어 살아갈 수 있는 능력이 필요합니다. 타인의 마음을 잘 헤아려 이해하고, 양보하고, 봉사하고, 잘 사귈 수 있는 SQ(사회지능)가 높은 사람이 어디에서나 환영받고 성공합니다.

목사가 목회할 때 교회에서 100% 지지를 받을 수는 없습니다. 미국처럼 여론정치를 하는 사회에서도 부시 대통령의 경우 50% 이하의 국민 지지를 받고서도 정치를 잘 해 나가고 있습니다. 특별히 목회자는 '아더메치유'를 잘 소화해야 목회에 성공한다고 하는 우스갯말이 있습니다. 즉 1) 아(아니꼽고), 2) 더(더럽고), 3) 메(메스껍고), 4) 치(치사하고), 5) 유(유치한) 부정적 감정을 조절하고 다스려야 한다는 말입니다. 저 또한 혈기 왕성했던 젊은 시절엔 '아더메치유'의 감정을 삭이기 위해 혼자 산에 올라가 나무들을 보면서 "이 '아더메치유'한 놈아!"하고 소리치면서 스트레스를 시원하게 날려버렸던 적이 있습니다. 교인들에게 차마 폭발시키지 못했던 부정적 감정들을 그렇게라도 날려버려야 마음에 병이 안 생길 뿐 아니라, 관계를 깨지 않으며 교인들을 양육할 수 있기 때문이었겠지요.

금년이 목회 50년을 맞이하는 해입니다. 한 지역에서 반세기를 목회하다보니 다양한 성정을 지닌 수많은 사람들이 앞을 거쳐 갔습니다. 비록 몸은 떨어져 있지만 오랜 세월 사랑의 교제를 이어오고 늘 마음속에 그리며 잊지 못할 지인(知人)이 있는가 하면, 믿음의 교만을 보이며 혼자서 은혜를 다 받은 냥 다른 사람들을 무시하고 자랑하는 무서운 사람도 있었습니다. 신앙의 연조는 깊은데 관념적 신앙에서 자라지 못해 은혜 생활하지 못하는 사람 등 사람 수만큼이나 다양한 성격을 지닌 사람들과 얽어 온 에피소드 속에서 왜 답답하고 화난 일이 없었겠습니까!

목회하는 가운데 어떤 일을 당해도 먼저 자신을 잘 다스리고, 관계를 회복시키며, 교회에 덕을 세울 수 있을 때 목사의 영적 리더십이 살아날 뿐 아니라, 교인들 또한 영적으로 변화될 수 있겠지요. 성경 하박국 2장 4절 말씀에는 "의인은 그 믿음으로 말미암아 살리라."고 기록되어 있습니다. 이 말씀을 여러 번 읽고 외우다 보면 마음속이 시원해집니다. 하나님께서 인정하시는 목회자가 되고자 노력하며, 하나님은 모든 일을 아시리라 여기고 그분께 맡기며, 자기 안의 믿음을 공고히 할 때 위로부터 내려오는 신비한 위로와 치유를 맛볼 수 있을 것입니다.

셋째, 성공하는 목회자는 건강한 목회를 하는 사람입니다. 목회자는 절대적으로 몸도 건강, 마음도 건강, 신앙도 건강해야 합니다. 성공하는 목회에 지름길이란 없습니다. 모로 가도 서울만 가면 된다는 사고방식을 버려야 합닙드. 하나님과 나와의 직선적인 관계에서, 십자가를 지고 예수님의 뒤를 따르는 길밖에는 없습니다. 성경 빌립보서 2장 16절 말씀에는 "생명의 말씀을 밝혀 나의 달음질도 헛되지 아니하고, 수고도 헛되지 아니함으로 그리스도의 날에 나로 자랑할 것이 있게 하려 함이라."고 기록되어 있습니다. 목사는 그날에 자랑거리가 많아야 합니다.

기도 많이 한 것, 이것은 목회자의 기본이지 자랑거리가 아닙니다. 성경 많이 읽은 것, 이것도 기본입니다. 지식이 많은 것이 자랑거리가 될 수 없습니다. 인기 있는 것 또한 자랑거리가 못됩니다. 목사의 자랑거리는 열매입니다. 성경 요한복음 15장 5절 말씀에는 "나는 포도나무요 너희는 가지니 저가 내안에, 내가 저 안에 있으면 이 사람은 과실을 많이 맺나니."라고 기록되어 있습니다. 그날의 자랑거리는 열매뿐인 것입니다. 그러기에 목사의 신앙은 성경 중심의 보수주의 신앙이어야 합니다. 신구약 성경 66권의 말씀이 신앙의 표준이 되고 법이 되어 예수가 그리스도임을 전하면서 죽도록 충성하는 그 사람이 성공하는 목회자입니다.

# 나눔의 행복

● 약    력
기독교대한성결교회 증경 총회장
대한성서공회 이사 및 이사장
세계선교협의회 대표회장
한국기독교총연합회 대표회장
한국기독교지도자협의회 상임고문
신촌성결교회 원로목사

정진경 목사

사람이면 누구나 기본적으로 두가지 욕망을 갖고 있습니다. 하나는 '가지려는 욕망'이요, 또 하나는 '되려는 욕망'입니다. 이런 가치 추구의 목표는 돈, 권력, 지식, 명예 등을 얻음으로 부귀와 영화를 누리려는 것입니다. 이런 두 가지 욕망은 부단히 상승작용을 합니다.

그러나 이런 것들은 사람이 이 땅에 살아있을 때로 국한된 것입니다. 인간이 세상을 떠나는 순간부터 그런 것들은 아무 가치도 없습니다. 그러나 인간이 죽은 후에도 남는 것이 있습니다. 그것은 살아있을 때 남에게 베푼 것, 나눈 것입니다. 그러므로 성경 말씀은 "주는 것이 받는 것보다 복이 있다"(행 20:35)고 했습니다. 〈니콜라이 베르자예프 (Nikolai Berjaev)〉는 "빵은 나 혼자 먹거나 남의 것을

빼앗아 먹을 때는 물질이지만 이웃과 나누어 먹을 때 영원히 변하지
않는 영적인 것이 된다"고 했습니다.


### 1. 주고받는 인간관계

인간의 모든 관계는 주고받는 관계입니다. 인간의 삶을 엄밀히 분
석하면, 주고받음 이 두 원리로 구성된 것 같습니다. 요즈음 흔히 쓰
는 말로 'give and take'는 인간관계의 기본적인 법칙입니다. 인간
의 생활은 받는 생활인 동시에 주는 생활입니다.

우리가 가게에서 물건을 살 때 돈을 주고 물건을 받습니다. 직장
에서는 노동의 수고를 제공하고 그 대가로 월급을 받습니다. 친구의
우정도, 부부 사이의 애정도, 연인 사이의 사랑도 따지고 보면 주고
받는 관계입니다.

내가 남에게 사랑을 베푼 만큼 받기를 기대하는 것이 인생입니다.
기대한 만큼 받지 못하면 사람들은 상대방을 원망하고 섭섭해 합니
다. 나는 상대방에게 이만큼 주었는데 상대방이 나에게 적게 줄 때
사랑의 비극이 생기게 됩니다.

그러므로 주고받음의 균형과 조화는 만족과 행복의 원인이 됩니다.
그러나 이런 균형과 조화가 깨지면 불행을 조성하게 됩니다. 그러므
로 인간생활의 기본 원리는 준만큼 받고 받은 만큼 주는 것입니다.
이런 법칙이 현실에서는 삶의 정의요 윤리적 기준입니다.


### 2. 기독교는 사랑의 종교

그러나 기독교는 이런 주고받음의 법칙을 초월합니다. 그것이 사
랑입니다. 그래서 역사는 기독교를 사랑의 종교라고 부릅니다.

"쿠오바디스 도미네(Quo Vadis Domine); 주여, 어디로 가시나이
까"에서 로마제국의 호민관 〈라니큐오스〉는 성 바울에게 물었습니다.

"헬라는 인류에게 지혜(소피아 철학)를 주었고 로마는 인류에게 공법

(公法)을 주었는데 당신이 전하는 예수는 인류에게 무엇을 주었는가?"

이 물음에 대해서 바울은 "당신의 말대로 헬라는 인류에게 철학을, 로마는 인류에게 공법을 주었다. 그러나 내가 전하는 예수는 인류에게 사랑을 주었다"라고 대답했습니다. 그러므로 기독교를 사랑의 종교라고 말합니다.

그러면 그 사랑의 본질이 무엇입니까? 사랑은 주는 것입니다. 베푸는 것입니다. 나누는 것입니다. 요한복음 3장 16절에 "하나님이 세상을 이처럼 사랑하사 독생자를 주셨다"고 말씀합니다. 이것이 기독교 사랑의 근거입니다. 이 사랑은 상대방의 가치나 자격여하를 불문하고 조건 없이 주는 것입니다. 그러므로 예수님은 "속옷을 가지고자 하는 자에게는 겉옷까지 가지게 하며, 억지로 오리를 가기를 원하는 자에게는 십 리를 동행하며, 네게 구하는 자에게는 물리치지 말고 주라"고 하셨습니다(마 5:38-42). 이것이 기독교가 말하는 아가페의 사랑입니다. 사랑은 주는 것이요 나누는 것입니다.

사람이 세상에 태어나서 세 단계를 거쳐야 성숙한 인간이 된다고 어떤 심리학자는 말했습니다. 첫째는 받는 단계요, 둘째는 소유하는 단계요, 셋째는 나누는 단계입니다.

하나는 부모나 남의 도움으로 사는 생활이요, 다음은 자립하여 자기 것을 만들어가는 생활입니다. 그리고 마지막 단계에 들어서면 나의 소유를 나누어주는 생활을 하게 됨으로, 그때에야 인간은 성숙해진다는 것입니다. 이것은 개인 뿐 아니라 교회도 나라에도 적용되는 원리입니다.

정신의학자 〈빅터 프랭클(Victor Emil Frankl)〉 박사는 그가 쓴 『죽음의 수용소에서 실존주의까지(From death-camp to existentialism)』라는 책에서 인간의 삶의 기본은 '의미를 지향하는 의지(willing to meaning)'라고 정의를 내렸습니다. 이 말의 뜻은 인간에게 본질적으로 필요한 것은 인생에게 의미를 부여해 주는 사명감이라는 것입니다.

사명감이란 '어떻게 살 것이냐'란 방법론에 앞서 '무엇때문에 사느냐'에 대한 실존적인 물음이 더 중요하다는 뜻입니다. 다시 말해서 삶의 참의미는 세상이 내게 무엇을 해줄 것이냐가 아니라 반대로 세상이 내게 무엇을 기대하며 바라고 있는가를 생각하는 것입니다. 좀 더 적극적으로 표현하면 '내가 세상을 위해서 무엇을 할 수 있을까'를 생각하는 사람만이 진정한 삶의 의미를 찾을 수 있다는 것입니다.

일상생활을 통해서 나 자신이 과연 이웃과 사회를 위해서 무엇을 할 수 있을까에 삶의 철학을 가지고 사는 사람은 행복합니다. 즉 이 세상에서 가장 값진 물음은 '나는 이 세상에 어떤 유익을 줄 수 있는가' 입니다.

이 세상에서 나누는 생활처럼 기쁘고 즐거운 일은 없습니다. 그것은 물론 물질의 나눔만을 의미하는 것은 아닙니다. 그것이 돈이든 기술이든 명예든 친절이든 남에게 나누는 생활은 언제나 행복을 가져오고 그 사회를 윤택하게 합니다. 그러므로 성경은 "주는 것이 받는 것보다 복이 있다"(행 20:35)고 했습니다. 물론 이 말씀이 주고받는 엄격한 법칙 밑에서 사는 현대인에게는 역설적으로 들릴지 모르나 이 말씀은 만고의 진리임을 역사는 증명합니다.

### 3. 나눔은 기적을 낳는다.

사랑을 나누면 사랑이 커지고 고통을 나누면 고통이 작아집니다. 돈을 나누면 돈의 가치가 커지고 물질을 나누면 만족이 커집니다. 비록 작은 것이라도 사랑으로 서로 나누며 살면 오늘과 같은 각박한 세상에서도 기적은 일어납니다.

요한복음 6장의 말씀을 통해서 우리는 작은 것이라도 사랑으로 나누면 기적이 일어난다는 산 교훈을 받습니다. 해 저문 벳새다 광야에 모인 수천 명의 군중을 보신 예수님은 제자들에게 과감한 도전을 했습니다.

"내가 이 무리들을 굶겨 보낼 수 없으니 너희가 그들에게 먹을 것을 주어라"

이때 계산이 빠른 빌립이라는 제자가 "선생님, 이 많은 사람을 먹이려면 200데나리온을 갖고도 부족하리이다. 뿐만 아니라 이곳은 인가가 없는 광야입니다. 어디서 그 많은 떡을 살 수 있겠습니까?"라고 합니다.

바로 이때에 무명의 소년이 보리떡 다섯 개와 물고기 두 마리를 바쳤습니다. 비록 보잘 것 없는 '오병이어'이지만 조건없이 사랑으로 서로 나누면 오천 명을 먹이고도 남는 기적이 일어난다는 값진 교훈을 주었습니다. 소년이 가지고 있던 것, 아마도 자기 어머니가 점심으로 만들어주었을 보리떡 다섯 개와 물고기 두 마리! 그것은 별 것 아닙니다. 그러나 조건없이 아무런 대가도 바라지 않고 예수님 말씀에 순종하여 바침으로 큰 기적이 일어났습니다. 그렇다고 이 소년이 이것을 나누면 오천 명이 먹으리라는 믿음이 있었던 것은 아니었습니다.

우리가 하나님 앞에 드려야 할 것이 있습니다. 하나님은 어떤 큰일을 계획하실 때 우리에게 요구하는 것이 있습니다. 그것은 우리의 작은 충성입니다. 적은 물질, 적은 시간, 작은 재능을 바치기를 원하십니다. 대부분의 사람들은 이렇게 작은 것을 가지고 무엇을 할 수 있겠느냐고 우리의 작은 나눔을 평가절하 할 때가 많습니다. 그러나 이 작은 나눔이 기적의 씨가 되고 시작이 된다는 것을 믿어야 합니다.

내 손에 있을 때는 지극히 작고 보잘 것 없는 것이지만 그것이 전능하신 하나님께 바쳐질 때는 엄청난 기적이 일어납니다. 하나님은 우리가 갖고 있지 않는 특별한 것을 요구하시기 않습니다. 우리가 할 수 있는 일, 바칠 수 있는 것을 요구하십니다. 내 시간의 일부, 내 소유의 일부를 원하십니다. 그래서 옛날부터 물질은 십의 일조, 시간은 칠분의 일을 바치기를 원하셨습니다.

그런데 이런 작은 것들이 의로운 일, 값진 일에 바쳐질 때 기적이 일어납니다. 사도 베드로는 요한과 더불어 기도하러 성전에 들어가다가 미문에 앉아 구걸하는 거지에게 "네가 바라는 은과 금은 내게 없으나 내게 있는 것으로 네게 주노니 나사렛 예수 그리스도의 이름으로 일어나 걸으라" 명했을 때 40년된 앉은뱅이가 벌떡 일어나 걸었습니다(행 3:1-10). 이것이 기적입니다.

내게 있는 것으로 남에게 나눌때 일어나는 기적을 체험하지 못한 사람은 나눔의 기쁨, 나눔의 행복을 이해하지 못한 것입니다. 나의 적은 선교헌금이 이방세계에 구원의 기적을 일으키고, 나의 적은 구호금이 굶주린 자, 병든 자들에게 소생의 기적을 일으키며, 나의 몇 방울의 헌혈이 죽어가는 생명을 살리는 기적을 일으킵니다. 나의 적은 장학금이 장차 어떤 인물을 길러낼 지 아무도 모릅니다.

자신이 가지고 있는 가장 작은 것을 조건 없이 나눔으로써 다른 사람의 삶에 희망과 용기를 줄 수 있다면 그보다 더 값진 일이 어디에 있겠습니까? 그러나 분명한 것은 이런 평범한 나눔들이 큰 기적을 이루어 오늘의 문명을 창조해냈다는 사실을 잊지 말아야 합니다.

### 4. 나눔에 대한 역사적 평가

1833년 스웨덴에서 노벨(Alfred bemhard Nobel)이라는 어린아이가 출생했습니다. 그 아이가 자라서 세계적인 유명한 과학자, 훌륭한 발명가가 되었습니다. 그가 33세 때에 유명한 다이너마이트를 발명하여 세상을 깜짝 놀라게 했습니다.

그는 노경에 어느 날 조간신문의 기사를 읽다가 소스라치게 놀랐습니다. 그 기사의 제목은 '알프레드 노벨 사망하다'였습니다. 본인은 살아서 이 기사를 읽고 있는데 죽었다는 사망보도에 놀라지 않을 사람이 어디 있겠습니까? 프랑스의 한 신문기자가 실수로 동명이인을 잘못알고 '노벨'이 죽었다니까 세상에 널리 알려진 화학자 '노벨'로 오인하여 당장 대서특필하여 사망 기사를 낸 것입니다. 살아있는 사람을 죽었다고 보도했으니 자신은 물론이고 온 세상이 깜짝 놀랄 수밖에 없었습니다.

그런데 화학자 '노벨'자신이 진정으로 놀란 이유는 제목이 아니라 그 기사의 내용이었습니다. 그 기사의 내용은 '다이너마이트 왕 드디어 죽다. 죽음의 사업가, 파괴의 발명가 죽다'였습니다.

노벨은 기사를 읽는 순간 깊은 생각에 잠겼습니다.

'만일 이 날이 내 생애의 마지막 날이라면 이 기사는 오보가 아니라 사실이 아니겠는가? 내가 오늘 죽는다면 세상 사람들은 나를 어떻게 평가할 것인가?'

깊은 생각 끝에 그는 자기의 모든 재산을 다 바쳐 인류 평화와 번영을 위해 역사에 공헌한 사람들에게 상을 주라고 유언했습니다. 이것이 오늘의 노벨상의 유래입니다.

우리 인생은 짧습니다. 우리에게 주어진 기회는 늘 내 곁에 머물러있지 않고 떠나갑니다. 세월은 나를 기다려주지 않습니다. 만일 내가 오늘 세상을 떠난다고 가정해 본다면 나는 세상으로부터 어떤 평가를 받을까요?

"그는 인색한 사람이었다, 그는 이기적인 사람이었다, 그는 말썽많은 트러블 메이커였다, 매사에 부정적이고 비협조적인 사람이었다"는 부정적인 평가를 받지나 않을까, 아니면 반대로 "그는 이웃을 사랑하고 섬기고 자기 것을 남에게 베풀고 나누다간 사람이었다, 그는 매사에 협조적이며 긍정적인 사람이었다, 그는 평화를 사랑하고 덕을 세우고 간 사람이었다" 라는 긍정적인 평가를 받을까 깊이 반성해 볼 필요가 있습니다.

우리가 살고 있는 이 한 해가 마지막 해라고 가정한다면, 받는 것보다는 베풀고 나누는 생활에 최선을 다해야 합니다. 나눔을 거부하면 성장에도 한계가 생긴다는 것을 잊지 맙시다. 성장하면서 나누고, 나누면서 성장하는 개인, 교회, 나라가 균형있게 번영합니다.

나누며 삽시다. 나눔은 사랑의 본질이며 창조의 질서이기 때문입니다. 교회도 나눔의 공동체가 되어야 성숙해집니다. 교회의 머리되시는 우리 주님은 모든 것을 주고 가셨습니다. 그러므로 그의 몸인 교회, 그리고 교회의 지체인 그리스도인도 머리 되시는 그리스도의 존재 이유를 본받아 나눔의 삶을 통해 기쁨과 행복을 체험합시다.

# 나라를 위한 기도

조용기 목사

● **약 력**
여의도순복음교회 원로목사
한국기독교지도자협의회 상임고문
한국기독교총연합회 명예회장
기독교대한하나님의성회 총회장 (1966-1978)
계하나님의성회 총재 (1992-2000)

이 이야기는 지금으로부터 약 2,500년전 바사왕 아하수에로 때 일어난 일입니다. 바사 왕 아하수에로는 당시 인도로부터 시작하여 이디오피아까지의 중동 전역을 지배하고 있었습니다.

당시 유다는 멸망을 당하였고 백성은 포로로 잡혀가 바사 나라에 각기 흩어져 살고 있었습니다. 이 때 유대인은 마치 제2차 세계대전 당시 나찌 독일의 총통이었던 히틀러에 의해 민족이 멸절을 당할 뻔 했던 것과 같은 위기에 처하게 되었습니다. 유대인의 운명이 이처럼 언제 꺼질지 모르는 풍전등화와 같이 되었을 때 유대인 왕후 에스더의 결사적인 헌신의 노력으로 유대인은 다시 살아날 수 있게 되었습니다. 이러므로 나는 이 시간에 나라를 위한 에스더의 기도에 대하여 말씀 드림으로 함께 은혜를 나누고자 합니다.

## 하만의 유대인 핍박

그 당시 바사왕 아하수에로의 권력은 하늘에 닿고 땅 끝에 미쳤습니다. 모든 백성이 그 권위 앞에 무릎을 꿇었습니다. 그 당시 총리대신은 하만이었는데 그의 권세 역시 대단했습니다. 그가 길거리에 나가면 모든 사람이 무릎을 꿇고 머리를 조아렸습니다. 그가 왕궁에 들어올 때는 모든 신하들이 굽신거렸습니다.

그런데 하만에게 절을 하지 않은 한 사람이 있었습니다. 그는 모르드개였습니다. 모르드개는 유대인이었으며 왕후 에스더의 사촌 오빠였습니다. 그는 사촌 동생 에스더를 아하수에로 왕의 왕후로 천거해서 왕후가 되게 했습니다. 당시의 정황으로 보아 유대인인 에스더가 왕후가 된 것은 하나님의 섭리였습니다.

하만은 모르드개가 자신에게 절을 하지 않는 사실에 대해 괘씸하게 생각했습니다. 그 생각은 시간이 흐를수록 심화되어 나중에는 모르드개 뿐 아니라 아예 유대민족까지 멸절하기로 결심을 했습니다. 그래서 하루는 날을 잡아 왕에게 나아가 "한 민족이 왕의 나라 각 도 백성 중에 흩어져 거하는데 그 법률이 만민보다 달라서 왕의 법률을 지키지 아니하오니 용납하는 것이 왕에게 무익하니이다. 왕이 옳게 여기시거든 조서를 내려 저희를 진멸하소서 내가 은 일만 달란트를 왕의 일을 맡은 자의 손에 붙여 왕의 부고에 드리리이다"(에스더 3:8-9)라고 말했습니다.

그러자 아하수에로 왕은 자신의 반지를 빼주며 그렇게 하라고 했습니다. 그 당시 왕의 반지로 인을 치면 변할 수 없는 법이 되었습니다. 의기양양해진 하만은 12월 13일 모든 유대인을 멸절하고 재산을 몰수한다는 조서를 왕의 이름으로 만들어 역졸로 하여금 각 도에 보내 시행토록 하였습니다.

## 죽음을 눈앞에 둔 유대인들

이 사실이 퍼지자 모든 유대민족들은 통곡을 하며 삼베옷을 입고 잿더미에 드러누웠습니다. 모르드개도 이 사실을 접하고 굵은 베옷을 입고 대궐 문 앞에까지 나가 통곡을 했습니다. 이 사실이 궁 안에 전해지자 에스더는 급히 신하 하닥에게 무슨 연고인가 알아보게 하였습니다.

모르드개는 하닥에게 하만이 내린 조서 초본을 주며 에스더가 왕에게 나아가 민족의 구원을 위해 간구하라고 하였습니다. 이 소식을 들은 에스더는 "왕의 신복과 왕의 각 도 백성이 다 알거니와 무론 남녀하고 부름을 받지 아니하고 안뜰에 들어가서 왕에게 나아가면 오직 죽이는 법이요, 왕이 그 자에게 금홀을 내어 밀어야 살 것이라. 이제 내가 부름을 입어 왕에게 나아가지 못한 지가 이미 삼십 일이라"고 하닥을 통해 모르드개에게 전했습니다.

## 이때를 위함이 아닌지 누가 아느냐

그러자 다시 모르드개는 하닥을 통해 "너는 왕궁에 있으니 모든 유다인 중에 홀로 면하리라 생각지 말라. 이 때에 네가 만일 잠잠하여 말이 없으면 유다인은 다른 데로 말미암아 놓임과 구원을 얻으려니와 너와 네 아비 집은 멸망하리라. 네가 왕후의 위를 얻은 것이 이 때를 위함이 아닌지 누가 아느냐?" 라고 전했습니다.

이 말을 들은 에스더는 다시 하닥을 통해 모르드개에게 말하기를 "당신은 가서 수산에 있는 유다인을 다 모으고 나를 위하여 금식하되 밤낮 삼 일을 먹지도 말고 마시지도 마소서. 나도 나의 시녀로 더불어 이렇게 금식한 후에 규례를 어기고 왕에게 나아가리니 죽으면 죽으리이다."라고 했습니다.

하나님의 섭리와 기적

에스더는 삼 일을 금식한 후 '죽으면 죽으리이다' 라는 심정으로 아하수에로 왕에게 나갔습니다. 그 당시 누구든지 왕에게 나아갈 때는 초청을 받고 나아가야지 그렇지 않았다가는 죽음을 당하고 맙니다. 왕이 보좌에서 내려다보니 에스더가 어찌나 눈부시게 아름답던지 금홀을 내밀었습니다. 왕이 홀을 내밀면 죽지 않습니다.

에스더는 그 홀을 잡았습니다. 그러자 왕이 "왕후 에스더여, 그대의 소원이 무엇이며, 요구가 무엇이뇨. 나라의 절반이라도 그대에게 주겠노라"고 말했습니다. 그러자 에스더는 "오늘 내가 왕을 위하여 잔치를 베풀었사오니 왕이 선히 여기시거든 하만과 함께 임하소서"라고 대답했습니다.

그러자 왕이 하만을 급히 불러 에스더가 베푼 잔치의 자리에 참석을 했습니다. 그 자리에서 왕은 에스더에게 또 "그대의 소청이 무엇이뇨, 곧 허락하겠노라. 그대의 요구는 무엇이뇨, 나라의 절반이라 할지라도 시행하겠노라"고 말했습니다.

"나의 소청, 나의 요구가 이러하니이다. 내가 만일 왕의 목전에서 은혜를 입었고 왕이 내 소청을 허락하시며 내 요구를 시행하기를 선히 여기시거든 내가 왕과 하만을 위하여 베푸는 잔치에 또 나아오소서. 내일은 왕의 말씀대로 하리이다"라고 에스더가 대답했습니다.

이날 하만은 즐거운 마음으로 귀가하여 아내와 친구를 청해 자기의 영광과 자녀가 많은 것과 왕이 자기를 들어 왕의 모든 방백이나 신복들보다 높인 것을 다 말하고 나서 "왕후 에스더가 그 베푼 잔치에 왕과 함께 오기를 허락받은 자는 나 밖에 없었고 내일도 왕과 함께 청함을 받았느니라"고 크게 자랑을 했습니다.

그러나 이런 기쁨에 가시 역할을 하는 존재, 모르드개가 있는지라 하만은 곧 "그러나 유다사람 모르드개가 대궐 문에 앉은 것을 보는 동안에는 이 모든 일이 만족하지 아니하도다" 라고 말했습니다. 그러자 그 아내 세레스와 모든 친구가 "오십 규빗이나 높은 나무를 세우고 내일 왕에게 모르드개를 그 나무에 달기를 구하고 왕과 함께 즐거이 잔치에 나아가소서" 하고 말했습니다.

이 말을 들은 하만은 기발한 생각이라고 판단하고 그대로 실행했습니다. 그러나 자기가 친 그물에 자기가 걸려들 줄 누가 알았겠습니까? 그 밤에 하만은 모르드개를 처치할 목적을 가지고 왕에게 허락을 받으려고 왕궁 바깥 뜰로 갔습니다. 한편 왕은 그날따라 잠을 이루지 못했습니다. 왕은 잠이 오지 않는지라 신하를 시켜 역대 일기를 읽게 했습니다. 그런데 그 내용 중에 모르드개가 자신을 모살하려는 자를 사전에 탐지하고 자신에게 고한 사실이 있었습니다. 왕은 그 자리에서 신하에게 "이 일을 인하여 무슨 존귀와 관작을 모르드개에게 베풀었느냐?"라고 물었습니다. 신하가 없었다고 하자 왕은 "누가 뜰에 있느냐?"라고 말했습니다. 마침 하만이 그 자리에 있었습니다.

"내가 존귀케 하기를 기뻐하는 사람에게 어떻게 하여야 하겠느뇨?" 왕이 하만에게 물었습니다. 하만은 그런 사람이 자기 밖에 더 있을까 싶어 그 자리에서 "왕께서 사람을 존귀케 하시려면 왕의 입으시는 왕복과 왕이 타시는 말과 머리에 쓰시는 왕관을 취하고 그 왕복과 말을 왕의 방백 중 가장 존귀한 자의 손에 붙여서 왕이 존귀케 하시기를 기뻐하시는 사람에게 옷을 입히고 말을 태워서 성중 거리로 다니며 그 앞에서 반포하여 이르기를 왕이 존귀케 하기를 기뻐하시는 사람에게는 이같이 할 것이라 하게 하소서"라고 고했습니다.

왕은 그 말을 듣고 모르드개가 그 사람이라면서 그대로 하라고 하만에게 지시했습니다. 그러니 하만의 심정이 오죽했겠습니까? 그러나 왕명을 거역할 수 없는 일이라 그는 그대로 모르드개를 데리고 거리로 다니며 "왕이 존귀케 하시기를 기뻐하시는 사람에게는 이같이 할 것이라"고 반포했습니다.

그런 다음 하만은 번뇌하여 머리를 싸고 급히 집으로 돌아와서 자기가 당한 굴욕적인 일을 아내 세레스와 친구들에게 고했습니다. 그러자 그 중 지혜로운 자와 그 아내 세레스가 하만에게 "모르드개가 과연 유대인인지요?" 라고 물었습니다. 하만이 그렇다고 하자 그들은 "모르드개가 과연 유다 족속이면 당신이 그 앞에서 굴욕을 당하기 시작하였으니 능히 저를 이기지 못하고 분명히 그 앞에 엎드러지리이다" 라고 말했습니다. 그 말이 채 끝나기도 전에 왕궁에서 오라는 연락이 왔습니다.

하만은 즉시 왕궁으로 가서 왕과 함께 에스더가 베푼 잔치에 참석하게 되었습니다. 왕이 술을 마실 때에 에스더에게 또 다시 "왕후 에스더여 그대의 소청이 무엇이뇨, 곧 허락하겠노라. 그대의 요구가 무엇이뇨, 곧 나라의 절반이라 할지라도 시행하겠노라"고 물었습니다.

그때에야 왕후 에스더는 "왕이여, 만일 왕의 목전에서 은혜를 입었으며 왕이 선히 여기시거든 내 소청대로 내 생명을 내게 주시고 내 요구대로 내 민족을 내게 주소서. 나와 내 민족이 팔려서 죽음과 도륙함과 진멸함을 당하게 되었나이다. 만일 우리가 노비로 팔렸더면 내가 잠잠하였으리이다. 그래도 대적이 왕의 손해를 보충하지 못하였으리이다" 하고 간곡하게 진언했습니다.

"가히 이런 일을 심중에 품은 자가 누구며 그가 어디 있느뇨?" 왕이 분노해서 말했습니다.

"대적과 원수는 이 악한 하만이니이다" 에스더가 말했습니다.

순간 하만은 왕과 왕후 앞에서 두려워 떨었습니다. 그러자 왕은 노를 발하며 일어나 잔치자리를 떠나 왕궁 후원으로 들어갔습니다. 일이 잘못되어 간다고 느낀 하만은 에스더가 앉은 걸상 앞으로 가서 허리를 굽혀 에스더를 붙잡고 목숨을 살려 달라고 애걸을 했습니다. 바로 이때 후원으로 갔던 왕이 돌아왔습니다. 그런데 왕이 보니 하만의 자세가 마치 에스더를 겁탈하려는 자세인지라 "저가 궁중 내 앞에서 감히 왕후를 강간까지 하고자 하느냐?" 하고 대노했습니다. 왕의 이 말이 떨어지자 마자 신하들이 하만의 얼굴을 수건으로 감쌌습니다.

그때 왕을 모시고 있는 내시 중 하르보나란 사람이 왕에게 진언하기를 "왕을 위하여 충성된 말로 고발한 모르드개를 달고자 하여 하만이 고가 오십 규빗되는 나무를 준비하였는데 이제 그 나무가 하만의 집에 섰나이다" 라고 했습니다.

그러자 왕이 그 자리에서 "당장 하만을 그 나무에 달라"고 추상같이 명령했습니다. 이렇게 해서 하만은 모르드개를 달려고 했던 오십 규빗 되는 나무에 자신이 달려 죽었습니다.

### 위대한 해방

하만이 죽고 나서 에스더가 왕에게 모르드개에 대한 이야기를 하자 왕은 하만에게서 거둔 반지를 모르드개에게 주며 국무총리로 세웠습니다.

이후 에스더가 다시 왕 앞에 가서 "아각 사람 하만이 유다인을 해하려 한 악한 꾀를 제하여 주옵소서" 라고 하며 울며 간원했습니다. 그러자 왕이 에스더와 모르드개에게 "하만이 유대인을 살해하려 하므로 나무에 달렸고 내가 그 집으로 에스더에게 주었으니 너희는 왕의 명의로 유다인에게 조서를 뜻대로 쓰고 왕의 반지로 인을 칠지어다" 라고 명했습니다.

그러자 그 즉시 모르드개는 왕의 명의로 조서를 써서 각 도로 내려 보냈는데 그 조서 내용은 이러했습니다. "왕이 여러 고을에 있는 유다인에게 허락하여 저희로 함께 모여 스스로 생명을 보호하여 각 도의 백성 중 세력을 가지고 저희를 치려하는 자와 그 처자를 죽이고 도륙하고 진멸하고 그 재산을 탈취하게 하되 아하수에로 왕의 각 도에서 아달월(12월) 13일에 하라"

이렇게 해서 하만의 열 아들을 비롯해 7만이 넘는 유대인의 원수들이 13일과 14일에 걸쳐 처형을 당하고 말았습니다. 그러므로 유대인들에게는 눈물이 변하여 기쁨이 되고 절망이 변하여 소망이 되고 통곡과 탄식이 변하여 노래와 춤이 되고 말았습니다. 이것을 계기로 유대인들에게는 새로운 경절이 생겼으니 그것이 바로 부림절 입니다.

하나님을 섬기는 유대인들이기에 포로로 잡혀간 땅에서도 위기를 넘기고 융성하도록 보호를 받았습니다. 하나님께서 함께 해주시는 사람은 적지에 들어가서도 머리가 되고 꼬리가 되지 않으며 위에 있고 아래에 있지 않으며 남에게 꾸어줄지라도 꾸지 않게 됩니다. 하늘과 땅과 그 가운데 있는 모든 것을 지으신 분이 무슨 일인들 못하시겠습니까?

오늘날 죄를 짓고 불의하고 추악하며 버림을 받아야 마땅한 사람들이라도 죄를 회개하며 예수님께 나아가면, 하나님의 용서와 의와 영생을 얻고 하나님 나라 백성이 됩니다. 그리고 이런 사람은 원수의 목전에서 승리하게 됩니다. 하나님께서 유대인을 지켜 주셨듯이 이런 사람을 지켜 주시는 것입니다.

유대인이 살아날 수 있었던 것은 바로 결사적인 금식기도 때문이었습니다. 이처럼 우리 교회도 일어나 에스더처럼, 유대인들처럼 나라를 위해 결사적인 기도를 드려야 합니다. 1천만 성도가 이 일을 게을리 한다면 대한민국의 장래는 심히 어두울 수밖에 없습니다. 우리는 민족이 회개하고 주님 앞에 돌아오도록, 북한의 무모한 도발야욕이 사라지고 이 땅에 사랑과 소망의 정치가 일어나도록, 사회 혼란이 그치고 안녕과 질서가 이루어지도록 결사적으로 기도해야 합니다. 이런 기도운동이 전국에서 일어나기를 간절히 바랍니다.

# 예수님의 부활과 나의 부활

## (요한복음 20:19-21)

● **약  력**
한국기독교총연합회 명예회장
한국기독교지도자협의회 공동회장
뉴라이트기독교연합 상임대표회장
침례교 포럼 대표회장
강남제일교회 담임목사

지 덕 목사

빌립보서 4:4에 "내가 다시 말하노니 기뻐하라"라고 말씀하십니다. 해마다 맞이하는 부활절이지만 기독교의 핵심적인 교리는 탄생과 죽음, 부활 그리고 승천하심과 재림 어느 한 가지 빼놓을 수 없는 복음의 핵심이라 하겠습니다. 만일 예수님의 부활하심이 없었더라면 기독교는 이스라엘의 작고 초라한 종교로 끝났을 것입니다. 그러나 예수님께서 십자가에 죽으시고 3일 만에 부활하심으로 사망과 음부의 권세를 이기시고, 지금도 우리들과 함께 하심을 믿으시기 바랍니다.

참으로 예수님의 부활 사건은 아무리 생각해도 신비로운 사건이 아닐 수 없습니다. 신비란 말은 사실은 사실인데 설명될 수 없는 그런 일을 신비라고 합니다.

어떤 때는 알 수 있고, 어떤 때는 알 수 없습니다. 어떤 때는 아는 것 같고 어떤 때는 전혀 모르는 것 같습니다. 어떤 때는 이해가 되는 것 같고 어떤 때는 전혀 이해가 되지 않습니다. 어떤 때는 믿어지고 어떤 때는 믿어지지 않습니다. 다시 말해서 내가 알거나 모르거나 사건은 사건 그대로 존재합니다.

내가 믿거나 말거나 진리는 진리대로 존재합니다. 어느 때는 알 것 같고, 어느 때는 모를 것 같고, 어느 때는 희미하고, 어느 때는 믿어지고... 그러나 생각해보십시오. 내가 없다고 해서 있는 것이 없어지겠습니까? 내가 있다고 해서 없는 것이 있어지겠습니까?

내 지식이나 의심이나 믿음과는 상관없이 사실은 사실대로 존재하는 것입니다. 그것이 신비입니다. 예수님의 십자가와 부활사건은 참으로 신비입니다. 논리적으로 과학적으로 증명되느냐 안되느냐가 중요한 것이 아니라, 예수님의 부활사건은 신비 중에 신비라고 하는 것입니다.

히틀러가 유대인을 박해할 때 순교 신학자 본훼퍼는 순교직전에 '내겐 새소리, 아름다운 노랫소리가 없어도 이제 새 생명이 내게 시작되고 있구나'라고 고백할 수 있었던 것은 부활의 신앙을 믿었기 때문입니다. "죽어도 살겠고 무릇 살아서 나를 믿는 자는 영원히 죽지 아니하리라"는 주님의 말씀을 믿었기 때문입니다. 믿음은 모든 자의 것이 아닌 믿는 자의 것이며 믿는 만큼 역사하시고 책임져 주십니다.

첫째, 안식 후 첫 날 새벽 예수님의 부활사건으로 온 성이 소동하고 있었으나 부활의 예수님께서 이 날 오후 불안과 실망 중에 있던 제자들에게 오셔서 평안을 주셨습니다. 제자들이 불안과 실의에 빠져 있을 때 부활의 주님께서 오후에 그들에게 오셔서 "평강이 있을지어다"라고 말씀하셨습니다. 주님께서 주시는 평강은 세상이 주는 평강이 아니라 위에서 주시는 평강입니다. 세상이 주는 평강은 물질과 명예, 권세들이나 잠깐 있다가 없어지는 것입니다.

누가복음 2:48에 예루살렘 성에 갔다가 예수님을 잊어버린 요셉과 마리아는 근심으로 가득찼습니다. 평안도 기쁨도 없는 상태였습니다. 성경은 "모든 육체는 풀과 같고 그 모든 영광은 풀의 꽃과 같다"고 말씀하고 있습니다. 그러나 주님이 주시는 평안은 영원한 것입니다. 이 평안을 부활의 주님을 만난 자에게 주십니다. 이 말씀을 보고 듣는 모든 성도들에게 참 평안과 기쁨으로 충만하시기를 축원합니다. 이것이 거듭난 자의 참 모습입니다.

둘째, 요한복음 16:33에 "환란을 당하나 담대하라 내가 세상을 이기었노라"라고 말씀하십니다. 고린도전서 15:55에 "사망아 너의 이기는 것이 어디 있느냐 사망아 너의 쏘는 것이 어디 있느냐" 사도바울은 우리의 바라는 것이 이생 뿐이면 우리는 가장 불쌍한 자라고 말씀했습니다. 그러나 우리는 부활의 주님을 체험하고 영접하며 영원을 바라보고 강하고 담대하게 살아가시기를 축원합니다. 부활의 주님을 믿는 자마다 세상도, 마귀도, 죄악도 이기는 승리자가 될 것을 확실히 믿으시기 바랍니다.

셋째, 부활하신 예수님은 "세상 끝 날까지 항상 우리와 함께 하시리라"라고 말씀하십니다. 이제 우리 모두 하나가 되십시다. 주도 하나요, 믿음도 하나요, 성령도 하나이며, 소망도 하나입니다. 그리고 우리 서로 사랑하십시다. 주님께서는 "내가 너희를 사랑한 것 같이 너희도 서로 사랑하라. 서로 사랑하면 내 제자가 되리라"라고 말씀하십니다.

그리고 부활하신 주님을 자랑하십시다. 주님의 증인이 되십시다. 부활신앙이 다시 부활하기를 간절히 축원합니다. 지금 우리 국가는 사회, 정치, 경제, 문화, 교육, 종교까지 황사가 뒤덮인 것처럼 짙은 안개 속을 헤매고 있습니다. 권력을 잡으려는 사람들은 있어도 희생과 봉사, 십자가를 지겠다는 지도자는 찾기 어렵기 때문입니다.

부활의 예수님을 영접하여 믿음의 부활, 기도의 부활, 전도의 부활 모든 것이 회복되는 부활의 축복이 충만하시고, 부활의 주님과 함께 민족을 살립시다. 그리고 불안과 위기에 처한 국가를 살립시다. 그리고 부활의 주님과 함께하는 개인과 가정 그리고 교회마다 넘치는 평강과 담대함과 승리하심이 함께 하시기를 축원합니다. 샬롬! 아멘!

# 선한목자(참목자)가 되라

● 약    력
대한예수교장로회(통합) 총회장
한국교회 사랑의 헌혈운동본부장
교경중앙협의회 회장
한국교회 부활절 대회장
한국기독교지도자협의회 공동회장
상신교회 원로목사

최병두 목사

현대는 분주하고 바쁜 시대이다. 이러한 시대의 병리현상 중 하나는 건망증이다.

그래서 그런지 요즘의 사람들은 무엇을 잘 잃어버린다. 사소한 물건에서부터 중요한 물건까지 무엇을 잘 잃어버린다.

그런데 문제는 우리가 잃어버리지 말아야 할 것들을 잃어버리고 있다는 것이다. 양심, 신뢰, 정직, 은혜, 용서, 나눔, 감사, 믿음, 여유 등 진정 우리가 잃어버리지 말아야 할 것을 우리는 쉽게 잃어버리고 있다.

소중한 것을 잃어버렸기에 불의, 불안, 불평, 욕심, 다툼 등의 단어들의 위험 속에서 우리는 살고 있다.

안타까운 것은 목회현장에도 이러한 잃어버림이 일어나고 있다. 특히 목회자의 정체성을 일컫는 단어를 잃어버리고 있다. 어느새 목회현장에서는 너무나 소중한 참목자, 바른 목회자라는 단어를 잃어버렸다. 바른 기준의 상을 잃어버렸기에 요즈음은 그 자리에 파워 목회자, 성공한 목회자, 능력의 목회자란 단어가 목회자상의 표본이 되어 버렸다.

그래서 목회잡지와 책들도 어떻게 하면 성공하는 목회자가 되는가에 대한 글들로, 방법론으로 홍수를 이루고 있다. 그러다 보니 참목회자, 바른목회자, 선한목회자, 성숙한 목회장상이 없어져 버렸다. 여기에 자신의 감정과 철학을 높이고 자랑하는 목회자와 목회의 모습이 난무하여 한국교회의 역사를 어둡게 하고 있다.

속히 바른 목회자상이 회복되어 바른 교회, 바른 목회의 역사가 일어나기를 바란다.

요한복음 10장에서 선한목자는 양의 문이 되어야 한다고 했다. 주님은 자신의 삶과 그를 따르는 사람들과의 관계를 양과 목자의 관계로 비유하고 있다. 오직 목회자는 양과의 관계를 바로 설정해야 바른 목회자의 정체성을 찾을 수 있으며, 그의 사명을 잘 감당할 수 있다. 주님은 선한목자는 양의 문이 되어야 한다고 했다. 양의 문으로서의 참목자는 요한복음 10장 4절에 기록된 것처럼 양들이 따라올 수 있는 음성을 가져야 한다. 즉 양의 문이라는 것은 양들이 나아가야 할 방향을 열어주고 보여주는 삶이 되어야 함을 의미한다.

양의 미래, 양의 목표, 양의 삶의 방향설정을 이끌어주고 보여주는 삶이 되어야 한다는 것을 의미한다. 다른 말로 한다면 언어로만 양의 길을 인도하는 것이 아니라 삶으로 양의 길을 보여주는 것이다. 삶으로 보여주는 목자가 참목자이다. 양이 바르게 따라 올 수 있도록 삶으로 보여주고 말할 수 있는 그러한 삶의 음성, 실천의 음성을 가진 목자가 참목자이다. 이러한 목자가 있을 때만이 양들은 풍성한 꼴을 얻어 생명을 얻을 수 있다.

오늘날 참으로 목자들은 글과 말로는 최고의 전문가가 되고 있다. 인터넷 시대의 흐름을 타고서 저마다 남다른 언어로 설교를 하고 멋있는 문장으로 글을 만들어 내고 있다. 최고의전문가가 된 듯하다.

그러나 생활과 행동으로 말하는 목회자가 적다. 이것이 천국이다. 이것이 기도의 생활이다. 이것이 나눔의 삶이다. 이것이 은혜의 생활이다. 이것이 자족의 삶이다 라고 감동을 줄 수 있는 목회자가 적어지고 있다. 아니 나타나고 있지 않다고 보여진다.

그러기에 목사의 뛰어난 언어구사에 잠시 이끌리는 양들은 많지만 목회자의 삶을 그대로 따르겠다는 제자적인 성도들은 적어지고 있다. 목회자들로 인하여 청중은 많은데 제자는 없어지고 있는 것이 오늘의 한국교회의 문제인 것이다. 양들에게 풍성한 꼴과 양식을 줄 수 있는 그러한 목회자의 음성, 목회자의 삶의 표본이 없어지고 있다. 참목회자, 바른 목회자, 성숙한 목회자란 단어가 정말로 박물관에 가서 찾아야 할 정도로 희귀언어가 되어 버렸다.

후배 목사 여러분, 주님의 말씀처럼 진정한 양의 문이 되십시오. 양들이 바로 제자로서 따를 수 있는 그러한 삶의 음성을 가지는 참목자의 길을 걸으십시오. 손수 먼저 이것이 하늘을 바라보며 사는 길이며, 이것이 섬김과 나눔, 은혜와 사랑, 주님 중심으로 사는 것이라고 보여줄 수 있는 그런 앞선 생활, 생활로 말하고, 삶으로 보여주는 목회의 길을 여시기 바란다.

아랍과의 7일 전쟁에서 승리한 이스라엘 군을 취재하러 간 한 서방언론인이 이스라엘 베긴 수상을 만났다. 그리고 이스라엘이 승리한 원인이 어디에 있습니까? 라고 물었다. 이때 베긴 수상은 이런 말을 했다고 한다.

"우리 군에는 '나를 따르라'는 단 하나의 말 밖에 없습니다. 우리 이스라엘 군의 장교들은 부하들에게 뒤에서 '공격 앞으로'하지 않고 먼저 앞서서 '나를 따르라'는 명령을 합니다. 이렇게 솔선수범하는 이스라엘 군의 장교들이 있기에 작은 이스라엘이 아랍연맹군에게 승리할 수 있었습니다"

나를 본받으시오 라고 고백하면서 삶으로 천국의 길, 은혜의 길, 섬김의 길, 기도의 길, 말씀의 길을 보여줄 수 있는 선한 목회자, 참목자가 되기를 바란다.

선한목자, 참목자는 어떤 삶을 살아야 하는가?

주님은 선한목자를 구체적으로 자신의 생명을 던져서까지 양을 돌보는 목자로 밝히 정의하고 있다. 즉 목숨을 바쳐서 양을 돌볼 수 있는 목자가 선한목자, 참목자라는 것이다. 양들을 이용의 대상이 아닌 언제나 섬김과 돌봄의 대상, 생명을 던지면서까지 섬기고 살펴야 하는 대상으로 여기고 행할 수 있는 목회자가 참목회자, 선한목자라는 것이다.

오늘날로 이야기한다면 양들을 위하여 온 힘을 쏟는 목회자에게만 양들은 그의 음성을 듣고 따라갈 수 있다. 그러나 반대로 양들을 이용의 대상이나 자신의 힘 밑에 두고 위세를 부릴 수 있는 대상으로 여긴다면 양은 목자의 음성을 듣지 못한다. 선한목자, 참목자의 길은 오직 양들을 힘과 정성을 다하여 섬기는 그 길에 있다. 진정 참목자는, 선한목자는 양들을 생명을 다하여 지켜내야 한다. 생명까지도 바쳐서 양들의 길을 열어주어야 한다. 이러한 역사를 위해서 먼저 목자는 양들의 특성을 깊이 인식해야 한다.

일반적으로 양들은 세 가지 특성을 가지고 있다.

첫째, 양들은 눈이 약하다고 한다. 그래서 멀리 못본다고 한다. 둘째, 양들은 고집이 세다고 한다. 한번 고집을 부리면 한발자국도 움직이지 않는다고 한다. 셋째, 양들은 시기심이 많다고 한다. 그래서 한여름에도 서로 붙어서 잔다고 한다. 다른 양이 편히 자는 꼴을 못

보기 때문이다.

이러한 특성을 가지고 있는 양들을 위하여 목자는 생명을 버리기까지, 생명을 다하면서까지 양들의 길을 바르게 인도해야 한다.

작은 지역감정과 계급, 경험에 양들이 메여 있다면 목자는 하나님나라의 의를 중심으로, 교회를 중심으로, 주님을 중심으로 이루는 공동체를 보도록 양들을 인도해야 한다. 그리고 양들이 자기 중심적인 고집과 아집의 세계를 떠나 주님 중심, 미래 중심으로 설 수 있도록 인도해야 한다. 인내하면서, 기다리면서, 참으면서 양들을 섬기고 이해시키고 때로는 손해를 감수하면서 양들의 길을 인도해야 한다.

또한 양들의 시기심과 경쟁심, 오해가 다가와도 참고 인내하면서 양들을 이해와 관용, 사랑의 역사로 이끌어야 한다. 이것은 정말 쉬운 일이 아니다. 주님의 말씀대로 나를 포기하고, 나를 죽이고, 나라는 자아를 버려야만 가능한 것이다.

주님의 말씀따라 양들을 위하여 생명을 다하기까지 섬기고 아끼고 사랑하는 목자의 모습으로 목회하시기 바란다. 나 중심이 아닌 성도 중심으로 삶이 엮어지고, 주님의 십자가를 닮아가는 목회의 모습이 넘치기를 기원합니다.

# "THE" 와 "AND" 의 힘
## (성경 원어를 읽는 중에 발견한 것)

● 약 력
그리스도의교회 협의회 증경회장
한국기독교지도자협의회 공동회장
한국기독교 원로목사회 공동회장
서울기독대학교 설립자, 명예총장
사회복지법인 그리스도의집 이사장

최윤권 목사

　　일전에 성경을 읽다가 몇가지 사실을 발견하고 새롭게 깨달은 적이 있다. 그것을 발견하고 얼마나 감동이 되던지 혼자 찬송과 기도를 드릴 뿐 아니라 거리에 뛰어나가 외치고 싶은 충동을 느꼈다.

　　요한복음을 읽고 있을 때였다. 우리말성경과 영어성경 및 희랍어성경을 비교하며 읽고 있었다. 특히 요한복음 14장에 예수님께서 "나는 길이요 진리요 생명이다" 라고 하신 말씀에서 원어성경이나 영어성경에는 있지만 우리 성경에는 빠진 단어가 있는 것을 발견하였다. 그것은 우리말의 구조상 우리 성경에는 있기가 힘든 단어이다. '길'이라는 말 앞에 있는 정관사(定冠詞)로 즉 원어성경에 '해이 호도

스'로 되어있는 것이다. 그래서 영어성경을 찾아 보았다. 그런데 그 곳에도 역시 '더 웨이(the way)'로 되어 있었다. 다시 말하면 이 '길' 은 보통 길이 아니라 '유일한 길'이라는 말이다. 많은 길 가운데 하나 의 길이라는 말이 아니다. '하나밖에 없는 길' 이라는 말이다. 즉 예 수님은 이 세상을 구원하는 유일한 길이라는 말이다. 이 길 밖에는 다른 길이 없다는 말이다. 마찬가지로 예수님밖에는 다른 진리가 없 고 예수님밖에는 이 세상에 다른 소망이 없다는 말이다.

요한복음 1장에서도 역시 같은 것을 발견했다. "태초에 말씀이 계 셨다" 라는 말씀이었다. 이 말씀은 '로고스'로 삼위일체 하나님이요 즉 예수님을 가르키는 것인데 그 말씀, 즉 '로고스' 앞에 정관사(定冠 詞)가 있다는 사실이다. '호 로고스' 영어로 'The Word'로 되어 있 다. 다시 말하면 예수님은 유일의 말씀이요 유일의 하나님이라는 것 이다. 이 말씀이 얼마나 중요하였던지 복수(複數)로도 쓰일 수가 없 었다. 역사적 기록 가운데에 한때 '로고이' 라는 복수를 쓴적이 있는 데 스토아 학자들이 이를 강력히 반대한 기록도 있다.

요한복음 1장의 이 '말씀'(로고스)에 관하여 여러가지 신학적 해석 이 많이 있으나 한마디로 말하면 예수님을 뜻한다는 결론이다. 4절 에 보면 그 안에 "생명이 있었다"고 하였다. 여기 나오는 '생명'이라는 말도 희랍어로 '생명을 표시하는 다른 말', 즉 '사르크스' 라던지 '프스 케' 라는 말을 쓰지 않고 '조에이' 라는 말이 쓰였다. 달리 말하면 육 체적인 생명도 아니고 영적인 생명만도 아닌 '근본 원동력인 생명'이 라는 말이다. 오늘날의 사회와 국가를 움직이는 근본 동력이 '로고 스', 즉 '예수님'이라는 말씀이다. 오늘날의 사회를 이끌어 가고 있는 근본이, 또한 앞으로 이끌어 가야할 근본 동력이, 경제, 정치, 그 어 떠한 조직도 아니라는 것이다. 이 세상의 소망은 그리스도의 말씀에 만 있다는 것이다. 따라서 그리스도는 또한 그를 따르는 무리인 크리 스천은 사회의 생명이다. 사회를 이끌어가는 원동력인 것이다.

　희랍어성경에는 이와같이 하나의 단어가, 혹은 정관사(定冠詞), 혹은 접속사(接續詞)가, 큰 역할을 하는 경우가 많이 있다. And 라고 하면 '그리고' 라는 간단한 접속사(接續詞), 혹은 토씨로서 우리가 항상 쓰는 말이다. 그런데 이 접속사가 큰 역할을 하는 경우가 있고 또 '필수적인 결과'를 말할 때도 있다. 예를 들어 'You keep on smoking and you will die' 라고 하는 말을 번역하면 "네가 계속 담배를 피우면 반드시 죽을 것이다" 라는 말이 된다. 요한복음 14:19에 보면 예수님께서 죽으셨다가 다시 사실 것을 제자들에게 가르치면서 "내가 살았고 너희들도 살겠음이라"고 하는 말씀이 있다. 이 말씀이 우리나라 말로는 그렇게 강조가 안되지만 희랍어에는 '카이' 영어로는 'And' 라는 접속사를 써서 "내가 살 것이며 따라서 너희들도 반드시 살 것이다"로 강조되고 있다. "내가 산 것과 같이 너희들도 살 것이다" "내가 부활한 것이 너희들도 다시 살 것이라는 확실한 증거이다" 라고 확증하시는 말씀이다. 이 얼마나 힘있는 말씀인가! 이 얼마나 확신에 찬 말씀인가!

　이 And란 접속사(接續詞)를 의해 나는 또 한번 감격한 적이 있다. 바울의 서서 고린도전서 2장을 읽는 중이었다. 3절에 "내가 너희 가운데 거할 때에 약하여 두려워하며 심히 떨었노라" 라는 말씀이 있다. 여기도 역시 우리말성경에는 나타나지 않지만 원어성경과 영어성경에는 '카이'와 And 란 말씀으로 시작한다는 말이다. 그것은 무엇을 말하는가? '나도' 라는 말로 자기의 경험을 강조하여 자기의 심정을 절실하게 표현하였다. 바울은 아덴에서 전도하다가 감옥에 갇히기도 하고 석방된 후 수백리길을 뚜벅뚜벅 걸어서 고린도까지 왔다. 그런데 고린도에서도 많은 어려움이 있었다. 그래서 바울의 말에 의하면 "나도 너희들처럼 두려워서 떨리며 죽을것 같았다"고 그 때의 심정을 고백하고 있는 것이다. 나는 이것을 읽으면서 얼마나 감동 받았는지 모른다. "바울도 그럴 때가 있었구나. 언제나 신나고 강한 믿음의 소유자였던 바울이 두렵고 떨릴 때가 있었구나. '너희가 알지못하는 신을 가르쳐 준다'고 외치고 '가이사에게 상고한다'고 대장군처럼 호령하였던 바울도 이런 때가 있었구나" 하고 느낀 것이 나의 목회 경험에도 비추어 보아 얼마나 큰 힘이 되었는지 모른다. 이것이 나만의 감동이요, 경험일까?

그리고 바울은 계속 말하기를 4절에 "내 말과 내 전도함이 지혜의 권하는 말로 하지 아니하고 다만 성령의 나타남과 능력으로 하여 너희 믿음이 사람의 지혜에 있지 아니하고 다만 하나님의 능력에 있게 하려 하였노라"고 하였다. 다시 말하면 그와 같이 약한 상태에 있었던 나의 심령이 살아난 것은 '하나님과 성령의 능력'이었다는 것이다. 사람의 지혜로는 약할 수밖에 없지만 하나님의 능력으로 이길 수 있었다고 다시 한 번 신앙의 승리를 확인시켜준 것이다.

이와 같은 '인간의 약함과 신앙의 승리'를 나는 그 접속사(接續詞) And라는 작은 글 속에서 보았다. 그리고 그 작은 글은 내가 그 글을 읽을 때마다 파도처럼 새로운 감동을 일으킨다. 그리고 내가 어려운 일을 당할 때마다 내 마음이 두렵고 떨릴 때마다 바다같은 하나님의 은혜로, 능력으로 다시 채워주신다.

# 피 로 세운 언약

● 약   력
대한예수교장로회(고신) 총회 증경총회장
한국기독교 지도자협의회 명예회장
한국원로목사회 회장
한국부활절 연합예배위원회 대회장

최해일 목사

레위기 17:11에 "육체의 생명은 피"에 있다고 말씀합니다. 레위기 17장 14절에는 모든 생물은 그 피가 생명과 일체라고 하는 말씀이 있습니다. 그래서 성경은 피를 먹지 말도록 금지하고 있습니다.

레위기 17:14하 "너희는 어느 육체의 피든지 먹지 말라 하였나니 모든 육체의 생명은 그 피 인즉 무릇 피를 먹는 자는 끊쳐지리라"고 말했습니다.

피는 생명이라고 성경은 말합니다. 피는 우리 인체의 무게의 13분의 1정도의 양으로 채워져 있습니다. 이 13분의 1이 되는 피가 우리 체내에서 순환되면서 생명을 유지하고 있기 때문에 성경에 피는 곧 생명이라고 말하고 있는 것입니다.

구약시대 이스라엘 사람들의 종교의식 가운데는 사람이 죄를 지었을 때 짐승을 잡아 피를 제단에 뿌리는 속죄제라고 하는 제사법이 있습니다. 레위기 17:11는 "생명이 피에 있으므로 피가 죄를 속하느니라"고 하는 말씀이 있습니다. 히브리서 9:22에 보면 "율법을 좇아 거의 모든 물건이 피로써 정결케 되나니 피 흘림이 없은즉 사함이 없느니라"고 한 말씀이 나옵니다.

예수님이 인간의 몸을 입고 이 땅에 오셔서 우리 인간들이 하나님 앞에 지은 모든 죄를 대속하셨다고 하는 것은 우리 기독교인들의 기본 상식입니다.

우리는 오늘 예수님이 가르쳐 주신 본문을 따라 성찬예식을 거행합니다. 이 성찬예식은 에수님이 오늘 나의 죄를 대속하시기 위해 십자가에 못박혀 피를 흘려주신 역사적인 사건을 되새기는 예식입니다.

"피흘림이 없으면 사함이 없느니라"고 말한 히브리서 9:22의 말씀과 같이 예수님이 십자가에서 흘리신 그 피의 공로가 아니면 우리는 그 어떠한 대가로도 죄사함받을 길이 없는 것입니다.

구약의 성도들은 자기의 죄를 생각하면서 범죄할 때마다 짐승을 잡아서 그 피를 제단에 뿌리고 속죄의 제사를 드리곤 했습니다.

그러나 신약시대에 와서는 그와 같은 번잡스러운 제사를 반복할 필요가 없게 된 것입니다. 그것은 예수 그리스도가 구약시대에 행하던 그 속죄제사의 실체로 오셨기 때문입니다.

성찬의 떡은 예수님이 찢긴 살을 기념하는 것입니다.

그리고 성찬에 쓰이는 포도주는 에수님이 우리 죄를 대신하여 흘리신 그 보배로운 피를 기념하는 상징물입니다. 그것은 카톨릭에서 말하는 것처럼 화학적 변화를 일으킨 예수님의 살과 피 그 자체가 아니라 어디까지나 하나의 상징입니다.

그러나 우리가 이 떡을 받아먹고 잔을 받아 마실 때마다 그리스도가 나의 죄를 대속하시기 위해 십자가에서 희생의 제물이 되어주신 역사적 사건만은 반드시 기억해야 하는 것입니다.

성찬의 예식은 그리스도의 피로 세운 새로운 언약입니다. 구약의 언약도 피로서 세운 언약이었습니다마는 그것은 하나의 상징으로써 행하던 짐승의 피로 세운 언약에 불과 했었습니다.

그러나 오늘 우리가 행하는 이 성찬의 언약은 살아계신 하나님 그의 독생자 예수 그리스도의 피로 세운 새로운 언약입니다.


이 새 언약은,

1. 하나님의 끝없는 사랑을 확인하는 불변이 언약입니다.

우리가 성찬의 떡과 잔을 받을 때 반드시 기억해야 할 사항은 우리를 향하신 하나님의 사랑은 어떤 경우에도 변치 않는다고 하는 사실입니다.

히브리서 13장 8절에 "예수 그리스도는 어제나 오늘이나 영원토록 동일하시니라"고 한 말씀이 있습니다.

야고보서 1장 17절에는 각양 좋은 은사와 온전한 선물이 다 위로부터 빛들의 아버지께로서 내려오나니 그는 변함도 없으시고 회전하는 그림자도 없으시니라"고 했습니다.

우리를 향하신 하나님의 사랑은 변함이 없으십니다.

"내 주와 맺은 언약은 영불변하시니 그 나라 가기까지는 늘 보호하시네"

455장 4절 찬송의 가사와 같이 그리스도의 피로 새로운 언약을 맺으신 우리 하나님의 그 사랑은 영원한 사랑입니다.


2. 피로 세운 새 언약은 우리의 사죄를 보장하는 구원의 언약입니다.

히브리서 9:13에는 "염소와 황소의 피와 암송아지의 재로 부정한 자에게 뿌려 그 육체를 정결케하여 거룩케 하거든 하물며 영원하신 성령으로 말미암아 흠없는 자기를 하나님께 드린 그리스도의 피가 어찌 너희 양심으로 죽은 행실에서 깨끗하게 하고 살아계신 하나님을 섬기게 못하겠느뇨?" 한 말씀이 있습니다.

우리가 성찬에 참석할 때 그만큼 우리 마음에 사죄의 확신이 생기고 구원의 감격이 새로워지는 것은 그리스도의 피가 우리 생명 속에서 역사하시기 때문인 것입니다.


3. 피로 세운 새 언약은 우리 마음 속에 충성을 다짐하게 하는 보답의 언약입니다.

그리스도의 피는 우리 마음 속에 감격을 새롭게 합니다. 그가 나의 죄 때문에 십자가에 못박혀 처참한 죽음을 당하셨다고 하는 사실이 정말로 믿어지는 사람은 나 자신을 깨끗하게 하려는 것은 물론 그가 베푸신 은혜에 보답하려고 하는 마음이 간절해 질 수 밖에 없는 것입니다.

역대의 모든 충성된 주의 종들이 그리스도의 복음을 위하여 자신의 생명까지도 아끼지 않고 바쳤던 것은 그들의 가슴 속에 불타오르는 감격이 있었기 때문입니다.

예수님이 열 두 제자들을 전도대로 파송하면서 "너희가 거져 받았으니 거져주어라"고 하신 말씀과 같이 우리의 영혼이 예수님의 피로 말미암아 구원받은 것이 거져 받은 것이라면, 우리도 이 땅에 피가 모자라서 죽어가는 수많은 생명들을 살리기 위해 우리의 피를 제공해 준다고 하는 것은 너무도 자연스러운 일이고 보람된 일이 아닐 수 없는 것입니다.

우리가 성찬식을 참여하면서 그리스도의 피를 생각하고 다시 한번 그리스도의 피로 세운 이 새언약을 기억하는 축복된 삶을 다짐하는 시간이 될 수 있으시기를 바랍니다.

# 삶의 의지 (wille zum leben)

홍순우 목사

● 약  력
장충단성결교회 원로목사
기독교대한성결교회 증경총회장
한국기독교지도자협의회 고문

나는 지난 3년 반 세월동안 전립선 암과의 무서운 싸움을 전개해 왔다. 강남성모병원에 열 두 번 입원을 했고 다섯 번 수술을 했다. 참으로 지겹고도 참담한 세월이었다. 그렇지만 한번도 '나는 이제 이 암 때문에 죽는다'는 것을 생각조차 해본 적이 없다. 나는 살아나야 한다. 살아서 못다한 사명을 다 끝마쳐야 한다는 생각에 추호도 물러서지 않았다.

그러나 항암치료를 견디어 내기는 사실상 죽음의 행진 바로 그것이었다. 하루 아침에 수북했던 내 머리가 몽땅 빠져나갔다. 민대머리로 변한 내 몰골은 내가 찍은 사진을 놓고 볼 때 그것은 전혀 나와 상관없는 타자(他者) 바로 그것이었다. 마치 심산유곡에서 수도하는 승려와 교도소에서 평생을 복역하고 있는 장기수(長期囚)와 그 모양 새가 다를 바가 없었다. 이것을 가관(可觀: Ridiculous)이라 하는지 모르겠다.

두 번째는 내 손바닥과 발바닥을 75년동안이나 보호해주었던 가죽 이 두껍게 훌훌 벗겨지어 떨어지는 것이었다.

세 번째는 입맛이 전혀 없어서 밥을 보기도 싫어졌다. 그렇게 왕 성했던 내 식욕이 어디로 빠져 나간건지 한심하기 그지 없었다. 의학 계의 영원한 대부 희랍의 선각자 히포크라테스는 "밥으로 못고치는 병은 의사도 못고친다"는 유명한 말을 남겼다. 즉 밥을 못먹을 형편 이면 병을 싸워 이길 힘이 없다는 뜻이다. 그래서 내 몸은 수척해지 고 힘이 빠지고 어지럽고 매사에 의욕이 떨어졌다. 틀림없이 중병이 었다.

네 번째는 손톱, 발톱이 일그러지고 찌그러져서 보기에도 흉측한 모양새로 변해 나왔다.

다섯 번째는 내 나이 80세로 평균수명은 살았으니 언제 죽어도 여 한은 없다는 마음의 여유가 생기고 또 그동안에 죽어간 사람들을 생 각하면서 갖가지 상념에 젖곤했다. 그러나 항암치료의 고통이 아무리 극악한 것이어도 죽어서는 안된다는 확신에는 변화가 전혀 없었다.

이때 생각나는 만고의 철측은 "하나님은 스스로 돕는 자를 돕는 다"(Der himmel hilft dem, dersich selbst hilft)는 진리이다.

이 땅에 존재하는 모든 사람은 하나도 예외가 없이 하나님의 사랑 과 관심, 그리고 돌보심을 받고 있는 존재들이다. 잘났거나 못났거나 하나님께서 애지중지하는 귀한 존재일진대 내가 아무리 고통스러워 도 하나님께서 불쌍히 여기시는 존재라는 생각을 하면 힘이 솟구친 다. 더욱이 "모든 위대한 일들은 폭풍우 속에서 이루어진다"(Alles Vergeht in wind)고 했다. 지금 나는 폭풍우 속에서 갈팡질팡하고 있다. 내 생애에 더욱 위대한 일이 생겨나기 위해 모진 폭풍우 속을 헤집고 나가고 있다. 이 세상 그 어디에도 영원하고 절대적인 강자는 존재하지 않는다. 모든 육체는 풀과 같고 그 모든 영광은 풀의 꽃과 같이 떨어지고 시들고 죽는 것이 필연적이다. 역사의 교훈은 분명하다. 절망은 없다. 불가능은 존재할 수 없다. 아무리 약소한 존재라도 치밀한 준비와 불퇴진의 용기만 잃지 않으면 능히 강자도 물리칠 수 있다는 교훈이 있다. 그런데 약자의 특징은 절망과 공포요, 강자의 특징은 희망을 포기하지 않고, 적에게 도전하는 강인성과 어떤 곤경에도 참는 것이다.

내가 암과의 결전을 함에 있어서 제일 큰 적은 자포자기와 체념, 절망, 바로 그것이다. 미국인 일곱명 중 한 명은 정신 불안정(Psychosis)환자라 신경안정제를 복용해야 한다고 한다. 노벨 문학상을 받은 Honest Hemingway는 자살을 했고, 그의 손녀 모델겸 배우인 마고도 자살했다. 일본의 가와바다 야스나리 작가도 노벨문학상을 받고나서 자살했다. 기독교에서는 자살을 살인죄라 판정한다. 아무리 삶이 괴롭고 고통스러워도 자기 손으로 자기 목숨을 끊는 일을 생명을 주신 하나님께 대한 정면 항거요, 도전이다. 한국이 낳은 원효대사의 명언이 있다. "매사가 마음에서 우러나오면 그것은 진리요(心生卽從從心生) 매사에 마음에서 우러나지 아니하면 그것은 진리가 아니다(心滅卽從從心滅)." 성경 잠언 4:23에 "무릇 지킬만한 것보다 더욱 네 마음을 지키라 생명의 근원이 이에서 남이니라" 했다. 나는 항암치료가 죽음의 골짜기를 통과하는 것 못지않는 고통이었으나 내 신경을 자극하고 힘을 실어주는 명언들이 있었다. "산 개가 죽은 사자보다 낫다"(A Living dog is better than a dead Lion) 또 "죽은 것보다 고통받는 것이 더 낫다"(Better to suffer than to die) 또 "병들은 황제보다 건강한 농부가 낫다"(Bessor ein gesunder baer alsein krankit keiser). 나는 기어코 죽지 않고 살아나야 했다.

　항암치료를 중지하자 몸은 회복되기 시작했다. 우선 입맛이 좋아 무엇이든 잘 먹는다. 민대머리에서 새까만 머리가 솟아나서 보기좋게 다시 내게로 되돌아왔다. 수염도 제대로 나오고 눈썹도 그렇고 하체에 있어야 할 털도 다시 나오게 되었다. 항암치료 중 반납했던 감투 그리고 특강이 다시 내게로 되돌아왔다. 모세가 80세에 호렙산 떨기나무 가운데서 부르심을 받은 것처럼 나도 다시 부르심을 받아 총재, 이사장, 대표회장 등의 일을 힘껏 감당할까 한다. 만일 "일 할 수 있는 능력이 있는데도 불구하고 사용하지 아니하고 사장시키면 죽은 존재가 되고 만다."(Unutzlich sein ist todtsein) 라고 했다. 위성 샌프란시코신학교 박사과정을 잘 강의해야겠다.

# 사도 바울처럼 되고 싶어

"나는 이제 너희를 위하여 받는 괴로움을 기뻐하고
그리스도의 남은 고난을 그의 몸된 교회를 위하여 내 육체에 채우노라
내가 교회의 일꾼 된 것은 하나님이 너희를 위하여
내게 주신 직분을 따라 하나님의 말씀을 이루려 함이니라
이 비밀은 만세와 만대로부터 감추어졌던 것인데
이제는 그의 성도들에게 나타났고  하나님이 그들로 하여금
이 비밀의 영광이 이방인 가운데 얼마나 풍성한지를
알게 하려 하심이라
이 비밀은 너희 안에 계신 그리스도시니 곧 영광의 소망이니라
우리가 그를 전파하여 각 사람을 권하고 모든 지혜로
각 사람을 가르침은 각 사람을 그리스도 안에서 완전한 자로
세우려 함이니 이를 위하여 나도 내 속에서 능력으로
역사하시는 이의 역사를 따라 힘을 다하여 수고하노라."
(골로새서 1:24-29)

● 약  력

한국기독교지도자협의회 고문(현)
지하철 기독교 선교협의회 고문
개혁신문 발행인
한국기독교총연합회 공동부회장
안디옥교회 담임목사
대한예수교장로회 총회(합동) 증경총회장
예장(협동) 증경총회장(현)

홍정이 목사

한국교회 선교 120여년의 역사 중에 각 교단 연합 기구로써 가장 오랜 역사를 지닌 한국 기독교 지도자 협의회가 1975년 7월 1일에 탄생되었습니다. 그 후 한국교회와 나아가 국내외의 어려운 문제를 놓고 기도하며 그 대책을 세워 나아가고 있는 '기지협'의 발전을 축하 드립니다. 그리고 금번에 한국교회 앞에 「한국교회 탈무드」란 제목의 책을 발간하게 됨을 기쁘게 생각하는 바입니다. 이 책이 한국교회의 교역자 및 신학생들에게 널리 읽혀 질 수 있기를 바랍니다.

저는 목회자들이 항상 본을 받아야 할 이상적인 목회자상은 사도 바울이라고 생각합니다. 그럼 그에게서 우리가 본받아야 할 점이 무엇일까요?

## 1. 겸손입니다.

사도바울은 다메섹 도상에서 주님을 만나기 전까지는 자기가 최고인줄 알았습니다. 그리하여 그는 교만했습니다. 그의 이름은 사울(큰 자)이었습니다. 기독교를 핍박하고 예수 믿는 사람을 잡아 죽이는데 앞장섰습니다(행 7:58-60). 그런데 그가 다메섹 도상에서 부활의 주님을 만나고 변했습니다. 그는 이제 주님이 가장 큰 자이시고 자기는 가장 작은 자(바울)로 고백했습니다. 그리하여 그는 자기를 만삭되지 못하여 난 자와 같다(고전 15:8)고 했습니다. 이는 자기는 어머니 배에서 열 달을 채우지 못하고 난자와 같이 부족한 자라는 뜻입니다. 그는 겸손하여

1) "나는 사도 중에 지극히 작은 자"라 했고(고전 15:9)
2) "모든 성도 중에 지극히 작은 자 보다 더 작은 자"라고 했고
   (엡 3:8)
3) "죄인 중에 내가 괴수니라"(딤전 1:15)고 했습니다. 이는 성경 기록순서대로 본다면 바울은 나이를 더해 갈수록 더욱 겸손했다는 의미입니다. 하나님은 교만한 자를 물리치시고 겸손한 자

에게 은혜를 베푸신다고 하셨는데(약 4:6) 바울이 그렇게 하나님의 특별한 사랑을 받은 것은 그가 겸손했기 때문이라고 생각합니다. 그럼 바울은 어디서 그 겸손을 배웠을까요?

예수님께 배웠습니다.

예수님께서는 하나님의 아들이십니다. 그런데 하늘의 영광의 보좌를 내어 놓으시고 낮고 천한 구유에서 탄생하셨습니다(빌 2:6-8 참조). 그리고 죄 없는 주님이신데 우리 죄 짐을 대신 짊어지시고 십자가에서 죄인의 모습으로 보배로운 피를 흘려 죽으셨습니다. 그리고 우리 죄 때문에 지옥 고통을 당하셨습니다. 이것이 바로 주님의 겸손입니다. 하나님은 교만한 자를 대적하시되 겸손한 자에게 은혜를 주신다고 하셨습니다(벧전 5:5).

우리가 진실로 주님의 사랑 받기를 원한다면 겸손해야 합니다. 교만하고 하나님 앞에 꺾임 받지 않은 사람은 한 사람도 없었습니다. 그래 성경은 "교만은 패망의 선봉이요 거만한 마음은 넘어짐의 앞잡이니라"(잠 16:18) 했고, "사람이 교만하면 낮아지게 되겠고 마음이 겸손하면 영예를 얻으리라"(잠 29:23)라고 했습니다. 우리도 바울의 겸손을 본받아 하나님께 귀하게 쓰임 받아야 하겠습니다.

2. 땅 끝까지 복음 증거의 사명 위해 열정을 가졌습니다.

바울은 주님으로부터 사도로 부르심을 받고 난 후 그는 복음 증거의 사명을 받았습니다. 주님은 그에게 "하나님이 너를 택하여 너로 하여금 자기 뜻을 알게 하시며 그 의인을 보게 하시고 그 입에서 나오는 음성을 듣게 하셨으니 네가 그를 위하여 모든 사람 앞에서 네가 보고 들은 것에 증인이 되리라"(행 22:14-15) 하셨습니다. 주님은 또 그에게 "이 사람은 내 이름을 이방인과 임금들과 이스라엘 자손들에게 전하기 위하여 택한 나의 그릇이라"(행 9:15)고 하셨습니다

다. 바울은 이 복음 증거의 사명을 위해 일생을 불덩어리가 되어 주님께 헌신했습니다.

그는 "내가 복음을 전할지라도 자랑할 것이 없음은 내가 부득불 할 일임이니라 만일 복음을 전하지 아니하면 내게 화가 있을 것임이로다"(고전 9:16) 라고 했고, "주 예수께 받은 사명 곧 하나님의 은혜의 복음 증거 하는 일을 마치려 함에는 나의 생명을 조금도 귀한 것으로 여기지 아니하노라"(행 20:24) 했고, "내가 로마도 보아야 하리라"(롬 19:21)라고 하여 당시 세계의 수도 로마에 복음 증거는 세계 복음화를 이루는 것이라고 하여 로마 전도에 대한 꿈을 가졌습니다. 그는 결국 죄수의 몸으로 로마로 끌려갔는데 그는 그곳에서도 복음을 전해 그로 말미암아 로마가 기독교 국가로 바뀌는 일이 있었습니다.

바울은 어디서 이 복음 증거의 열정을 본받았을까요? 바로 예수님으로부터입니다. 예수님께서는 모든 성과 촌에 두루 다니사 저희 회당에서 가르치시며 천국복음을 전파하시며 모든 병과 약한 자를 고치셨고(마 9:35), 하나님 나라 사역으로 인해 너무 피로하시어 배 고물에서 잠시 주무실 정도이셨습니다(막 4:38). 하나님께서 주의 종들을 택하심은 복음 증거의 사명을 위해서 입니다(요 15:16 참조). 주님은 "너희는 온 천하에 다니며 만민에게 복음을 전파하라"(막 16:15) 명령하셨습니다(행 1:8, 마 28:19-20 참조). 바울은 이 주님의 복음 증거 사명을 위해 일생을 온전히 주님께 헌신했습니다. 우리는 민족복음화(롬 9:1-3)와 세계복음화(행 1:8) 사명을 잘 감당하기 위해 사도바울의 열정을 본받아야 하겠습니다. 이 세상의 위대한 것 그 무엇 하나 열정 없이 되어진 것은 하나도 없습니다. 주의 복음 전하는 것도 마찬가지입니다(롬 12:11).

3. 오직 주님께만 영광 돌리는 삶이었습니다.

바울은 오직 하나님께만 영광 돌리는 삶을 위해 열심을 다했습니다. 그는 "그런즉 너희가 먹든지 마시든지 무엇을 하든지 다 하나님의 영광을 위하여 하라(고전 10:31) 했고, 나의 간절한 기대와 소망을 따라 아무 일에든지 부끄럽지 아니하고 오직 전과같이 이제도 온전히 담대하여 살든지 죽든지 내 몸에서 그리스도가 존귀히 되게 하려 하나니 이는 내게 사는 것이 그리스도니 죽는 것도 유익함이니라"(빌 1:20-21)라고 했습니다. 이 말씀은 로마 옥에 갇혀 있으면서 한 말씀입니다. 바울 사도의 삶의 최후 목표는 하나님의 영광이었습니다. 하나님의 인간 창조의 목적도 하나님의 영광이었습니다(사 43:7, 21).

요리문답 1문은 인간의 제일 되는 목적은 "하나님을 영화롭게 하고 그를 영원토록 즐거워하는 것"이라고 했습니다. 하나님을 영화롭게 하는 것이 우리 인간의 영원한 의무입니다.

바울은 이 일을 위해 스스로 예수 그리스도의 종이라고 했습니다(롬 1:1, 빌 1:1, 딛 1:1).
  1) 종은 자기 소유가 없습니다(딤후 4:13).
  2) 종은 자기의 뜻이 없습니다(엡 6:5-7, 롬 12:2).
  3) 종은 자기의 말이 없습니다(고전 15:1-3, 딤후 4:2,
     빌 2:16, 행 13:26).
  4) 종은 자기의 몸까지 주인의 것이었습니다(고전 6:19-20).
  5) 종은 자기에게 영광을 돌릴 수 없었습니다(갈 6:14).
  6) 종은 자기 몸에 화인이 있었습니다. 이것은 주인의 소유임을 표시하는 것입니다(갈 6:17).

바울은 어디서 하나님께 영광 돌리는 것을 배웠을까요? 예수님께로 부터입니다(마 26:39). 바울은 모든 일에 자신의 영광을 구치 않고 어떻게 하는 것이 주님이 기뻐하실 일이고, 하나님께 영광 돌리는 일이겠는가를 생각하고 살았습니다. 오늘 우리는 주님 중심이 아니고 내 중심, 주님 영광이 아니고 자신의 영광을 구하고 있지 않은지 반성해 보아야 하겠습니다.

끝으로 그는 성도 사랑의 삶을 살았습니다.
바울은 주님의 사랑을 본받았습니다. 주님의 사랑은 죄인 구원을 위한 희생적 사랑이셨습니다(막 10:45, 눅 19:10, 요 3:16).
주님은 죄인 구원을 위해 자신의 몸을 십자가에서 속죄 제물로 바쳐주시기까지 죄인들을 사랑해 주셨습니다(롬 5:8). 그래 바울은 사랑의 대헌장을 말해 주었고(고전 13장) 사랑으로 서로 종노릇하라(갈 5:13), 짐을 서로 지라(갈 6:2), 즐거워할 자와 함께 즐거워하고 우는 자와 함께 울라(롬 12:15), 사랑 안에서 연합하라(골 2:2)고 했습니다.
지금 한국교회를 염려하는 분들은 마이너스 성장을 하고, 수평이동이 있을 뿐이고, 교회가 물질만능, 개교회주의, 세속화에 깊이 빠져있고, 빛과 소금의 사명을 감당하지 못하고 있다고 말합니다. 그러므로 제 2의 종교개혁이 일어나야 할 때라고 말하고 있습니다. 이때 우리 한국교회가 초대교회로 돌아가는 운동, 제 2의 종교개혁을 일으켜야하겠습니다. 그것은 한국교회 지도자들이 먼저 성도들 앞에 시급히 본을 보이는 것으로 시작해야 하겠습니다. 그것은 사도바울이 어떻게 목회했는가를 생각하고 사도바울을 본받는 삶을 살아야겠다는 것입니다. 그러기 위해서는 하나님 앞에 겸손, 전도의 열정, 하나님 앞에 진실 된 삶, 오직 하나님 제일주의로 하나님께만 영광, 이웃을 내 몸과 같이 사랑하는 삶을 살아야 하겠습니다.

# 3. 어떤 사람으로

### ⋮

# 어떤 사람으로
# 기억되어지기를 원하는가?

(로마서 16:3-4, 고후 16:15-18)

● 약  력
(사)한국기독교문화예술 총연합회 회장
(월간)코스모스 문학 이사장
크리스찬문학이사 / 문인협회 회원, 수필가
(예장)총회군선교회 부회장
장위제일교회 담임
저서 : 가시속에도 장미가 피었구나 외 96권
출판될 원고(134권)

김기원 목사

자서전은 본인이 쓰는 것이 아니라, 제자들이나 후배들이 스승의 아름다운 흔적이나, 선배의 잊어서는 안될 기억을 다음 세대, 즉 그를 만나거나 경험하지 못했던 자들에게 알리기 위해서 입니다. 그것은 그 분의 명성을 위한 것이 아니라 그 분의 인격과 교훈을 알리고자 하는 교육적 가치에 초점을 두는 것입니다(자서전, 찬송가 가사나 곡)

저 개인이 바라는 것 몇 가지를 소개합니다.

1. 그는 하나님 중심의 신앙생활을 했다는 평가를 받는 사람으로 기억되어지기를 바랍니다(마 6:33).

하나님을 첫 번째로 사랑하고, 가장 소중히 여기는 생활을 의미합니다.

이것은 단회적이거나, 교회에서만 아니라, 사상과 생활과 범사에 몸에 배어있는 삶이 될 때 가능합니다.

2. 그는 교회 중심의 삶을 살았다고 기억되어지기를 소원합니다.

성도들을 뜨겁게 사랑하며, 성도들이 복 받고 잘 되기를 원하며, 성도들의 자녀들이 건강하고, 믿음 좋고, 충성하는 일꾼되기를 간절히 원하며 사랑의 기도가 끊어지지 않았던 사람으로 기억되어지기를 원합니다. 교회는 성도들의 모임입니다. 언제나 교회 즉 성도들을 먼저 생각하는 마음이기를 원합니다.

3. 그는 기도중심의 목회요, 삶이었다고 기억되어지기를 원합니다.

자나깨나 기도하고, 기도하도록 하고, 기도의 응답, 레퍼토리를 많이 소유하고 산, 산 간증자가 되기를 기도합니다.

기도로 시작하고, 기도로 진행하고, 기도로 마무리하는 습관화된 모습과 철칙이 기억되기를 바라고 있습니다.

4. 그는 친구를 사랑하고, 의리를 지키는 사나이로 기억되기를 원합니다.

이용하고, 덕보고, 부탁하기 위해 사귀고 만나는 관계, 즉 「나와 너」의 관계가 아닌, 「나와 그것」과의 관계가 아니라, 다윗과 요나단의 사랑처럼, 예수님의 사랑과 변치 않는 약속의 실천자처럼 살았으면 합니다(정치인, 세상, 교계).

5. 그는 섬기고 주고 대접하는 것을 즐기는 사람으로 기억되기를 원합니다.

이기주의와 개인주의에 찌들어 있는 세상에 어떻게 보면 무계획하고 바보스럽게 보이는 자가 되기를 원합니다. 그래서 내가 나타나면 계산적인 사람의 눈에는 봉이 나타난 것처럼 인정되어져도 좋습니다. 그것은 예수님의 일생이 손해만 보는 삶이었기 때문입니다.

하나님이 인간이 되시고, 의인이 죄인되시고, 빛이 어두움에 거하시고(오시고), 축복이 저주가 되시고, 생명이 죽음이 되신 예수님의 발자취를 본받기 위해서인 것입니다.


6. 그는 항상 용기를 북돋워주고, 긍정적으로 생각하고, 긍정적인 태도로 사는 자로(살았던 자로) 기억되어지기를 바랍니다.

나를 만나는 자마다 용기를 얻게 하고, 항상 희망을 주고, 좋은 면만 보고 칭찬해주고 격려해주는 삶을 살기를 소원합니다.

선악이 공존하는 세상에 선을 택하고, 악을 멀리하는 생활, 밝은 면을 보고 어두운 면은 덮어버리고, 향기는 품고 냄새는 덮어주는 삶을 살기를 원합니다.


7. 그는 약속을 철저히 지키며 협력하는 일에 피하지 아니하는 삶을 산 자라고 기억되어지기를 원합니다.

사람이 약속을 지키는 것은 무엇보다 중요합니다. 성경은 하나님의 사랑의 약속, 은혜의 약속입니다.

신앙생활은 하나님의 약속을 믿고 붙드는 생활입니다.

하나님과의 약속, 사람과의 약속을 철저히 지키는 사람이 되기를 소원하고 있습니다.

8. 그는 복음 전하는 일에 모든 것을 바쳤던 사람으로 기억되기를 원합니다.

문서선교는 하나님이 저에게 주신 달란트입니다.

200여권이 다 되어가는 책을 쓰고, 100여권이 출판되어, 선교용으로 배부된 것만 해도 15억이 넘는 것은 순전히 하나님의 은혜요, 복음 증거에 대한 열성 때문입니다.

모든 수필, 강해, 논설, 교재는 예수를 증거하고 신앙과 인격의 변화와 향상을 위한 몸부림의 고백이었습니다.

글을 써서 돈을 벌어보겠다는 생각은 한번도 해본 적이 없습니다.

있다면 밀린 원고가 책으로 빨리 나오게 하기 위한 방편이었을 뿐입니다.

그리고 집회와 방송, 세미나, 강의, 그 어떤 것도 궁극적 목적은 예수 증거인 것입니다.


9. 그는 인내가 대단한 사람으로 기억되기를 원합니다.

끈기없이 되는 일은 없습니다.

하룻밤에 자란 콩나물은 열매를 맺을 수도 새들이 깃들 수도 없기 때문입니다.

삽질 한번해서 펑펑 솟아나는 물이 생수일 수는 없는 법입니다.

모래위에 세운 집은 필연적으로 넘어지기에 반석위에 세우기 위해서는 그 기초공사에 많은 시간과 땀, 노력이 투자되어야 하는 것입니다.

변덕이 심하고, 조조와 같은 간신을 천시하지 않는 시대에, 정말 멀리 보고, 지속적으로 노력하는 인내가 필요할 줄로 압니다. 장인정신이 푸대접받는 시대는 희망이 없습니다.

(정치인들의 영향, 이념주의자들의 영향)

지나치게 감성위주의 사회는 위험과 혼란이 오기 때문입니다.

10. 그는 항상 하나님 영광을 먼저 생각했던 사람으로 기억되어지기를 원합니다.

하나님은 존귀와 영광을 받으시기에 합당하신 분이시기에(계 4:11) 내 삶의 목적을 하나님 영광을 드러내는데 두어야 하는 것입니다.

아무리 인기와 큰 교회, 명성이 퍼져도 하나님보다 자기가 더 높아지고 그래서 자기가 기준이 되어 버려 하나님의 뜻이나 영광이 기가 죽어버린다면 무슨 의미가 있겠습니까?

하늘나라 생명책이나 시상대상자 명단에는 눈을 씻고 봐도 없는 자가 될 것이 명명백백한 것입니다. 모든 삶이 하나님 영광 제일주의가 되기를 원합니다. 할렐루야!

# 영혼의 대화

(요 4:10-19)

● 약  력

대한예수교장로회(호헌)부총회장
한국기독교지도자협의회 공동부회장
수원 임천교회 담임목사

김신일 목사

인간은 태어나면서부터 죽는 날까지 끊임없이 관계를 맺으며 살아
간다. 이러한 관계를 원만히 지속시키기 위해서는 서로간에 진실한
대화와 성실한 만남이 필요하다. 순수한 이성의 만남으로 영생의 스
파크가 일어나야 한다. 이제부터 진정한 영혼의 만남을 이루게 되기
를 바란다.

현실은 대화가 단절되는 시대가 되고 말았다. 너와 나의 장벽이
점점 높아져 가고, 생활상의 안전을 위하여 우리의 판단기능은 이미
마비되었고, 서로간에 불신이 팽배해져 현대인의 고독은 더욱 심화되
었다.

대화없는 부부는 삭막한 가정으로 이끌었고, 대화없는 사제는 신
뢰없는 학원을 조장하였으며, 대화없는 사회는 불신풍조를 만연시켰

다. 이렇듯 소외와 불안과 고독으로 한숨짓는 시대에 진실을 찾아 헤매는 수많은 사람들이 현실의 고독에 몸부림치며 밀폐된 자신의 어두운 터널에서 가슴은 자꾸 메말라가고 있다.

로마신화에 의하면 결혼이란 자신의 반쪽을 찾게 하는 여신의 뜻이라고 하였다. 나 자신과의 진정한 대화자 곧 나의 나머지 반쪽을 찾기 위하여 왕관을 버린 자, 칼로 권세를 뺏는 자, 치부로 양심을 파는 자들…

그렇다면 과연 양심의 만남은 어떤 형태로 이루어져야 하는가? 순수한 양심의 만남이 우리들 안에서 일어나기를 기도드린다. 티없이 맑고 순수한 처음 의도를 잃지말고 지속적으로 사람들에게 아름다운 향기를 전해줄 수 있기를 바란다. 한갓 본능적이고 육감적이며 충동적인 가시돋힌 장미가 되었을 때는 향기 대신에 악취가 풍기고, 아름다움 대신에 역겨움을 느끼게 되는 것이다.

십자가는 속죄와 선행이라는 교차점에서 부활을 강조하였다. 십자가는 하나님과 인간이 만나는 장소였다. 바로 이 약속의 장소에서 대화의 광장이 마련되기를 소망한다. 시대의 제사장과 이스라엘 백성이 만나고, 지도자와 민중이 만나고, 거짓과 진실이 만나는 대화의 장소가 되기를 기도한다.

온 밤을 지새우는 실존적 고뇌의 환희가 있고, 수직적으로 체험하는 하나님의 은혜를 받았다면 이웃을 사랑하는 수평적 자비의 행위도 당연히 뒤따라야할 것이다. 그런데 현재 우리 한국교회는 수직적 설교와 기도회, 예배는 많은데 수평적 만남이 대단히 결여된 실정이다. 수직적 은혜의 체험과 동시에 수평적 은혜의 어울림이 서로 조화가 이루어지길 바란다. 구원의 십자가를 주님은 침묵으로 감당하셨다. 낙담하여 실의에 빠진 앉은뱅이의 친구가 되시고, 천인공노할 민족 반역자 세리의 친구가 되시고, 부정한 창기의 희망이 되시고, 가난한 자와 억압받는 자의 빛이 되신 것같이 주님의 역사가 나타나기를 기도드린다.

　진정한 목표없는 인생의 풋대로 절망의 늪에서 헤매는 현대인들에게 희망이 되길 바란다. 만남은 홀로 이루어지지 않는 것처럼 대화 역시 진정한 대상이 있어야 한다. 자신의 참된 대화의 대상을 상실한 채 비틀거리는 영혼을 부둥켜안고, 회색의 하늘밑을 방황하는 현대인의 안식처는 과연 어디에 있을까? 상처받은 영혼을 싸매주고 찢기고 상한 심령을 보살피고, 사막에서 갈증에 허덕이는 무리에게 생수를 마시게 해주실 분은 과연 누구일까? 파도가 흉흉한 바다나 먼지나는 사막이나 서릿발이 일어나는 법정이나 극형의 골고다 형장을 불문하고 우리를 지켜주고 대변해줄 진정한 동반자는 누구일까? 우리의 생명을 대신해 주신 로고스 예수 그리스도 이시다.

　그는 우리를 위하여 희생과 봉사를 아끼지 않으셨다. 백성의 무지와 한과 절망을 몸으로 대변하시며 십자가 위에서 살이 터지고 뼈가 부서지는 극한의 고통을 우리때문에 받으셨던 것이다.

　사마리아 여인은 서슴없이 자신의 부정을 주께 고백하고 받아들이는 순간 영원히 목마르지않는 생명수를 마심으로 영혼의 기갈을 해소시켰다.

　변덕스러운 인간은 결코 진정한 고백의 대상이 될 수 없다. 오늘날 참된 대화자를 시대는 갈급해 한다. 참 소망의 로고스, 새 생명의 주인이신 예수 그리스도는 이 시간에도 우리를 불꽃같은 눈으로 감찰하고 계신다. 우리가 진정 깨닫고 얻은 바가 무엇이겠는가? 부패한 세상, 패역한 시대에 진정 소금이 되고 빛이 되기를 바란다. 가장 진실한 대화자 예수가 우리의 영원한 동반자가 되어주신 것처럼 우리들은 늘 함께 호흡하며, 시대를 알리고 외치는 진정한 소리가 되기를 바란다.

　다이아몬드가 원광석에서 맑고 밝은 빛의 아름다움을 발휘하기 위해서는 힘들고 어려운 기공과 복잡한 연마 과정을 통과했을 때 진정한 다이아몬드로서의 아름다운 자태를 드러낸다. 이처럼 우리들도 힘든 여건 속에서 시험을 이겨내고 극복했을 때 이 시대의 소리에 책임을 지고 진정한 주님의 기쁨이 되어 골고다 십자가의 길을 담대히 걸어가리라 확신한다.

"비록 삼림(森林)이라도 네가 개척하라, 그 끝까지 네 것이 되리라"(수 17;18)

# 부끄러움과 두려움

● 약    력
국악비전 부흥사협의회 실무회장
(사)한국기독교부흥사협의회 공동회장
한국기독교 지도자협의회 상임 부총무
(사)민족통일 복음화운동본부 사무총장
구리시 기독교연합회 증경회장
구리생명교회 담임

김용근 목사

"벌거벗고 다니지 아니하는 자가 복이 있다" 계시록의 말씀을 생각하며…

현대(現代)를 살아가는 많은 사람들이 부끄러움을 부끄럽게 인식하지 못하고 살아간다. 그 자체가 부끄럽다.

자기 행위에 대하여 잘하고 있는지 잘못하고 있는지 분간을 못한다. 옷을 입었는지 벗었는지, 지식이 있는지 없는지, 똑똑한 지 바보인지, 겸손한지 교만한지 구분을 잘못한다.

은혜를 아는지 모르는지, 믿음이 있는지 없는지, 하나님 중심인지 자기 중심인지, 내 뜻인지 주님의 뜻인지, 성전 중심인지 내 집이 먼저인지…

요즈음 TV에 "쇼를 하라"는 광고가 나온다. 하나님은 쇼를 좋아하지 않으신다. 중심을 보시는 분이시다. 스바냐 2:1을 보면 "수치를 모르는 백성들아 모일지어다 모일지어다" 라고 말씀하신다.

주일 낮 예배를 참석하는 것으로 성도의 직무를 다한 것으로 착각하는 사람이 많다. 금요기도, 수요기도, 새벽기도를 하는 성도가 많지 않다. 한 주간 성경읽기, 기도와 찬송의 생활이 멀어져가고 있는 성도가 많다.

신앙생활에 부끄러움을 너무 모르고 산다. '이정도면 되겠지'하고 자만하고 자위하는 이들이 너무 많다.

에베소서 6:11에 "마귀의 궤계를 능히 대적하기 위해 하나님의 전신갑주를 입으라" 는 말씀처럼 믿음의 무장을 했는가 말이다.

14절 이하를 보면 "서서 진리로 너희 허리띠를 띠고 의의 흉배를 붙이고 평안의 복음의 예비한 것으로 신을 신고 모든 것 위에 믿음의 방패를 가지고 이로써 능히 악한 자의 모든 화전을 소멸하고 구원의 투구와 성령의 검 곧 하나님의 말씀을 가지라 모든 기도와 간구로 하되 무시로 성령 안에서 기도하고 이를 위하여 깨어 구하기를 항상 힘쓰며 "라고 말씀하신다.

만약 신앙의 옷을 입지 않고 벌거벗었다면 부끄러운 일이 아니겠는가? 영적인 눈으로 보면 벌거벗은 사람이 너무 많음을 볼 수 있다. 그러기에 목자가 눈물 흘린다. 선지자(先知者)의 외침이 들리지 않는가?

애굽을 떠나야 가나안 땅이 가까움을 깨달을진저 세상 사람들이 살아가는 모습으로는 주님과 가까워질 수 없다. 잘못된 유행의 첨단을 따르지 말라! 정숙한 모습, 경건의 모양을 보여주어라!

사랑받는 성도, 인정받는 남편, 애교있는 아내, 신뢰받는 자녀, 존경받는 부모와 어르신, 양이 따르는 목자상, 큰 머슴인 대통령과 위정자, 성자같은 교사… 지금 그 누구도 부끄럽지 않은 이가 없다. 내 자신이 그렇다.

방탕과 허영으로 치장한 부자들, 불평불만으로 가득한 가난한 자 모두가 부끄러움을 모른다. 부자는 가난한 자와 함께 나누어라. 배운 자는 못배운 자와 함께 놀이를 해주어라.

예수님은 의인이시고 하나님이신데 죄인 삭개오와 만찬을 하시고 그에게 참자유와 구원을 허락하셨다.

이것이 겸손이다. 오늘 너무 교만하고 거만하고 아집에 눌려있는 큰 교회와 그 지도자 그리고 교인이 없는 목자의 부끄러움을 모르는 목사, 기도하지 않고 모든 일이 왜 이렇게 안되냐고 말하는 불신앙적인 신앙인 모두 부끄럽기 그지없다 하겠다.

모든 인격의 꽃인 남에게 기쁨을 주는 말, 긍정적인 말, 감사의 말을 통해 평안과 화평의 사람이 되자! 융통성이 있는 사람, 아량과 도량이 있는 사람!

벤뎅이 속알처럼 속좁은 사람들은 부끄러움을 알라!

말 때문에 시험이 닥쳐드는 일 때문에 마음에 상처받지 말라.

내 자신을 내가 다스릴 줄 아는 성숙한 사람은 부끄럽지 않는 사람이다. 담대한 사람이다.

세상은 재앙의 날이요 환란이 찾아와 사탄, 마귀가 최후 발악하는 시대에 살고 있다. 그러기에 여호수아 1:5-9을 암송하라.

담대하지 않는 성도는 두려워하여 정신적, 정서적으로 불안하고 기쁨이 사라져 우울증 등 육신적으로 질병이 떠나질 않는다.

말씀대로 어두움을 물리치라. 예수님은 빛으로 오셨다. 그리고 우리보고 '세상의 빛'이라 말씀하셨다.

어두움이 사라지면 평화와 평안이 넘치고 천국의 소망이 넘치게 되며 기쁨이 충만하여 이 땅의 삶이 천국생활(天國生活)이 될 것이다.

부끄러운 인생(人生)이 되지 말고 두려워하는 연약한 삶을 청산하고 행복하고 성령충만한 승리의 삶을 살아가자!

"기도는 하나님과의 정상회담이다!"

“기도는 실천을 위한 몸부림이다!”
“상 받는 성도가 되고 쓰임받는 종이 되라!”
“기도는 권리이자 의무이다!”

- 새벽기도 중에서

# 리더십

● 약  력
예수교대한성결교회 담임목사
서울교시협의회  회장
한국기독교지도자협의회 공동회장
시흥중앙성결교회 담임목사

김재송 목사

 

사회가 발전하면 할수록 사회에서 요구되어지는 것이 리더십에 대
한 문제인 것 같습니다.

사회, 과학, 그리고 문화가 발전하면서 사람에게 유익을 주고 편함
을 제공하는 현대 사회의 풍요로움 속에서 아이러니한 것은 인도자,
리더에 대한 부재입니다. 지금 우리가 살아가고 있는 시대를 한 세대
전과 비교해 보면 너무도 다른 모습들을 발견합니다. 그냥 다른 것이
아니라 '살기 편해졌다,' '세상 좋아졌다'는 말로 시대가 과거보다 더
발전되고 있음을 표현합니다. 우리는 이 발전들을 우리의 삶속에서
피부로 느끼고 있습니다. 과거에는 상상도 못했던 일들이 현재 우리
의 삶속에서는 당연한 것으로 인식되어지는 일들이 있고, 상상속에서
가능했던 일들이 지금은 당연시 되어지고 있습니다.

예를 들면 고속 전철처럼 기차가 빨리 달릴 수 있다는 것은 상상 속에서는 가능했지만 그것이 현실로 이루어질 줄은 아무도 기대하지 않았습니다. 걸어다니면서 TV를 본다거나 인터넷을 하는 일은 상상도 못했던 일이었습니다. 불과 십여년전만 해도 휴대폰 자체가 신기한 물건이었기 때문이었습니다. 그 외에 더 많은 것들을 우리는 우리의 생활속에서 과거에 누리지 못했던 편안함들을 누리고 있습니다. 물론 이렇게 발전되어 가는 과정 가운데 많은 문제들을 낳기도 합니다. 소외계층의 확대, 상대적 박탈감을 느끼는 사람들, 정신적으로 받는 많은 스트레스, 외로움, 그리고 경제적인 문제 등 많은 문제들이 있음에도 불구하고 더 편하게, 더 풍요롭게 변화되어가는 사회를 부인할 수는 없을 것입니다. 많은 문제들이 파생되어짐에도 불구하고 풍요로운 사회가 되어가고 있습니다. 그러나 그 풍요로움을 누리게 할 수 있는 인도자가 없음을 많은 사람들이 고백하고 있습니다.

목회자가 되는 것은 인도자가 되는 것을 의미합니다. 본인이 의도하지 않든 선택할 수 있는 문제가 아니라 지도자이며 인도자가 되는 의무를 동시에 가지게 되는 것입니다. 선포하는 말씀이 있고, 가르쳐야 할 것이 있으며 영혼의 갈증을 풀 수 있는 길을 제시하기 때문에 그렇습니다. 이 의무에 부담을 갖고 벗어 버리고 싶어 하는 분들도 있습니다. 왜냐하면 테두리를 벗어난 자유를 누리고 싶은 마음과 쉼을 얻고 싶어 하는 욕구가 있기 때문에 그렇습니다. 그러나 어쨌든 감당해야 하는 일입니다. 왜냐하면 그것이 사명이며 부르심에 응답하는 길이기 때문에 그렇습니다. 목회자라고 하는 모습속에 지도자, 인도자의 사명이 있는 것입니다. 천광웅씨가 작곡하고 CCM가수 소향이 부른 찬양중에 사명이라는 곡이 있습니다. "주님이 홀로 가신 그 길 나도 따라가오 험한 산도 나는 괜찮소 바다끝이라도 나는 괜찮소…" 이것이 목회자가 가져야 할 사명인데, 이 사명이 이 시대 가운데 올바른 지도자를 세울 수 있는 것입니다.

　　지금의 시대는 지도자의 모습이 옛날과는 다른 모습을 요구하고 있습니다. 옛날에는 강력한 카리스마의 지도력을 요구했지만 변화된 사회속에서 보통사람들이 할 수 없는 그런 모습의 지도자를 요구하고 있습니다. 성경에서 그 모습을 찾아보면 예수님의 모습이 그 지도자의 모습입니다.

　　예수님의 모습속에서는 여러 가지의 지도자적 모습이 있지만 그것들 중에서 두 가지의 모습에 우리의 관심을 두고 싶습니다. 첫 번째로는, 예수님의 모습을 정의하는 많은 표현들이 있는데 그중에 가장 적절한 것은 '순종'과 '섬기는 자'라는 것입니다. 예수님께서 이 땅에 오신 것은 순종을 통해서였습니다. 예수님은 하나님과 본질이 같으신 분이었습니다. 이 땅 위에 계시는 것이 어울리지 않는 그런 분이었습니다. 그러나 예수님은 위엣 것들을 모두 포기하셨습니다. 성경은 이렇게 기록합니다. "그는 근본 하나님의 본체시나 하나님과 동등됨을 취할 것으로 여기지 아니하시고 오히려 자기를 비어 종의 형체를 가져 사람들과 같이 되었고 사람의 모양으로 나타나셨으매 자기를 낮추시고 죽기까지 복종하셨으니 곧 십자가에 죽으심이라."(빌 2:6-8) 예수님께서는 가장 높은 자리에서 가장 낮은 자리로 순종과 섬기는 자의 모습을 통해 오신 것입니다. 예수님의 오심은 문자적 의미 속에서의 섬김이 아니었습니다. 실제의 삶을 통해 그 섬김을 나타내셨고 그렇게 보여 주셨습니다. 예수님의 이 모습은 그 당시의 지도자들에게 도전을 주었고 일반 대중들에게는 신뢰와 소망을 주었습니다. 그래서 자신들의 기득권을 빼앗기지 않기 위해 예수님을 대적하였고, 대중들은 예수님을 따랐던 것입니다. 그 시대의 암울함과 패배감 속에서 예수님을 통해 소망과 미래를 보았던 것입니다.

　　요즘 기독교 서점가에는 많은 책들이 쏟아져 나오고 있습니다. 외국서적의 번역본에서부터 국내 저자들의 책에 이르기까지, 한 달이면 수십, 수백 권에 이릅니다. 이 많은 책들 가운데 상당부분을 차지하고 있는 주제가 바로 섬김에 대한 것입니다. 낮아짐과 예수님의 섬김을 닮고자 하는 것이 많은 사람들의 관심의 대상이 되고 있습니다.

낮아짐과 섬김은 쉽지 않은 일입니다. 먼저 많은 희생이 있어야 합니다. 희생없이 섬길 수는 없고, 희생없이 낮아질 수는 없습니다. 이 희생은 내 것을 조금 손해 보는 선에서 실천될 수 있는 것이 아니라 내것을 모두 포기해야만 가능한 일입니다. 조금 손해 보면서 그것을 희생이라고 하지는 않습니다. 이 희생이 사람을 낮아지게 하고 겸손하게 만드는 것입니다. 없는 것은 없어서 비어 있는 것이 아니라 채워진 것을 비우는 것이어서 공허를 느끼는 비워짐이 아닙니다. 이 희생을 통하여 희생이 갖는 의미를 알게 되는 것입니다. 그 의미를 알게 되면 목숨을 다하여 그것을 위하여 살 수 있게 되는 것입니다.

예수님의 모습속에서 우리는 이것을 깨닫게 됩니다. 예수님은 하나님의 모습으로 가득 채워진 분이셨습니다. 그러나 그것을 모두 내려 놓으셨습니다. 왜냐하면 죽어가는 영혼에게 생명을 주시기 위해서입니다. 가졌지만 가진 것을 포기하는 것, 채워져 있지만 그 채워짐을 비우는 것, 이 모든 것들은 바로 예수님께서 사람을 사랑하셨던 길이었습니다.

그러나 채워져 있지도 않으면서 비울수은 없습니다. 가지고 있지도 않으면서 줄수는 없습니다. 우리의 모습이 예수님을 닮아 갈 수 있도록 먼저 하나님의 사랑과 열정으로 채워져야 할 것입니다.

두 번째로는 예수님의 모습 속에서 옳고 그름에 대한 명확한 구분입니다. 오늘날의 시대를 '포스트 모던' 시대라고 합니다. 이 시대의 특징 중에 하나는 어떤 한가지가 절대적 가치를 지닐 수 없다는 것입니다. 과거의 시대에는 종교가 사회를 지배했습니다. 그 시대가 지난 다음에는 이성이 기준이 되었습니다. 그리고 과학이 그 뒤를 이었습니다. 어떤 특정 한 부분이 그 사회의 기준을 제시하고 가치를 부여하는 시대였습니다. 그러나 지금은 한 사회안에서 어떤 특정한 하나가 그 사회를 지배하지 못합니다. 모든 것들이 그 고유의 가치를 인정받고 그 고유의 영역을 확보해 나갑니다. 일반적인 우리의 모습 속에서는 이렇게 나타납니다.

'당신의 종교를 나에게 강요하지 마십시오,' '당신의 생각이 절대적이라고 생각하지 마십시오.' 얼핏 들으면 맞는 이야기 같습니다. 그러나 다르다는 의미속에 그것을 판단하고, 그것을 평가하는 기준이 없다는 것을 우리는 볼 수 있게 될 것입니다.

예수님께서는 옳고 그름에 대해 명확하셨습니다. 그것을 판단하는 기준은 말씀이셨습니다. 하나님의 말씀이 옳고 그름을 판단하는 근거가 되었고 그 근거를 기준으로 명확하게 의사표현을 하셨습니다. 외식하는 자들에게는 의미를 찾을 것을 말씀하셨고 형식이라는 틀속에 갖힌 자들에게는 그것을 허물 것을 말씀하셨습니다. 믿음이 없는 자들에게는 육신이 아파 죽어가고 있다 할지라도 믿음을 회복할 것을 말씀하셨습니다. 그렇게 회복되어진 믿음, 허물어지고, 깨진 외식과 틀속에서 사람들은 하나님의 역사를 체험하고 경험하게 되었습니다.

오늘날의 많은 사람들은 포스트 모던 시대의 흐름을 따라가면서 자신의 고유영역을 지키기를 원합니다. 그러나 그 모습속에는 절대적 가치가 없습니다. 그리고 무엇인가에 의지하고 싶어하는 마음이 있습니다. 인간의 나약함과 한계성으로 인해 무엇인가를 의지하고 싶어하는 욕구가 있는 것입니다. 이것이 오늘날 목회자가 감당해야 할 지도적 역할입니다. 사람들은 자신이 모든 것을 다 할 수 있는 것처럼 여기면서도 누군가에게 의지하고 싶어 합니다. 그리고 그 대상이 목회자가 되기를 원합니다. 이시대속에서 목회자는 올바른 목자가 되어야 하는 것입니다. 다윗이 하나님을 향해 고백한 것처럼 "여호와는 나의 목자시니…", 우리가 이시대의 목자로서의 사명을 감당해야 합니다. 하나님의 말씀이 기준이 된, 하나님을 향한 믿음이 기준이된 모습이 목회자가 가져야할 모습이어야 합니다.

　제가 목회를 해온 40년의 세월은 길다고 얘기할 수 있고, 짧다고도 애기할 수 있는 그러한 시간이었던 것 같습니다. 복음을 위해 몸부림쳤던 모습들속에서 이땅위에 어떻게 하면 그리스도의 생명을 전할 수 있을까 고민했던 세월이었습니다. 지금 뒤를 돌아보면 많은 아쉬움이 남기도 하고 만족하지 못하는 부분들도 있지만 후회가 되지 않는 것은 지난 시간에 저에게는 그리스도에게 내 삶을 맡겼던 시간이었다고 고백할 수 있는 것입니다. 교회의 건축속에서 사람들은 안된다고 애기할 때 기도함을 통해, 말씀을 통해 응답받고 믿음으로 행하여 하나님의 역사를 체험한 일들, 전도를 하기 위해 말씀과 기도의 시간을 갖는 것이 밤을 새도 짧게만 느껴졌던 시간들, 병고침의 역사를 기도를 통해 체험했던 일들…

　그 일들 속에서 말씀을 통해 아닌 것은 아니라고 애기해야만 했던 일들, 겸손하기 위해 낮아지기 위해 몸부림 쳤던 일들이 저의 목회의 에너지 였다는 생각이 듭니다. 저를 목회자로 부르시고 이 시대속에서 복음의 사역을 감당케 하시기 위해 하나님은 끝임없이 저를 그렇게 부르시고 그 모습으로 나아가도록 하셨습니다. 이것이 하나님께서 요구하시는 지도자이며, 또한 이 세상에서 이 시대에 요구되어 지는 지도자의 모습인 것 같습니다. 이 땅위에서 이 일들을 감당할 수 있는 사명을 주신 하나님을 바라보면서 그리스도의 마음을 품고 나아갈 수 있는 하나님의 일꾼이 되길 원합니다.

# 하나님의 은혜로 되어진 목회

● 약  력
　　인천 기념교회 담임
　　감리회신학교 학장
　　한국기독교지도자협의회 공동부회장

손선영 목사

"손 전도사님 단독목회를 해보지 않으시렵니까?" 학교 수업을 하고 있던 어느날 송탄 도일교회에 시무하시던 장용태 목사님께서 나에게 찾아오셔서 목회를 권고하셨다

　그때는 신학교 3학년 이었다 아직 목회는 생각도 못한 처지였기 때문에 나는 한마디로 못한다고 거절을 했다. 그런 후 가을학기를 마칠 무렵 또다시 나에게 목회를 권면하셨다. 이제는 거절할 수 없는 처지인 것 같아서 한번 기도해 보겠다고 대답을 한후 방학기간을 통해 수원에 있는 흰돌산기도원에 올라가 십일을 금식하며 기도를 드렸다. "주님 제가 단독목회를 해야 합니까? 저는 아무것도 모르는데 어떻게 해야 할지 모릅니다. 저에게 지혜의 영을 부어 주셔서 알게 하여 주옵소서" 라고 기도를 시작한지 삼일 째 되던 날이었다. 저녁

예배를 마치고 개인기도를 드리고 있을 때에 나도 모르는 눈물이 흐르면서 내가 가고자 하는 목회지가 환상 중에 보였다.

환상 중에 보여지는 목회지는 너무나 험난한 곳으로 보였으므로 나는 막 울면서 "주님 저는 못갑니다. 못 갑니다." 하며 몸부림을 치노라니 주님께서 큰 은혜를 주시면서 내 심령에 세미한 성령의 음성이 들려주셨다.

"네가 가니, 내가 가지!"

나는 그 음성을 들으며 주님께 다시 여쭙기를 "주님이 가시면 저도 가겠습니다. 저를 지켜주시고 붙잡아 도와주세요!"

작정 금식기도를 다 마치고 하산한후 몸을 보식했다. 이제는 목회를 해야 하나보다 하는 생각에 두렵고 떨리기만 했다. 그러던 어느날 한번 목회지를 답사할겸 해서 버스에 몸을 싣고 송탄엘 찾아갔다. 처음 가는 길이라 물어 물어 차를 갈아타며 드디어 도일동까지 왔다. 아, 그런데 이게 웬일인가? 버스에서 내려 도일리 입구에서부터 교회까지는 약 1킬로미터가 좀 넘는 길이었는데 놀랍게도 기도원에서 금식기도할때 환상중에 본 곳과 어쩌면 그렇게도 같을 수가 있을까? 나는 이미 주님의 음성을 듣고 응답을 받은 터라 감사하면서 교회를 찾아갔다.

그리고 그 이듬해인 1982년 5월 2일, 정식으로 나는 지방회의 파송을 받아 도일교회의 담임자로 부임을 했다. 가서 보니 사택은 조그마한 방 한칸과 교회로 사용했던 넓은 홀이었고, 예배당은 블럭으로 지어진 50평 정도의 건물이었다.

첫번째 주일예배를 떨리는 마음으로 은혜중에 잘 드렸다. 그때 출석교인은 중고등학생과 청년 한 명과 중년부인 서너 명, 그리고 어르신 몇 분 포함해서 모두 8명이었는데 매우 순진하고 착해 보였다. 성도님들은 새로 부임한 총각 전도사를 바라보며 마냥 좋아하고 계

셨다. 왜 그렇게 좋아하고 있었는가는 나중에 들은 이야기인데 첫인
상이 순진해 보여서 좋았다는 것이었다. 설교야 잘하건 못하건 그저
사람만 좋아보이면 되는 모양이었다.

도일교회에서의 첫 목회는 너무나도 실수가 많았다. 내 나름대로
는 설교도 잘하는줄 알았고 적응도 처신도 잘하는줄 알았는데 실상
목회에 임하고 보니 잘하는 것이 아니었다. 너무도 엉터리 목회였던
것이다. 시행착오가 많았다. 그때 깨달은 것이 있어 입버릇처럼 하는
말이 있다. "경험자는 말한다." 이다.

그렇게 엉터리목회였지만 그래도 나름대로는 열심히 했던것 같다.
그때는 나이도 30대 초반이고 아직 젊음도 있고 해서 밤낮을 가리지
않고 열심히 뛰었다. 더욱이 나는 시골에서 태어나 시골에서 자랐기
때문에 농촌지역에 잘 적응이 되었던 것 같다. 모내기철에는 모도 심
어주고 추수철에는 함께 벼도 베어주고 밭으로 산으로 마을로 찾아
다니면서 열심히 목회했다. 동리 분들과 사귐을 갖기 위해 경노잔치
를 배설해 드리고 또 노인대학을 운영하면서 마을 어르신들과 사귐
을 가졌다. 농번기철에는 교회에서 탁아소를 운영해 바쁜 주부들의
손길을 덜어주었고, 청소년 선도위원회를 조직해 동리의 통장님들을
앞세우고 내가 교육을 시켰다. 지역 교역자연합회를 조직해 목회자의
우의를 가졌고 시의 기관과 군대의 예비군 군종, 경찰서의 경목활동
을 하며 주민들과 호흡을 같이 했다.

그런 목회를 통하여 주님께서 나를 어여뻐 보시고 긍휼히 여기셨
는지 교회는 날로 부흥이 되어 드디어 성전에 성도들이 꽉찰 정도가
되었다.


목회를 시작한지 7년째 되던 어느 날이었다. 그때는 서울 태능에
있는 북한선교회의 훈련을 받으러 송탄에서부터 매주 월요일이면 오
르내리고 있을 때로, 그 주간은 훈련주간이라 아예 산에서 먹고 자며

훈련을 받고 있었다. 마지막날 새벽예배를 드린후 개인기도를 드리고 있을 때 주님의 은혜가 충만해지고 성령이 나를 감동하시면서 울리기 시작하셨다. 얼마를 울며 기도를 드리고 있는데 성령의 음성이 들려왔다. "예배당을 지어라" 하는 음성이었다. 당황하지 않을수 없었다. "아니, 주님, 예배당을 지으라니요? 지금 있는 교회도 지은지 얼마 안된 건물인데 또 지으라는 말씀이신가요?" 사실 그때 그 교회는 내가 부임하기 3년전에 새로 지은 건물이었다. 새로 지은 건물이지만 얼마나 엉터리로 날림공사를 했던지 비가 오면 천정 이곳 저곳 사방에서 빗물이 쏟아지고 또 장판지를 깐 바닥에서 물이 솟아올라 여간 불편하지 않아 마음이 아팠었다. 건축업자가 야속하기도 했다. 추운 겨울이면 보온시설이 안되어 추워서 오들오들 떨며 예배를 드리곤 했는데 그 시절엔 난로에 장작으로 불을 피웠지만 외풍이 세어서 감당이 안되었다. 아마도 내가 부임하던 해부터 매년 보수공사를 했던 것 같다

그러다보니 이제는 건물이 제법 좋아졌고 부수기는 너무 아까운 건물이 되어 있었다. 그런데 주님께서는 교회를 지으라는 것이다. "혹시 내가 잘못 들은 것은 아닌가?" 하고 의심도 가졌다 그때 다시 주님께 여쭈었다. "주님, 주님도 아시다시피 시골교회는 어렵습니다. 돈 있는 성도도 없는데 어떻게 지으라는 것입니까?" 그런데 놀랍게도 주님께서는 헌금할 분을 알게 해 주셨다. 도무지 믿을수가 없어서 혹시나 하고 산에서 내려오다 그분에게 전화를 걸어서 "저, 성도님, 하나님께서 교회를 지으시래요." 하며 힘없이 어렵게 말을 했더니, 그분은 나의 전화를 받자마자 깔깔깔 웃으시더니 "지으라면 지어야지요" 하면서 그 즉시 삼천만원을 약속해 주셨다. 너무도 놀라운 일이었다. 서슴없이 헌금을 약속해 주시므로 의아해서 어찌된 일인가 물어봤더니 자기도 전날 꿈에 하나님 지시를 받았다는 것이다. 자신도 돈이 없어 "안됩니다! 못합니다! 하며 거절을 하니까 주님께서는 너

어디에 얼마 있고 어디에 얼마 있지 않니?" 하면서 가르쳐 주시더라
는 것이다. 너무도 놀라운 일이 아닐 수 없었다. 기쁨으로 교회에 와
서 제직회를 열어 이 사실을 논의했다. 성도들은 이야기를 들으며 즐
거움 반 근심반 하면서 " 아니 이 교회를 지은 지도 얼마 안 되는데
왜 또 교회를 지어야 합니까?" 하며 반대를 했다. 아마도 성전을 다
시 짓는 것이 부담이 되었던 모양이다. 그래서 나는 혹시 주님께서
다른 교회를 세우라는 것인가 하고 생각했다. 하지만 이 년이 지난후
하나님께서는 또 다른 역사로 교회를 지을 수 있게 하셨다. 협력할
수 있는 사람을 붙여 주셨던 것이다.

　이제는 다른 생각없이 오직 주님의 뜻으로 믿고 믿음으로 교회를
짓기를 시작했다. 그러자 하나님께서는 놀라운 기적들을 계속 보여주
시면서 건축을 할 수 있게 하셨다. 그 결과 약 145평의 삼층 건물이
예쁘게 잘 지어져 하나님께 입당예배를 성대하게 드렸다. 교회가 마
치 크리스마스카드에 나와 있는 건물처럼 멀리서 바라보면 예쁘고
멋이 있어 보여서인지 지나가던 목회자와 성도들 특히 교회를 새로
지으려고 하시는 분들은 관심을 갖고 구경하러 오시고는 했다. 참으
로 주님께 영광과 감사를 돌려 드린다.

　그후 나는 1992년 12월 2일부로 도일교회를 사임하고 후배에게
물려준 후 부천에 개척을 하였다. 꼭 십년 만에 도일교회를 떠나 개
척을 한 것이다.

　하지만 도일교회를 건축한 뒤라 재정이 하나도 없는 상태에서 맨
손으로 개척을 나오니 여간 고생이 아니었다. 주님께서는 그런 가운
데에도 은혜를 베푸시어서 복 있는 성도들을 붙여주셨고, 그 성도들
로 하여금 방한칸 부엌 한칸 있는 옥탑집을 월세로 얻어 살게 하셨
다. 예배처소는 28평짜리 3층 건물을 삼천만원에 전세로 얻어 예배

할 수 있도록 축복해 주셨는데, 이 돈은 교단에서 준 이천만원의 지원금과 은혜로운 성도들이 개인적으로 헌금해준 것이다.

처음에는 아무것도 없어서 야외용 은박 돗자리 석 장을 깔아놓고 조그만한 사회자 상을 강대상으로 삼아 사랑하는 아내와 귀여운 딸과 함께 예배를 드렸다. 당시에 딸아이는 초등학교 3학년이었는데 예배가 잘 안되는 모양이다. 그래도 시골에서는 크고 넓은 예배당에서 우렁찬 찬송소리와 함께 주 하나님을 찬양하며 여러 성도들과 함께 예배를 드렸는데, 지금은 이렇게 예배하니 분위기도 이상하고 모든 게 다 이상한 느낌이 드는 모양이었다. 나는 하나님의 은혜 가운데 나는 부흥성회를 가끔 다니는 때 이었기에 마치 부흥회를 하는 것처럼 더욱 힘있게 예배를 인도했다. 그리고는 뜨겁게 기도를 하기 시작했다. 가족들과 함께 예배를 드린지 3주가 지나자 신혼부부 한 가족이 등록을 했다. 주님께서 은혜의 역사를 일으키기 시작한 것이다. 그후 매주 한 가정씩 등록을 시켜주셨다. 더욱 놀라운 것은 밤이 되면 교회에 와서 철야기도를 해 주시는 성도님들이 계셨다. 열심히 교회를 위해서 기도해 주시는 것이 얼마나 감사한지. 아마도 주님께서 천사를 보내 주셨나보다 그로 인해서 인지 교회는 날로날로 부흥이 되어 2개월만에 약 20가정이 되었으며, 드디어 1993년 3월 1일, 기념교회의 간판을 걸고 설립예배를 드릴 수 있는 크신 영광을 갖게 해 주셨다.


막상 도시에 나와 교회를 시작하니 뭐가 뭔지를 몰랐다 시골에서 나서 시골서 자라고 시골서 목회하던 사람이 도시에 나와서 개척을 하니 여간 고생이 아니었다. 더구나 나는 환경 적응력이 늦어서 한곳에 적응하려면 약 6개월 가량이 걸리므로 더욱 그러했다. 거기에다 시골스타일로 설교를 하니 도시 사람들은 듣기가 좀 거북했던 모양이다. 자꾸만 뒷말이 나오고 자존심이 상할 때도 많이 있었다.

그러던 어느 날 나는 아내에게 "여보, 우리 다시 시골로 내려가자. 나는 도시 사람이 아닌가 봐. 송충이는 솔잎을 먹어야 산대." 하며 시골로 가기를 제안하기 시작했다. 그럴 때마다 아내는 빙그레 웃으면서 "아니 도시에서 목회하고 싶다고 할때는 언제고, 이제 와서 또 다시 시골로 가자고 하는 거예요 조금만 견뎌 보세요." 하면서 격려 반 비웃음반으로 나를 달래곤 했다. 가만히 보니까 아내는 도시가 잘 맞는가 보다. 자기는 도시가 더 좋다고 한다. 나는 힘이 들어 미칠 지경인데 아내는 신이 나서 좋아한다 하며 열심히 전도하고 심방했다. 지금에 와서 돌이켜보면 나의 목회는 아내가 다 하고 있는 것 같았다

1년이 지나 옥탑집이 짐들을 다 풀어놓지를 못하고 있었기 때문에 방이 두칸이 있는 곳으로 이사를 했다. 이사를 하니 참 좋았다. 짐도 다소나마 풀어놓을 수가 있었다. 그리하기를 몇 개월이 지났을까 어느 날 새벽기도회를 마치고 일어나보니 부엌에 물이 흥건이 고여 있었다. 집이 반지하였는데 비가 오자 물이 스며들어 온 것이다. 모든 것을 치우고 정리하고 생활을 하는데 좀 어딘가 모르게 처량한 생각이 들었다. 그래서 작정 기도를 드리기로 했다. 그때는 내가 산으로 기도원으로 자주 가는 편이었으므로 이왕이면 산에 가서 작정기도를 하자는 생각에 근처에 있는 높은 산으로 갔다. 날씨는 좀 선선했지만 그런대로 기도하기는 좋았다. 어느날 밤 매일같이 오르는 산 중턱에 자리 잡은 기도처에 앉아서 땀을 식히며 휴식을 취하고 있었다. 깊은 산속에 밤은 깊어 아득히 보이는 도시속의 불빛 속에 빠알간 네온 십자가를 하나 둘 세어 보았다. 그러다가 우뚝우뚝 솟아있는 아파트와 빌딩들을 바라보고 있노라니 나도 모르는 사이에 소리 없는 눈물이 주르르 볼기를 적셨다. 나는 혼자말로 "하나님 이렇게 넓은 대지 위에 이렇게 많은 집들이 있는데 어찌하여 나는 땅 한 평이 없고 집

한 칸이 없습니까? 남의 건물을 빌려 예배를 드리고 있고 남의 집을 빌려 세 들어 살고 있잖아요. 주님! 저를 축복해 주세요." 라고 중얼거렸다.

많은 말을 할 수가 없고 큰 소리로 기도 할 수가 없어서 긴 한숨과 함께 차가운 냉기가 스며드는 몸을 웅크리며 소리없는 눈물을 흘리며 흐느끼고 있노라니 언제나 함께 하신다던 주님의 온기가 살며시 느껴지며 나를 안아주시고 위로를 해 주시는 것 같았다.

그때 그 이후로 주님께서는 우리 가정에 큰 은혜와 축복을 주셔서 개척한지 2년이 조금 지나 연립주택 28평짜리를 살 수 있게 해주셨다. 얼마나 감사한 일인지 모른다. 그렇게 좁은 집에서, 먼지속에 살던 지하에서 이제는 2층집 넓은 곳으로 이사를 가니 제일 좋아하는 것은 사랑하는 아내와 딸이었다. 자기의 방도 있고 부엌과 마루도 넓고 또 내 집이고 하니까 너무 좋았던 모양이었다. 그때 딸아이가 한 말을 나는 잊을 수가 없다. "엄마 아빠 나도 이제는 내 친구들을 데리고 올 수 있겠네." 얼마나 집이 초라해 보였으면 친구를 데리고 오고 싶어도 창피해서 데려오지 않았을까 생각하니 목사이기 전에 아빠로서 너무나 가슴 아팠다. 나는 목사라서 이 길을 가야 하지만 모든 것을 감수하고 견뎌주는 딸아이가 너무도 고맙기만 하다. 어느 날은 이런 일이 있었다. 딸아이가 학교에서 돌아오더니 가방을 휙 팽겨치면서 "나는 아빠가 목사가 아니었으면 좋겠어."하며 소리를 꽥 질렀다. 아마도 학교에서 아빠가 목사이기 때문에 아빠를 위해서 할 말도 못하고 놀러도 못가고 하고싶은 것도 못하고 했던 모양이었다. 얼마나 많은 스트레스를 받았으면 그런 말을 했을까 생각하면 딸아이에게 너무 미안하다. 지금은 성년이 되어 결혼할 나이가 되었지만 세상에 빠지지 않고 착하고 예쁘게 자라준 것이 너무도 하나님께 감사하고, 자식에게 고마우며 또 그렇게 고생하며 자식을 키워준 아내가 고맙기만 하다

하나님께서는 사택과 함께 교회적으로도 많은 축복을 해 주셨다 그런데 축복 뒤에는 어려움도 함께 따라오는 모양이다. 교회가 세들어 살고 있던 건물주가 I.M.F로 인하여 부도를 맞아 할 수 없이 보증금을 상실한 채 다른 곳으로 이사를 가야만 했다.

이사간 건물은 전세가 아닌 월세를 내면서 예배를 드리게 되었는데 다행히 맘씨 좋은 건물 주인을 만났다. 매월 거액의 월세를 꼬박꼬박 내야한다는 것이 여간 부담이 아니었지만 하나님께서는 계속적인 은혜와 부흥을 주시고 교회가 차고 넘치도록 축복해 주셨다. 따라서 예배장소가 좁아지기 시작해 뒤에 서서 예배하는 성도가 있는가 하면 또 어떤 성도는 자리에 앉기 위해 일찍 교회에 와서 기도하는 현상들이 벌어졌다. 그러하기를 몇 년이 흘러갔다. 이제는 안정되게 목회를 하려나 했더니 어느날 갑자기 예고도 없이 건물 주인이 와서 교회를 비우라는 것이다. 그것도 자기의 사업상 건물이 매각이 되었으므로 1개월내로 이사를 가라는 것이었다. 너무도 기가막힌 일이라 아무소리 못하고 "주여! 주여!"만 하고 있었다. 그렇지 않아도 제직회를 할때마다 이 건물을 사도록 하자고 했었는데 갑작스레 일이 벌어지니 당황되기만 했다. 전 성도들이 목적을 놓고 기도하기를 시작했다 "하나님, 또 이사를 가야합니다. 이제는 쫓겨나가는 기분입니다. 하나님, 예배처소를 주세요!" 날마다 이사갈 곳을 물색하였으나 우리의 형편에 있는 마땅한 장소가 없었다.

그런데 우리가 예배하고 있는 길 건너 바로 맞은 편에 빌딩이 하나 있는데 매매한다고 광고를 붙여놓은지 약 6개월이 지났는데도 계속 붙어있는 것이었다. 나는 아내와 함께 그 건물 주인을 만나 흥정을 했고 우리의 조건대로 매매를 해주겠다고 했다. 생각지도 못했던 건물이었다. 그 건물은 직사각형으로 지어져 있어서 예배처소로는 잘 어울리는 건물이지만 그 건물 2층에 어느 교회가 세들어 있었기 때문에 생각도 못했던 일이었다. 그런데 하나님께서는 그 건물을 매입

할 수 있는 기회를 주셨던 것이다. 할렐루야!

우리는 세 들어 살고있는 곳에서 안일하게 예배하며 이 건물을 우리에게 달라고 기도했지만 하나님께서는 또다른 곳에 계획을 갖고 계셨다. 그래서 건물 주인을 움직여 우리를 나가게 하시고 단독으로 구별된 건물을 주시려고 하셨던 것이다.

드디어는 단독건물을 갖게 되었다. 그 건물은 지하 1층, 지상 3층의 아담한 건물이다. 우리는 낡은 곳을 깨끗하게 리모델링을 해서 교회처럼 만들었다. 붉은 벽돌로 외장을 마무리 하고 십자가 종각을 높이 세우고 교회 간판을 걸어 전형적인 교회처럼 꾸몄다. 그리고 그동안 베풀어 주신 은혜를 높이 감사하면서 주 하나님께 힘차게 예배하며 영광을 돌리고 있다. 이것이 교회를 개척한지 9년만에 이루어주신 하나님의 축복이었다.

하나님의 축복 뒤에는 여지없이 나타나는 시험이 있는가보다. 그런데 이번에 나에게 찾아온 시험은 너무도 어려운 시험이었다. 목회를 하느냐 마느냐 하는 인생의 갈림길에 서 있었던 것이다. 나는 이 시험문제를 가지고 결단을 내려야할 입장이 되었으므로 모든 것을 뒤로한채 하나님께 매어 달리기로 했다. 교회는 사랑하는 아내에게 부탁하고 아무도 알지 못하는 기도원으로 향했다. 사람을 만나기 싫어 산에다 텐트를 치고 목사라는 것을 숨기기 위해 집사라고 하며 40일 작정기도에 들어갔다. 한 주간 두 주간이 이 흘렀다. 첫 주에는 그냥 기도원에 왔나보다 라고 생각했는데 3주가 되니 교회가 보고 싶고, 사랑하는 아내와 자식과 성도들이 그립고 미칠 지경이었다. 산에 올라가 그리움을 달래느라고 하나님께 "하나님, 나는 어찌해야 합니까? 나의 길을 가르쳐 주세요." 울며 불며 몸부림치며 소리를 질러 기도했다. 그런대도 하나님은 아무 말씀이 없으시고 나를 바라보고만 계셨다.

이제 한 달이 지나고 두 달째가 되어 작정한 사십일이 하루 남았다. 하나님의 응답은 없었고 시간만 흘렀다. 내일 가야 하는가. 또 다시 기도원에 머물러야 하는가의 갈등이 쌓이기를 시작했다. 밤 자정이 가까올 무렵이다. 늘 기도하던 산정상에 왠 둥그런 달이 그렇게 크게 떠 있을까, 여태껏 그렇게 큰 달을 보지를 못했다. 너무도 신기하여 단숨에 달려 올라가 보았다. 그런데 이상한 것은 산밑에서 보았던 달은 온데간데 없고 기도하시는 분들만 서너 명이 앉아 있었다. 나도 옆에서 기도를 드리고 하산하여 날을 보냈다. 드디어 모든 것을 마무리할 시간이 되었고 하나님께서 아무런 응답도 없으시므로 집으로 돌아가서 모든 것을 정리하고 그동안 입었던 은혜를 뒤로한 채 목회를 마무리 해야만 했다. 기도원에 가지고 온 짐을 다 챙겨놓고는 마지막 마무리겸 인사기도라도 드릴 맘으로 정해놓은 기도장소에 갔다. 기도가 안되어 성경을 읽고 있는데 마음에 감동이 왔다. 몸이 달아오르기 시작하고 견딜 수가 없어서 눈물속에 울부짖으며 기도를 드리는데 방금 보았던 성경책이 별안간 집채만 하게 크게 보였다. 울다가 보아서인가 싶어 눈물을 씻고 보아도 여전히 집채만 하게 보인다. 너무도 신기한 일이었다. 이때에 주님의 음성이 들려왔다. "너는 가서 내 복음을 힘있게 전하라. 내가 너를 보낸 것이 아니냐." 너무도 감격하여 기쁨과 감격속에 기도하는데 하염없는 눈물이 쏟아져 흐르고 있었다. 엉엉 울면서 펑펑 쏟아지는 눈물로 찬송가 259장 "빛의 사자들이여 어서 가서 어둠을 물리치고"를 한참 부른후 하산을 하는데 그렇게 마음이 가볍고 기쁠수가 없었다. 하나님께서는 못난 나를 불쌍히 여기셔서 큰 은혜를 주시고 새 역사를 이루어 가시고 계신다. 그래서 지금도 주일 저녁예배시에는 이 찬양을 성도들과 함께 매주 부르고 있다.

그때 시험을 이겨낸후 이제는 그동안 은혜와 축복을 주신 축복해 주시는 하나님께 감사드리면서 예수 그리스도의 복음사역에 박차를 가하고 있다. 땅끝 선교회를 통하여 세계 구석구석까지 주의 복음을 전하고, 어린이집을 통하여 어린 생명들에게 복음을 전하며, 요양원을 통하여 얼마 남지않은 영혼들을 주님께로 인도해드리고, 신학교를 통하여 주의 일군을 양성하는 일에 주력하고, 부흥성회를 통하여 성령님의 사역에 동참하고 있다.

앞으로 주님 오시는 날까지 주님께서 베풀어주신 은혜와 사랑에 감사하고 보답하면서 복음전하는 일을 늦추지 않을 것이다.

모든 영광을 주 하나님께 돌려 드린다. 아멘.

# 벧엘로 올라가라

● 약    력
대한예수교장로회(합동정통) 대명교회 담임
한국기독교지도자협의회 부총무

신재영 목사

　야곱과 그 자녀들이 세겜에서 완패를 당하여 비참하게 되었습니다. 이때 하나님께서 그냥 내버려두지 아니하시고 야곱을 찾아 오셨습니다.

　"야곱아, 일어나 벧엘로 올라가라 그리고 단을 쌓으라"고 하셨습니다. 이것은 야곱에게 벧엘의 신앙(창 28:18-20)을 회복하라는 것입니다. 야곱은 밧단 아람에서 20년 동안 살면서 처음 신앙을 다 잃어버리고 고향으로 돌아오는 길에 얍복강에서 기도하면서 회개하고 어느 정도 신앙을 회복했으나 오랫동안 타락된 생활을 했기 때문에 완전회복을 하지 못한 것 같습니다. 완전회복을 했다면 벧엘로 올라갔어야 합니다. 거기서 단을 쌓고 하나님께 감사의 제사를 드렸어야 했습니다. 그런데 야곱은 세겜으로 가서 살다가 큰 실패를 했습니다.
그러나 하나님은 야곱을 찾아오셔서 벧엘의 신앙을 찾으라고 말씀하
셨습니다.

### 첫째, 벧엘의 신앙은 어떤 것인가

벧엘이란 의미는 하나님의 집이요 오늘날 교회입니다. 벧엘은 야
곱이 하나님을 만난 곳입니다. 창 28:10~22에 보면 하나님의 사자
가 사다리를 오르락내리락하는 하늘문 열린 신앙이요 하나님을 만나
고 하나님의 말씀을 받는 곳이요 십일조와 성전건축을 서원한 곳이
다. 하나님은 야곱이 벧엘에서 하나님을 만나서 받은 은혜와 서원한
약속을 지키라는 것입니다.

성도는 환란 날에 하나님께 부르짖고 하나님을 만나고 동행하던
처음 믿음, 처음 사랑을 찾고 그 신앙으로 살아야 합니다.

벧엘은 아브라함이 하나님을 만난 곳이요 그가 처음으로 제단을
쌓은 곳이요 여호와의 이름을 불렀던 곳입니다.(창 13:4)

벧엘은 하나님을 만나는 곳으로 오늘날의 교회입니다. 우리는 교
회를 통해서 하나님을 만나고 하나님의 축복을 받고 구원을 받을 수
있습니다. 따라서 교회 밖에서는 이러한 축복을 받을 수 없습니다.

### 둘째, 벧엘을 떠나면 위기가 온다.

야곱은 하나님의 약속으로 축복을 많이 받았습니다. 그의 조부 아
브라함이 받았던 약속의 땅, 꿈에 그리던 땅으로 돌아왔고 4명의 부
인과 13명의 자녀를 얻었으며 더이상 부러움이 없을 정도로 거부가
되었습니다. 그러나 그 부요함으로 인해 하나님이 싫어하는 이방의
우상을 섬길 정도로 타락하고 사치하였습니다. 이러한 우상숭배와 사
치는 하나님의 약속으로 받은 축복을 버렸음을 의미합니다. 그러므로
물질로 인한 타락은 위기를 몰고 옵니다.

야곱의 사랑하는 딸 디나가 세겜 땅 족장의 아들에게 성추행을 당했습니다. 야곱의 아들들은 이 일을 알고 분노하여 시므온과 레위의 주도로 세겜 땅의 남자를 죽이는 살인의 복수를 저질렀습니다. 이로 인해 주위의 족속들로부터 가족을 멸망시키려는 분위기가 일어나게 되었습니다. 야곱의 가정에 최대의 위기가 왔던 것입니다.

그러나 이러한 위기는 하나님이 사랑하는 자를 징계하는 채찍입니다. 물론 물질이 풍요하다고 죄가 되는 것은 아닙니다. 하지만 물질의 풍요함으로 인해, 하나님을 멀리하고 물질의 주인되는 것은 잘못입니다. 하나님의 축복을 잊은 사람은 하나님이 징계하십니다.

"주께서 그 사랑하시는 자를 징계하시고 그가 받아들이시는 아들마다 채찍질 하심이라 하였으니 너희가 참음은 징계를 받기 위함이라. 하나님이 아들과 같이 너희를 대우하시나니 어찌 아버지가 징계하지 않는 아들이 있으리요. 징계는 다 받는 것이거늘 너희에게 없으면 사생자요 친아들이 아니니라"(히 12:6-8) 하나님은 자녀들을 사랑하시기 때문에 잘못된 악습을 고치도록 징계하십니다. 그러므로 교회를 중심한 신앙을 떠나면 하나님은 그냥 두시지 아니하시고 징계해서라도 바르게 고치게 하고 다시 축복해 주십니다. 따라서 주일성수, 온전한 십일조, 각종 예배에 소홀히 하면 야곱처럼 하나님을 잊어버리고 타락의 길로 가는 것임을 알아야 합니다.

**셋째, 벧엘로 올라가라.**

야곱의 위대함은 위기에 처했을 때에 하나님을 찾은데 있습니다. 하나님은 야곱에게 벧엘로 올라가서 제단을 쌓으라고 명령했습니다. 벧엘로 올라간다는 것은 신앙의 회복을 의미합니다. 야곱이 벧엘의 신앙을 잃어버리고 타락함으로 그 영향이 가족들에게 미쳐 온 가족들이 큰 낭패를 당했으므로 자신이 회개하고 바로 서서 가족들을 바르게 세워야 했습니다.

야곱은 우상을 섬기지 않았으나 가족들이 우상을 섬기는 것을 묵인했던 것입니다. 라헬이 밧단아람에서 드라빔을 가지고 온 것은 야곱의 신앙이 해이해져 있었다는 증거입니다.

사람이 우상을 가지고 있으면 하나님을 바르게 섬길 수 없습니다. 오늘날 성도들이 하나님보다 더 사랑하는 것이 있다면 그것은 우상입니다. 자녀, 물질, 명예, 남편, 아내 등을 하나님보다 더 사랑하면 그것이 바로 우상인 것입니다.

우상 중 제일 큰 우상은 자기 자신입니다. 성도가 우상을 버려야 신령한 은혜를 받게 됩니다. 야곱은 그 가족들이 우상을 섬기며 타락했던 모든 것을 청산하고 깨끗한 마음으로 벧엘로 올라갔습니다.

벧엘로 올라간 야곱은 먼저 하나님께 단을 쌓았습니다. 이것은 하나님만을 섬기는 신앙이 회복된 것을 의미합니다. 그러므로 벧엘로 올라간다는 것은 성도가 교회중심의 신앙, 하나님 중심의 신앙으로 회복하는 것을 의미합니다. 교회를 떠난 신앙은 복을 받지 못합니다. 교회를 중심한 신앙이 하나님의 사랑과 복을 받게 됩니다.

다윗은 "내가 사망의 음침한 골짜기로 다닐찌라도 해를 두려워하지 않을 것은 주께서 나와 함께 하심이라"(시 23:4) 고 했습니다.

벧엘로 올라간 야곱은 다시 벧엘의 신앙을 회복했고 하나님의 약속(창 28:13-15)을 다시 찾게 되었습니다. 우리도 벧엘인 교회 중심의 신앙을 찾아 하나님의 축복을 받는 성도가 다 되시기를 기원합니다.

# 더불어 사는 인생
## 易地思之(역지사지)


● 약   력
희락교회 담임목사
서울동남노회 증경노회장
총회(통합)부흥전도단 증경단장
한국장로교부흥협의회 총재
세계바울부흥선교협의회 대표회장
장로회 신학대학교 법인이사

심재선 목사

이 시대는 도무지 남의 입장과 취지를 이해하려고 하지를 않습니다. 오직 자기편에서만 판단하고 극단적 이기주의에 갇혀서  답답한 인생을 살아가고 있습니다.

내가 보행자일 때는 운전자가 무질서해 보입니다. 그러나 내가 운전자일 때는 보행자가 무질서해 보이는 것입니다.

필자가 평소에 알고 있는 장로 한분에게 "목사와 장로가 다투면 누가 잘못이 많은 것 같으냐?"고 물었더니 목사가 잘못이 많다고 대답을 했습니다. 그 후에 그분이 뒤늦게 신학대학원을 나와서 목사가 된 후에 또 같은 질문을 했더니 장로가 잘못한다고 대답을 하기에, 전에는 목사가 잘못한다고 했는데 왜 달라졌느냐고 했더니 "아, 그때는 내가 아무것도 모르고 대답을 했었다."고 지금 대답이 정답이라고 했습니다.

사람은 자신이 어떤 위치에 서있느냐에 따라서 판단하는 관점이 달라집니다. 그래서 우리는 늘 입장을 바꿔놓고 생각해 보아야 하는 것입니다.

남편과 아내, 여당과 야당, 선생과 학생, 목사와 교인, 상인과 고객, 정부와 국민 이렇게 상대방 입장에 서서 생각해 본다면 오늘처럼 갈등이 극심하지도 않을 것이며 모든 것들이 부드럽게 풀리게 될 것입니다.

우리도 이제는 모든 면에서 성숙해져야 합니다. 성숙이란 중심이 이동되는 것입니다. 나 중심에서 너 중심으로 나 중심에서 그리스도 중심으로 그렇게 되면 쉽게 상대를 향하여 욕하고 과격한 행동을 하지 않게 될 것입니다.

「형제가 연합하여 동거함이 어찌 그리 선하고 아름다운고(시 133:1)」하는 성경말씀처럼 되어야 합니다. 우리는 지금 사회든 교계든 산산이 깨어지고 분열하여 너무나도 크나큰 아픈 상처를 안고 살아가고 있습니다. 나만 옳고 나만이 최고라고 생각하며 상대를 인정해주지 않는 한 연합과 일치는 요원한 것입니다.

남을 인정할 줄 알아야 합니다. 내가 중요하듯 타인도 중요함을 인정합시다.

입장 바꿔놓고 생각해 보면 이해 못할 것도 없습니다. 자신의 입장에서만 보기 때문에 이해할 수가 없는 것입니다.

이런 공식이 있습니다. 「5-3=2」 무슨 뜻일까요? 어떤 오해라도 세 번만 깊게 생각해 보면 이해가 되고 「2+2=4」 이해하고 또 이해하면 사랑하게 된다는 뜻입니다.

사랑은 허다한 허물을 덮는다 했습니다. 결혼했다가 이혼하는 이들이 왜 이토록 많습니까?

이혼을 줄이려면 결혼할 때는 두 눈을 뜨고 하지만 결혼 후에는 한쪽 눈을 감아야 합니다. 장점만 봐야 합니다.

하나님께서 창조하신 자연세계가 아름답지만 인간들이 서로 사랑함으로 연합하여 더불어 사이좋게 살아가는 모습만은 못한 것입니다.

우리는 너무나 극단적이고 독선적으로 달려 왔습니다. 지나친 흑백논리에 갇혀 살았습니다. 더불어 사이좋게 융합하고 통합하여 살아가는데 너무나 미숙했습니다.

상호 공동체의식을 갖고 행복하게 살면 하나님께서도 흐뭇하게 미소 지으시며 복을 내려 주실 것입니다. 극단은 위험합니다. 진보든 보수든 우익이든 좌익이든 어느 편에서나 장단점은 있는 것입니다. 우리는 예수님을 닮아야 합니다. 예수님은 자신은 완벽하게 흠도 티도 없이 사셨으나 우리들에게는 관대하게 한없는 긍휼과 자비로 용서해 주시고 위로해 주셨습니다. 우리는 자신의 과오에는 너무도 관대하면서도 타인의 과오에 대하여는 냉혹할 정도로 비판과 공격을 일삼아 왔습니다.

예수님은 말씀하셨습니다. 형제의 눈 속에 있는 티를 지적하기 전에 네 눈 속에 있는 들보를 먼저 빼내고 형제의 눈에 있는 티를 빼주라고 말입니다.

우리 국민은 너무나 편 가르기를 하며 살아왔습니다. 하나님도 한분이시고 주님도 한분이시며, 교회도 하나 라고 했습니다. 이제부터는 하나 되는데 총력을 기울여야 합니다. 연합하고 통합하는데 힘써야 합니다. 너그러운 마음으로 상대방을 포용해야 합니다.

상대를 높이고 존경하는 풍토를 만듭시다. 하나님도 기뻐하시고 우리도 행복해질 것입니다. 易地思之하며 살아봅시다.

필자가 복음성가 중에 아주 좋아하는 것이 있어서 가사를 소개해 보겠습니다.

(1절)  내가 먼저 손 내밀지 못하고
       내가 먼저 용서하지 못하고
       내가 먼저 웃음 짓지 못하고
       이렇게 머뭇거리고 있네
       그가 먼저 손 내밀길 원했고
       그가 먼저 용서하길 원했고
       그가 먼저 웃음주길 원했네
       나는 어찌된 사람인가
       아! 간교한 나의 입술이여
       아! 더러운 나의 마음이여
       왜 나의 입은 사랑을 말하면서
       왜 나의 맘은 화해를 말하면서
       왜 내가 먼저 져 줄 수 없는가
       왜 내가 먼저 손해 볼 수 없는가
       나는 오늘 나는 오늘
       주님 앞에서 몸둘바 모른채
       이렇게 흐느끼고 서있네
       어찌 할 수 없는 이맘을
       주님께 맡긴 채로
(2절)  내가 먼저 섬겨주지 못하고
       내가 먼저 이해하지 못하고
       내가 먼저 높여주지 못하고
       이렇게 고집부리고 있네
       그가 먼저 섬겨주길 원했고
       그가 먼저 높여주길 원했네
       나는 어찌된 사람인가
       이 추악한 나의 욕심이여

이 서글픈 나의 자존심이여
왜 나의 입은 사랑을 말하면서
왜 나의 맘은 화해를 말하면서
왜 내가 먼저 져줄 수 없는가
왜 내가 먼저 손해 볼 수 없는가
오늘 나는 오늘 나는
주님 앞에서 몸둘바 모른채 이렇게
흐느끼고 서있네
어찌할 수 없는 이맘을 주님께 맡긴채로


　내가 먼저 마음을 넓게 가져야 합니다. 내가 먼저 화해의 손을 내밀어야 합니다.　내가 먼저 사랑과 친절을 겸손히 실천해야 합니다. 그래야 좋은 세상이 만들어지고 사회도 교회도 가정도 자신에게도 행복이 깃들게 됩니다.
　아멘.

# 성도의 3대 교훈

성도의 3대 교훈

● 약  력
한국기독교 총연합회 대표회장
한국 경복총회 총회장
한국기독교 지도자협의회 공동회장
중흥교회 담임

엄신형 목사

## 1. 하나님을 영화롭게 하는 삶

소요리 문답 제1번에는 "인간의 삶의 제일되는 목적은 하나님을 영화롭게 하며, 그를 영원토록 즐거워함에 있다"고 말하고 있습니다. 성도는 하나님의 영광을 나타낼 자로 지음 받았으므로(사 44; 23, 49:3, 60:21, 61:3) 마땅히 하나님을 영화롭게 해드려야 합니다.

"영화롭게 한다"는 말의 원문의 의미는 "찬미하다, 찬양하다, 아름답게 하다, 영광을 돌리다, 존귀하게 하다, 영예롭게 하다, 찬란하게 하다" 등 여러 가지 입니다.

"하나님을 영화롭게 한다"는 것은 "하나님을 영화롭게 만든다"라는 뜻이 아닙니다. 하나님은 이미 영화롭고 존귀하신 분으로서(출 15:1, 시 76:4) 그 이름이 아름답고 영화로울 뿐 아니라(시 8:1, 신

28:58) 그 계신 처소 또한 거룩하고 영화로우십니다(대상 16:27,
시 96:6, 사 60:13, 63:15). 하나님은 영원 전부터 영화로우셨으
므로 그로 말미암아 창조된 어떤 피조물도 이미 영화로우신 하나님
을 더 영화롭게 할 수 없습니다. 그러므로 "하나님을 영화롭게 한다"
는 말은 즉 "하나님의 영광을 반사한다" 라는 의미로 이해되어져야
합니다. "하늘이 하나님의 영광을 선포하고 궁창이 그 손으로 하신
일을 나타내는도다"(시 19:1) 라는 말씀처럼 하나님이 창조하신 아
름다운 세계는 하나의 거울과 같이 하나님의 영광을 그대로 드러내
보여 주는데, 이것이 곧 피조물의 의무요, 또한 조물주 하나님의 영
광과 그 영화로움을 드러내므로써 피조물 자신이 영화롭게 되는 길
임을 알 수 있습니다.

하늘과 땅 등 아름다운 피조세계는 단지 하나님의 영화로움을 선
포할 뿐이지만(시 19:1), 하나님의 형상대로 지음받은 인간은 누구
나 하나님의 영광을 나타낼 도구들로써(사 60:21, 61:3) 자원하여
이 일을 할 수 있는 놀라운 특권을 부여받았습니다. 그러나 많은 사
람들은 하나님을 영화롭게 하며 영원히 그를 즐거워하기를 원치 않
습니다. 사람이 하나님을 영화롭게 하지 않으며 심지어 하나님을 섬
기기를 고의적으로 반대한다 할지라도 그는 여전히 하나님의 지배
아래 남아 있는 것입니다. 그리하여 구원 받은 자들은 하나님의 자비
와 찬송으로, 버려진 자들은 그들이 비록 원치 않는다 할지라도 하나
님의 진노와 공의의 심판으로 하나님을 영화롭게 하는 것입니다.

신구약 성경 말씀은 우리가 어떻게 하나님을 즐거워하고 영화롭게
할 것인가에 대하여 가르치며(딤후 3:16, 계 22:18-19), 또한 예
수님의 지상에서의 삶의 목표가 하나님을 영화롭게 하고 거룩하게
하며, 그 뜻을 이루기 위한 것이었음을 밝히 보여주고 있습니다(요
12:28, 14:13, 17:4). 성경을 통하여 하나님을 영화롭게 하는 삶
의 길을 살펴 보면, 한 마음과 한 입으로 하나님을 찬송하고(대상 2

9:13, 시 66:2, 72:19, 롬 15:9), 사명 감당, 즉 하나님께서 명하신 일을 성취하며(요 17:4), 선한 행실과 열매 맺는 삶을 통하여(요 15:8, 벧전 2:12), 감사로 제사를 드리고(시 50:23, 대상 29:13), 고난 속에서의 간구와 기도의 응답을 통하여(시 50:15, 요 14:13, 벧전 4:16), 또한 몸과 풍성한 물질을 드리는 삶을 통하여(롬 12:1, 고전 6:19-20, 고후 9:13 하), 말과 봉사와 범사에 하나님의 능력과 영광을 나타내므로(벧전 4:11), 하나님께서 영화롭게 해 주심을 입음으로써 비로소 하나님을 영화롭게 해 드리는 삶을 살 수 있음을 가르치고 있습니다.

자기를 영화롭게 하고 하나님을 영화롭게 하지 않는 자는 하나님께서 버리시고(롬 1:21-25), 고난과 애통으로 갚으시며(계 18:7), 저주를 내리신다고 하셨습니다(말 2:2). 사람이 자기 중심에서 벗어나 비록 국가를 위하여 헌신하고 인류의 행복을 추구하며, 최대 다수를 위한 최대 유익의 사상으로 최선을 다한 삶을 살았다 해도 이는 곧 사람의 유익을 추구하는 것으로써 인간 중심이요, 궁극적으로는 자신의 유익을 추구하는 결과가 됩니다. 그러므로 우리는 먼저 하나님 앞에 자신의 죄를 회개하고 예수 그리스도를 믿는 신앙인이 되어, 먹든지 마시든지 무슨 일을 하든지, 의식적으로 자신의 모든 시간과 활동 등 삶의 전부를 하나님의 영광과 그 이름을 예배하며 그 앞에서 즐거워함을 원칙으로 하는 하나님 중심의 삶을 살아야 합니다(고전 10:3). 그리하여 영영토록 전심으로 하나님의 영화로움을 빛내드리는 삶 속에, 하나님으로 인하여 국가가 영화로와지고 그 자신이 또한 영화로와지는 복된 성도(잠 4:8-9, 사 60:9, 렘 30:19, 요 17:5)가 되어야 합니다.


## 2. 교회를 영화롭게 하는 삶

성도는 하나님을 영화롭게 하는 삶을 통하여 교회를 영화롭게 해야 합니다. 교회란 말의 헬라어 '에클레시아'(εχχλησια)의 의미는 "세상에서부터 그리스도에 의해 그리스도에게로 부름을 받은 모든 집단, 또는 하나님의 뜻에 복종하기 위하여 모인 무리, 하나님을 향한 예배를 위해 모인 기독자의 모임" 등 여러 가지 입니다.

하나님께서 예수 그리스도의 피값으로 사신바 된 그리스도의 교회는 그리스도의 몸이요 머리이며(엡 1:23, 5:23), 하나님께서 친히 임재하여 거하시는 거룩하신 곳(고전 3:17)이요, 주의 성령이 거하여 끊임없이 역사하시는(고전 6:19) 하나님의 교회(고전 1:2) 입니다. 뿐만 아니라 교회는 죄와 죽음 가운데서 생명의 예수님 품 안으로 불러냄을 받은 자들, 곧 마귀의 지배에서 벗어나 그리스도의 사랑과 하나님의 은혜 아래에서 변화된 하나님의 거룩한 자녀들이 함께 모여 하나님의 영화로우신 이름을 찬미하고(시 135:2-3), 그리스도의 구속의 은총을 감사하며 하나님께 신령과 진정으로 예배드리며(요 4:24), 하나님의 크신 은혜와 기도의 응답을 받는 곳(삼하 22: 7, 사 56:7) 입니다.

그러므로 성도는 마땅히 하나님의 교회가 예수님 앞에서 흠도 티도 없이 영광스러운 교회로 세워지기까지(엡 5:27) 항상 깨어 근신하여 기도하며, 하나님이 기뻐하사 눈동자 같이 지키시고 보호하시는 주의 몸된 교회를 늘 영화롭게 해야 합니다.

하나님의 교회가 영화롭게 되기 위해서는 데살로니가 교회처럼 우리가 섬기는 교회에 대한 좋은 소문이 각처로 힘있게, 널리 퍼져 나가야 합니다. 이 좋은 소문은 하나님의 말씀을 진실히 받아 믿는 성도 속에서 그 말씀이 힘있게 역사하여 날마다 말씀 안에서의 믿음의 성장을 이루고(살후 1:3), 하나님의 사랑과 능력 안에서 믿음으로 역사하는 본을 보이며(살후 1:11, 갈 5:6), 그리스도 안에 있는 넘치는 사랑으로 날이 갈수록 더욱 뜨겁게 주를 사랑하고 교회를 사랑하며, 그리스도의 지체된 성도들을 사랑하고 그리스도의 이름을 위하여 사랑으로 서로 봉사하며(히 6:10, 골 1:4), 사랑의 모든 수고와 희생도 아끼지 않는 삶을 통하여 전해집니다.

뿐만 아니라, 성령의 안위와 하늘에 쌓아둔 소망, 즉 예수 그리스도에 대한 소망을 견고히 가지고 모든 핍박과 넘치는 환난 가운데서도 모든 것을 인내하는 신앙 생활을 통하여 각처로 교회에 대한 좋은 소문이 퍼져 나가므로 교회는 영화롭게 되는 것입니다. 교회가 영화롭게 되기 위해서는 하나님을 위해 헌신하는 일군이 많아야 합니다.

(1) 깨어 근신하여 기도하는 일꾼(살전 5:17, 벧전 4:7)

기도는 하나님의 마음을 움직이는 무기이며, 하나님의 성령의 권능을 힘입고 쉬지 않고 늘 깨어 전혀 기도에 힘쓰는 일꾼들을 통하여 교회는 신령한 은혜가 더욱 넘치게 되고, 구원 받는 무리들이 날마다 더해지는 큰 부흥을 이루게 되며, 성령의 강한 권능과 역사 속에 각가지 은사와 치유의 은혜와 모든 문제의 해결의 역사가 끊임없이 일어나는 영적 자원이 풍부한 능력있는 교회로 변화되며, 거룩하신 하나님의 뜻을 성취하는 아름다운 역사가 일어나는 교회로서 영화롭게 빛나게 됩니다.

(2) 열심히 전도하는 일꾼(마 9:37-38, 골 1:23-28)

복음 전도는 예수님의 지상 명령이며(행 1:8), 영혼 전도는 성도의 의무이므로, 예수님의 피값으로 구원 받은 성도는 그리스도의 빛을 발하는 삶을 통하여 이웃과 주변에 생명의 복음을 전파해야 합니다. 사도 바울처럼 영혼 전도에 대한 뜨거운 열정과 순교의 각오로 주와 복음을 위하여 자신의 생명까지 아낌없이 투자할 수 있는 전도의 능력자들이 많이 일어나 주변의 많은 영혼들을 주님 품 안으로 인도하고, 요소 요소에 필요한 일꾼들이 세움받아 주를 위해 충성하며 민족과 세계 복음화에 앞장서 역사하므로 하나님께 영광을 돌려

드릴 때, 인적자원이 넘치는 교회로서 영화롭게 빛나게 됩니다.

(3) 물질로 봉사하는 일군(눅 8:3, 고후 8:2-3)

예수님 당시에 그 주변에는 제자들을 비롯한 많은 사람들이 있었는데, 그 중에는 예수님과 그 제자들을 자기들의 소유로 정성껏 섬기며 복음사역에 동참했던 요안나와 수산나 등 여러 여자들이 있었습니다. 그러므로 성도는 하나님이 주신 복을 따라 주와 복음을 위하여 힘을 다해 물질을 드리고(신 16:17, 고후 8:3), 하나님의 선한 사업을 위하여 믿음과 감사한 마음으로 자원하여 풍성한 물질을 드리며(시 50:23, 고후 8:2-3), 하나님이 주실 복을 확신하며 하나님의 영광과 그의 일을 위하여 기쁨으로 물질을 드리는(신 16:15) 하나님의 일꾼들이 많이 있을 때, 풍족한 물적 자원을 기반으로 구제와 선한 사업에 힘쓰고, 민족과 전세계적으로 복음의 일꾼들을 파송하여 하나님의 말씀을 세계 전역에 힘있게 전파하게 되고, 하나님의 영광의 빛을 높이 드러내게 되므로 교회는 영화롭게 빛나는 것입니다.

## 3. 국가를 영화롭게 하는 삶

이스라엘 사람들은 강한 선민 의식과 함께 뚜렷하고 철저한 국가관을 정립하고, 세계 도처 어디에서나 국가에 대한 강한 자부심과 긍지를 가지고 살아가고 있습니다.

성도는 국가를 영화롭게 할 책임을 지니며, 또한 국민의 한 사람으로서 국가에 대한 의무 수행에도 충실해야 합니다.

### 1) 국가를 수호하고 영화롭게 해야 할 이유

(1) 하나님의 명령에 순종하는 것이기 때문입니다.

한 국가가 형성되기 위해서는 국토와 국민과 주권이 있어야 하며, 형성된 국가는 주님 오시는 그날까지 영화롭게 보존되어야 합니다.

왜냐하면 천지 만물을 창조하신 하나님께서 땅의 한계를 정하여 나라를 세워 주셨고, 나라마다 그 나라를 다스리고 길이 보존하며 아름답게 가꾸고 나날이 발전과 번영을 이루도록 명하셨기 때문입니다.

창세기 1장에서 하나님은 천지 만물과 남자와 여자를 창조하신 후에 그들에게 복을 주시며 이르시기를 "생육하고 번성하여 땅에 충만하라 땅을 정복하라 … 또 다스리라"고 하셨습니다. 하나님은 그의 창조물을 인간에게 맡기셨고, 보존하고 발전시킬 의무를 부여하셨습니다. 하나님께서 땅의 한계를 정하여 우리에게 맡겨주신 이 나라를 우리는 다스리고 보존하고 아름답게 가꾸고 번영을 이루도록 힘써야 합니다.

(2) 선조로서의 의무를 다하는 것이기 때문입니다.

과거의 우리 민족은 외세의 침략과 압박 속에 약소 민족으로서의 많은 설움을 받으며 살아 왔습니다. 그 숱한 환난과 전쟁과 어려움을 겪으면서도 우리에게 이 복된 오늘의 현실이 있는 것은 하나님께서 특별한 사랑으로 우리 나라와 민족을 지키시고 보호해 주시는 은혜임을 깊이 감사드려야 하며, 이 나라를 아름답게 보존하고 세계 속에 우리의 국호를 영화롭게 빛내려는 우리 선조들의 수고와 땀과 피와 눈물과 희생의 댓가임을 깨달아야 합니다. 국가를 수호하고 보존하며 영화롭게 빛내려는 선조들의 강한 의지와 애국애족의 삶은 그들의 젊음도, 사랑도, 지혜도, 재산도, 심지어는 그 생명까지도 아낌없이 투자하게 했습니다. 하나님의 은혜와 선조들의 값진 희생으로 물려받은 이 나라를 우리는 철저히 수호하고 보존하여 더욱 번영하고 아름다운 나라, 더욱 영화롭게 빛나는 나라, 보다 살기좋은 축복된 나라로 후손들에게 유산으로 물려 주어야 합니다. 이를 위해 우리는 책임감을 가지고 각자의 위치에서 주어진 의무를 충실히 이행해야 합니다.

(3) 질서와 평화를 유지하는 것이기 때문입니다.

모든 천체는 각자의 위치를 지키므로 질서있게 운행되고 있습니다. 나라마다 파괴와 분쟁과 야욕을 버리고 자국의 수호와 의무를 충실히 이행할 때 세계는 질서와 평화를 유지할 수 있습니다.

이와 같이 한 나라의 질서와 평화 유지도 국민 개개인이 서로 핑계하거나 타인에게 책임을 전가하지 말고, 책임감있게 철저한 수호 정신으로 깨어 나라를 지키며, 각자의 위치에서 주어진 의무를 충실히 이행할 때 이룩되는 것입니다.


2) 국가를 영화롭게 하려면?

(1) 하나님을 진실히 섬겨야 합니다(시 33:12, 144:15).

온 세계와 그 안에 있는 모든 것은 창조주인 하나님께 속한 것이며(출 19:5, 욥 41:11, 시 24:1, 50:12, 고전 10:26). 인간의 생사화복과 국가의 흥망성쇄도 모두 하나님의 장중에 있고, 인류의 역사 또한 하나님의 뜻대로 진행되고 있습니다(신 30:15, 19, 시 33:10, 단 4:25, 32). 시편기자는 말하기를 "여호와로 자기 하나님을 삼은 나라 곧 하나님의 기업으로 빼신바된 민족은 복이 있다"(시 33:12, 144:15) 라고 했습니다. 천지 만물의 주인이시요 전능자이신 하나님을 아버지로 모시고, 온 마음과 기쁜 뜻으로 그를 진실히 섬길 때(대상 28:9), 주께서 그 나라를 지키시고 보호하시며, 세계 속에 그 영광을 드러낼 자로 그 나라를 창성케 하사 굳건히 세워 주시고(사 9:3), 세계에서 칭송받는 축복된 민족으로 그 영화로움을 더하여 주십니다(사60:9, 61:3, 9).

시편 127편 1절에 "여호와께서 집을 세우지 아니하시면 세우는 자의 수고가 헛되며 여호와께서 성을 지키지 아니하시면 파숫군의 경성함이 허사로다" 라는 말씀과 같이 인간의 수고와 노력 위에 하나님의 도우심이 함께 해야 인간은 온전히 임무 수행을 완수할 수 있습니다. 우리 국민의 심령 속에 예수님을 구세주로 영접하여 하나님을 섬기는 민족 복음화의 그날이 신속히 앞당겨지도록 우리는 더욱 힘써야 하겠습니다. 그리하여 하나님께서 불담과 불성곽이 되어 지켜 주시고 천군 천사 동원하여 이 나라를 지켜 주시도록, 우리는 하나님 중심의 진실된 삶을 살고 날마다 하나님을 예배하고 찬미하며, 사랑하고 감사하며 의지하고 순종하며 하나님을 경외해야 합니다.

(2) 나라와 민족을 위하여 기도해야 합니다(딤전 2:1-2).

디모데전서 2:1-2에서 하나님은 "그러므로 내가 첫째로 권하노니 모든 사람을 위하여 간구와 기도와 도고와 감사를 하되 임금들과 높은 지위에 있는 모든 사람을 위하여 하라 이는 우리가 모든 경건과 단정한 중에 고요하고 평안한 생활를 하려 함이니라"고 말씀하십니다. 성도가 나라와 민족을 위해 기도해야 할 필요성에 대해서 말씀하고 계시는 것입니다. 기도는 하나님의 마음을 움직이는 힘이요, 하나님의 크신 능력을 공급 받는 통로이며, 하나님의 보호하심과 하늘의 역사를 이루는 열쇠입니다. 그러므로 능치 못하심이 없는 하나님 앞에 우리는 늘 깨어 기도하므로, 어떤 악한 세력도 결코 이 나라를 틈타지 못하고, 원수의 모든 악한 꾀와 계획이 무산되며, 전능하신 하나님의 절대적인 보호 속에 이 나라가 안정과 번영을 이루도록 힘을 다해 나라와 민족을 위한 기도의 파숫군의 사명을 감당해야 합니다.

에스더는 위기에 처한 민족의 생명을 구하기 위하여 죽으면 죽으리라는 각오로 금식하며 기도에 전심했고(에 4:16), 다니엘은 포로된 민족의 회복을 위하여 사자굴 속에 들어가는 생명 의 위협을 무릅쓰고 전심 다하여 기도했으며(단 6장, 9장), 도단성의 엘리사의 끊임없는 간구의 기도는 적군의 은밀한 모든 작전 계획까지 무산시켜 국방을 더욱 튼튼히 하고, 불말과 불병거를 탄 천군 천사가 성을 보호하는 하나님의 위대하신 역사가 일어나게 했습니다(왕하 6장).

이와 같이 성경상에 나타난 신앙의 선조들은 나라와 민족을 위하여 생명을 돌아 보지 않고 끊임없이 기도하므로 자국의 국방을 튼튼히 함은 물론 하나님의 특별하신 역사 속에 나라와 민족의 이름이 영화롭게 빛나게 했습니다. 성읍은 정직자의 축복을 인하여 진흥한다(잠 11:11)는 말씀대로, 우리 자신부터 하나님을 진실히 믿는 의로운 자가 되어, 하나님의 도우심과 보호하심 속에 이 나라가 더욱 영화롭게 빛나고 잘 되기를 소망하면서 뜨거운 사랑의 마음으로 늘 깨어 기도하고 나라의 안정과 번영을 항상 축원해야 합니다. 그리하여 의로운 자에게 주시는 하나님의 은혜를 따라 온 세계에 하나님의 영광을 높이 드러내므로, 우리 모두 함께 자손 만대로 영화로운 민족(사 60:1-9, 62:23)으로서의 축복을 누리게 되시기를 바랍니다.

(3) 뜻을 모아 하나로 뭉쳐야 합니다.

뭉치면 살고 헤어지면 죽는다는 말과 같이 우리 국가의 살 길은 온 국민이 마음과 뜻을 하나로 뭉치고 사랑으로 연합하는 것입니다. 하나님은 연합하는 자들을 기뻐하시고 복을 내리시며(시 133:1-3), 합심하여 간구하는 기도마다 간구하는 그 자신들을 위하여 응답해 주십니다(마 18:19). 그러므로 우리는 예수님의 사랑 안에서 그 마음을 품고 하나되는 일에 전심해야 합니다. 전도서를 보면, "한 사람이면 패하겠거니와 두 사람이면 능히 당하나니 삼겹 줄은 쉽게 끊어지지 아니하느니라"(전 4:12) 고 말씀하고 있습니다. 이와 같이 우리 국민이 사분 오열로 제 각기의 이익만 추구하며 하나 하나 흩어지면 그 어떤 역사도 이룰 수 없으나, 작은 힘이나마 한데 뭉치게 되면 어떤 어려운 문제도 해결하며, 보다 큰 일도 넉넉히 감당하고, 세계 속에 부상하는 아름다운 민족이 될 수 있습니다.

여기에는 희생이 따릅니다. 사사로운 생각이나 감정이나 이익을 과감히 버려야 합니다. 나라를 튼튼히 세우려는 강한 의지와 함께 오

직 하나의 큰 목적만을 위하여 개개인의 뜻을 과감히 포기할 수 있
어야 합니다. 나라를 지키고 평화를 유지하기 위하여 하나되는 이 일
에 주저하지 말고, 나의 적은 정성이 국가 안보에 힘과 도움이 된다
는 기꺼운 마음으로, 우리 모두 다 함께 하나님을 경외하는 신앙으로
하나되어 기도하며 앞장서서 국가를 수호하고, 나라와 민족의 이름을
영화롭게 하는 참된 길에 동참하는 복된 삶이 되게 해야 합니다.

# 변화와 개혁이 필요한 기독교 신앙

● 약  력
대한예수교장로회(연합) 총회장
연세대학교 교수
한국기독교 지도자협의회 상임부회장
바르게살기운동협의회 사무총장

오평호 목사

"말씀하시는 하나님"(히 1:1)이 인간에게 주신 성경은 변론과 논쟁을 위한 것이 아니라 믿으라고 주신 것이다. 인간이 만든 신학은 사람의 영혼을 살릴 수 없으나 성경은 인간에게 영생의 길을 알려주고 있다. "진리가 너희를 자유롭게 하리라"(요 8:32)고 말씀하신 하나님은 인간에 의해서 갇히거나 제한을 받지 않으며 신학의 체계를 초월하시는 분이다.

그래서 "너희가 마땅히 선생이 되었을 터인데 너희가 다시 하나님의 말씀의 초보에 대하여 누구에게서 가르침을 받아야 할 처지"(히 5:12)라고 했다. 여기에 "누구에게서 가르침을 받아야 한다"고 했는데 과연 이 사람은 누구인가? 성경을 아무리 살펴보아도 이름이 나와 있지 않다. 기독교의 신학은 확실한 답변을 못하면서 여전히 학문의 연구로 존재하고 있다.

예수님이 출생하기 전 구약성경에 "여자의 후손"(창(3:15), "한 별"(민 24:17) 이라고 했으나 이름이 전혀 나타나지 않았다. 또한 이사야 선지자는 "임마누엘"(사 7:14), 다윗은 "제사장"(시 110:4) 이라고 했다. 그리고 미가 선지자는 "베들레헴"(미 5:2)에서 탄생할 것을 예고했다. 그러나 메시아로 오실 예수의 이름은 구약에 전혀 나타나지 않았다.

예수라는 이름은 천사가 요셉에게 꿈에 나타나서 "아들을 낳으리니 이름을 예수라 하라. 이는 그가 자기 백성을 그들의 죄에서 구원할 자이심이라."(마 1:21)고 알려 주었다. 비로소 예수라는 인물이 소개되었던 것이다.

선지자들은 세례자 요한에 대해서 "광야에서 외치는 자의 소리"(사 40:3)나, "보라! 여호와의 크고 두려운 날이 이르기 전에 내가 선지자 엘리야를 너희에게 보내리라"(말 4:5)고 했다. 예수님은 "오리라 한 엘리야가 곧 이 사람이니라"(마 11:14) 라고 말씀하셨다. 세례자 요한이 출생하기 이전에 "광야의 소리"나 "오리라 한 엘리야"로 구약성경에 소개되고 있지만 요한이란 이름은 전혀 나타나지 않았다.

요한의 출생을 보자. "유대왕 헤롯 때에 아비야 반열에 제사장 한 사람이 있으니 이름이 사가랴요, 그의 아내는 아론의 자손이니 이름은 엘리사벳이라"(눅 1:5) 고 했다. 그러던 어느날 "사가랴여 무서워하지 말라 너의 간구함이 들린지라 네 아내 엘리사벳이 네게 아들을 낳아 주리니 그 이름을 요한이라 하라"(눅 1:13) 고 천사가 요한의 이름을 알려 주었다. 그러나 사가랴는 그 사실을 믿지 못했다. 왜냐하면 늙었기 때문이다. 그래서 천사는 "보라 이 일의 되는 날까지 네가 말 못하는 자가 되어 능히 말을 못하리니 이는 네가 내 말을 믿

지 아니함이거니와 때가 이르면 내 말이 이루어지리라"(눅 1:20) 고
했다. 결국 사가랴는 아이가 출생하자 이름을 천사가 가르쳐 준대로
요한이라고 함으로서 성경에 기록된 말씀이 이루어 진 것이다.

이와 같이 "너희가 마땅히 선생이 되었을 터인데 너희가 다시 하나
님의 말씀의 초보에 대하여 누구에게서 가르침을 받아야한다" 분명히
누군가에게 가르침을 받아야하고 하나님의 말씀의 초보가 무엇인가
를 알고 완전한 자리로 나아가야 하는 것이다.

하나님의 말씀의 초보가 무엇인가? 성경에 "그리스도의 도의 초보
를 버리라"(히 6:1). 그리고 "완전한 데로 나아갈지니라"(히 6:2) 고
했다. 만약에 이런 사실에 대하여 크리스천들이 이 말씀을 못 믿겠다
고 한다면 그는 적그리스도이다. 하나님께서 선지자와 사도들을 통하
여 전한 모든 말씀은 일점일획도 땅에 떨어지지 않고 다 이루어질
하나님의 말씀이다.

신앙은 어린아이의 신앙에서 장성하여야 한다. 하나님께서 우리의
믿음이 성장하지 않고 그대로 있다면 답답하실 것이다. 신앙의 자만
을 버리고 다시 배워야한다. 신앙의 성장은 천국과 지옥의 갈림길과
같다. 우리의 신앙에 대해 불필요한 것은 버리고, 장성한 자의 입장
에서 칭찬받는 하나님의 자녀가 되어야 한다.


변화와 개혁이 필요한 신앙


첫째, 죽은 행실을 회개하는 것이다.
주님께서 버리라고 하면 버려야 하는데 기독교의 근본이 회개해야
구원을 받는다고 고집하는 자가 있다면 그들은 영원히 천국에 들어
갈 수가 없다.

성경에 기록되어 있는 "하나님의 말씀의 초보"나, "그리스도의 도의
초보"나 같은 말이다. "죽은 행실을 회개하는 것을 버리라"고 하는데

오늘날 교회에서 외치는 설교의 주제가 회개하고 새사람이 되라는 것이다. 회개하는 것이 구원을 받고, 가슴이 시원한 것처럼 느껴지나 그것이 진정한 구원에 이를 수 없다.

예수님이 십자가에 운명하실 때에 강도가 있었다. 강도는 "나 좀 기억해주소서" 하고 주님께 간청했다. 그때 주님은 "너는 나와 함께 낙원에 가 있으리라"고 했다. 강도는 오늘날 크리스천들처럼 죄를 고백한 근거가 없다. 고백에 의해서 구원이 있는 것이 아니다. "여자야! 너의 죄가 다 사해졌노라." 하나님을 사랑하는 마음이 크기 때문에 죄가 사해졌다(눅 7:47)는 것이다.

죄 사함을 받는 것은 그리스도의 피에 의해서다. 그리스도의 피는 말씀 속에 있다. "볼지어다 내가 문 밖에 서서 두드리노니 누구든지 내 음성을 듣고 문을 열면 내가 그에게로 들어가 그와 더불어 먹고 그는 나와 더불어 먹으리라"(계 3:20)고 했다. 주님은 말씀 속에 살아서 역사하고 있다. 그러므로 하나님의 말씀이 우리에게 와 닿는 순간 죄는 다 사해지는 것이다. 마치 전기가 손가락 끝에 조금만 닿아도 전신이 감전되는 것처럼 하나님의 말씀을 영접한 순간 우리는 거룩한 자가 되는 것이다.


**둘째, 하나님께 대한 신앙이다.**

구약의 제사 제도가 잘되어 있고, 하나님께 대한 신앙이 옳았다면 예수님은 "그 제도를 잘 지키고 보존하라"고 했을 것이다. 오늘날 기독교의 신앙이 잘못되어 있기 때문에 하나님께 대한 신앙을 버리라는 것이다. "화 있을진저! 너희 율법교사여! 너희가 지식의 열쇠를 가져가서 너희도 들어가지 않고 또 들어가고 자 하는 자도 막았느니라"(눅 11:52)고 했다.

하나님의 말씀을 다루는 자들이 화를 받는 이유는 지식의 열쇠를 가지고 있기 때문에 그러하다. 천국은 지식으로 가는 것이 아니다.

성경은 말하기를 "땅에서 난 이는 땅에 속하여 땅에 속한 것을 말하느니라."(요 3:31)고 했다.

성경은 거룩한 책이다. 거룩한 하나님의 말씀은 세상의 속된 것과 짝이 될 수가 없다. 우매한 크리스천들이 혼합된 포도주를 먹으면서 신앙생활을 하고 있다. 그들의 모양이 입술로는 하나님을 사랑하고 공경하나 그 마음은 하나님과 멀리 떨어져 있는 것이다. 그래서 "주께서 이르시되 이 백성이 입으로는 나를 가까이하며 입술로는 나를 공경하나 그들의 마음은 내게서 멀리 떠났나니 그들이 나를 경외함은 사람의 계명으로 가르침을 받았을 뿐이라"(사 29:13)고 했다.

"오직 하나님이 성령으로 이것을 우리에게 보이셨으니 성령은 모든 것 곧 하나님의 깊은 것이라도 통달하시느니라"(고전 2:10)고 했다. 그래서 주님께서 "천국의 제자 된 서기관마다 마치 새것과 옛것을 그 곳간에서 내오는 집 주인과 같으니라"(마 13:52)고 했다. 하나님의 종은 성령의 열쇠를 쥐어야 한다. 설교하는 순간은 내가 하는 것이 아니라 내 안에 계신 성령이 하는 것이다. 다만 나는 성령님의 그릇일 뿐이다.

"말하는 이는 너희가 아니라 너희 속에 말씀하시는 자 곧 너희 아버지의 성령이시니라"(마 10:20)고 했다. 이 말씀이 그대로 하나님의 종들에게 이루어진다. 하나님의 말씀을 전하는 것은 사람이 배우고, 외워서 하는 것이 아니다.

인간의 지식으로 천국의 문을 열수가 없다. 성령이 없는 하나님의 종들은 자기가 배운 신학이라는 학문을 가지고 천국의 문을 열려고 발버둥치면서 자기도 천국에 들어가지 못하고, 들어가고자 하는 사람들까지 가로막고 있는 실정이다. 그래서 주님께서 "화있을진저!"라고 말씀하신 것이다.

하나님의 종은 하나님의 말씀만 전하고, 성령이 없는 거짓 목자들은 학문과 지식에 의해서 설교를 한다. 그래서 이사야 선지자는 "그들이 이르기를 그가 누구에게 지식을 가르치며 누구에게 도를 전하여 깨닫게 하려는가? 젖 떨어져 품을 떠난 자들에게 하려는가? 대저 경계에 경계를 더하며, 경계에 경계를 더하며, 교훈에 교훈을 더하며, 교훈에 교훈을 더하되 여기서도 조금, 저기서도 조금 하는구나."(사 28:9-10)라고 했다.

예수님은 "내 양은 내 음성을 들으며 나는 그들을 알며, 그들은 나를 따르느니라"(요 10:27)고 했다. 하나님의 양떼는 하나님의 음성을 듣게끔 되어 있다. 그래서 "귀 있는 자는 들으라"고 했다.

**셋째, 세례를 버리라고 했다.**

요한은 "나도 그를 알지 못하였으나 나를 보내어 물로 세례를 베풀라 하신 그이가 나에게 말씀하시되 성령이 내려서 누구 위에든지 머무는 것을 보거든 그가 곧 성령으로 세례를 베푸는 이인 줄 알라"(요 1:31)고 하셨기에 물세례를 베풀었다고 했다.

물세례를 베푸는 목적은 성령으로 세례를 주시는 예수 그리스도를 발견하기 위한 것이다. "나는 너희로 회개하게 하기 위하여 물로 세례를 베풀거니와 내 뒤에 오시는 이는 나보다 능력이 많으시니 나는 그의 신을 들기도 감당하지 못하겠노라 그는 성령과 불로 너희에게 세례를 베푸실 것이요"(마 3:11)라고 했다.

물세례는 끝났다. 물세례를 주는 기독교는 전통을 유지하고 있었으나 이 땅에 예수 그리스도가 오심으로서 끝이 났다는 것이다. 그런데도 기독교는 지금도 물세례를 주고 있다. 그것은 어린아이의 신앙이며 젖이나 먹고 단단한 식물을 먹지 못하는 초보적인 신앙이다. 오늘날 이 시대는 종교개혁이 필요하다. 인간의 신학적인 지식과 전통을 앞세우지 말고 순수한 마음으로 하나님의 말씀을 영접해야 한다. 그래야 마지막 주님의 심판대에서 후회함이 없을 것이다.

"그 날에 많은 사람이 주여! 주여! 우리가 주의 이름으로 선지자 노릇하며, 주의 이름으로 귀신을 쫓아내며, 주의 이름으로 많은 권능을 행하지 아니 하였나이까 하리니 그때에 내가 그들에게 밝히 말하되 내가 너희를 도무지 알지 못하니 불법을 행하는 자들아, 내게서 떠나가라 하리라"(마 7:22-23)고 했다. 무서운 주님의 책망을 듣는 무리들은 예수를 믿고도 지옥에 가는 사람들이다.

물세례 베푸는 것을 끝내고, 불과 성령의 세례를 베풀어야 한다. 그래서 사도 바울은 "그리스도께서 나를 보내심은 세례를 베풀게 하려 하심이 아니요, 오직 복음을 전하게 하려 하심이라"(고전 1:17)고 했다.

요한 사도는 "증언하는 이는 성령이시니, 성령은 진리니라"(요일 5:7)고 했고, 야보고 사도의 "그가 그 피조물 중에 우리로 한 첫 열매가 되게 하시려고 자기의 뜻을 따라 진리의 말씀으로 우리를 낳으셨느니라"(약 1:18)는 말씀과 같이 하나님의 말씀으로 다시 낳는 재창조의 역사가 불과 성령의 세례이다.


**넷째, 버려야 할 것은 안수(按手)이다.**

여기서 말하는 안수는 병든 자나 믿음이 연약한 자들을 위해서 기도해 주는 것을 말하는 것이 아니다. 안수(按手)라는 말은 선생을 만든다는 말이다. 야보고 사도는 "내 형제들아! 너희는 선생 된 우리가 더 큰 심판 받을 줄 알고 선생이 많이 되지 말라"(약 3:1)고 했다. 왜 목회자를 만들 필요가 없는가?

이제는 누군가에게 다시 가르침을 받아야 한다는 것이다. 다시 배워야만 올바른 복음을 선포할 수가 있다. 땅에 속한 지식을 가지고 증언하는 자가 되면 사람들의 영혼을 죽이는 살인자가 되는 것이다. 자기도 천국에 들어가지 못하고 천국 문을 막는 자가 되는 것이다. 그래서 안수를 버리라고 하였다.

**다섯째, 죽은 자의 부활을 버리라고 했다.**

진정한 부활의 의미를 깨닫지 못하는 자들은 공동묘지의 시체들이 문들을 열고 다시 살아나서 공중에서 주님을 만날 것이라 말하고 있다. 하늘로 올라가신 분은 에녹(창 5:24)과 엘리야(열하 2:11)와 예수님뿐이다. 바울은 예수님에 대해 "성결의 영으로는 죽은 자들 가운데서 부활하사 능력으로 하나님의 아들로 선포되셨으니 곧 우리 주 예수 그리스도시니라"(롬 1:4)라고 했다. 죽은 자 가운데 살아나신 예수 그리스도는 사흘 만에 부활하시고 승천할 때 성결의 영으로 올라가셨다.

인간이 하늘로 올라가는 것은 영체(靈體)이다. 인간은 땅을 딛고 살지 하늘로 올라갈 수 없다. 하나님은 질서 위에 천지를 창조하셨다. 예수님은 "죽은 자들이 하나님의 아들의 음성을 들을 때가 오나니 곧 이 때라 듣는 자는 살아나리라"(요 5:25)고 했다. 오늘날 크리스천들은 무덤 속에 있는 자들이 살아날 것이라는 죽은 자의 부활을 운운하고 있으나 "하나님은 죽은 자의 하나님이 아니라, 산자의 하나님"(눅 20:38) 이시다.

사람들의 생각은 "죽으면 천국 가겠지, 죽은 자들이 살아나겠지" 하고 있으나 하나님은 죽은 자들의 부활에 관심이 없다. 하나님은 지금 살아있는 우리에게 관심을 가지고 있다. 순교자들이 하나님께 부름을 받아 "증거를 받았으나 약속된 것을 받지 못하였다"(히 11:39)고 했다. 이 약속은 누구를 위하여 예비한 것인가?

우리의 관심은 죽은 자의 부활이 아니라 살아서 천국에 간다는 믿음이다. 초보적인 신앙은 죽은 자의 부활에 관하여 논할 수 있지만 주님은 "무덤 속에 있는 자들이 아들의 음성을 들을 때는 곧 이때"라고 했다. 그렇다고 해서 예수님께서 공동묘지에서 설교한 적은 없다. 하나님과 영적으로 끊어진 수많은 사람을 보실 때에 마른 뼈로 보고 있다.

"하나님의 말씀을 대언하여 보라 살아나리라"(겔 37:10)고 했다. 죽은 뼈들이 하나님의 말씀을 듣게 될 때에 살아난다는 것이다. 그래서 생명의 부활로 옮겨지고 그들이 마지막 승리자들이다. 우리가 죽은 사람들과 언제 만나는가? 우리가 지상에서 천년동안 살고 난 이후에 하나님께서 최후에 심판하실 때가 있다. 그때에 우리가 공중에 끌려 올라가서 주님을 뵙고, 먼저 죽은 사람들과 만나는 것이다.

"형제들아 자는 자들에 관하여는 너희가 알지 못함을 우리가 원하지 아니하노니"(살전 5:13)했다. 여기서 "자는 자"란 이미 이 세상을 떠난 죽은 자를 말한다. "우리가 주의 말씀으로 너희에게 이것을 말하노니 주께서 강림하실 때까지 우리 살아남아 있는 자도 자는 자보다 결코 앞서지 못하리라"(살전 4:15)고 했다.

다시 말해서 우리는 살아있는(요 11:26) 자요, 남아있는 그루터기들(사 4:3)이다. 자는 자들보다 결단코 앞서지 못한다는 것은 자는 자들은 영의 천국에 먼저 가기 때문에 우리가 그들보다 앞설 수 없는 것이다. 왜냐하면 우리는 "첫째 부활"(계 20:6)에 참여하여 천년동안 지상 낙원인 새 하늘과 새 땅에서 살아야 되기 때문이다.

하나님께서 에덴동산을 회복하시는 천년의 세계가 오고 있다. "만유를 회복"(행 3:21)하시는 지상 천국이다. 이곳에 참여하는 자들은 죽은 자들이 아니라 살아서 주의 영광을 보는 자들이다. 그래서 죽은 자의 부활을 버리고 산자의 부활을 선포하는 "생명의 부활"(요 5:29)로 모두 나와야 한다.


**여섯째, 영원한 심판에 관한 교훈의 터를 버려야 한다.**

이제는 터만 닦지 말고 완전한데로 나오라는 말이다. 완전한 자리는 하나님의 심판을 피하여 생명을 얻을 수 있는 보호처를 말한다. 물의 심판 때에는 방주가 보호처였고, 소돔과 고모라 때는 소알 땅이 보호처였다. 마지막 불의 심판은 "내 백성아 갈지어다. 네 밀실에 들어가서 네 문을 닫고 분노가 지나기까지 잠깐 숨을지어다.”(사 26:20) 라고 말한 장소이다. 분명 “그날에는 빛이 없겠고 광명한 자들이 떠날 것이라”(말 14:6)고 했다. 하나님께서 예비한 밀실이 보호처다. “진리의 성령이 심판에 관한 장래 일”(요 16:13)을 알려주게 될 때에 우리는 구원에 이를 수 있는 것이다.

“죽은 행실을 회개함과 하나님께 대한 신앙과 세례들과 안수와 죽은 자의 부활과 영원한 심판에 관한 교훈의 터를 다시 닦지 말고 완전한데로 나아갈지니라.”(히 6:2)

이것들을 다 버리고 나면 오늘날 교회는 뭐가 남겠는가? “돌 하나 돌 위에 남지 않고 다 무너뜨려지리라”(막 13:2)는 말씀은 크리스천들을 향하여 말씀한 것이다. “그 날에 많은 사람이 나더러 이르되 주여! 주여! 우리가 주의 이름으로 선지자 노릇하며, 주의 이름으로 귀신을 쫓아내며, 주의 이름으로 많은 권능을 행치 아니하였나이까?”(마 7:22)라고 소리치지만 예수님은 “내가 너희를 도무지 알지 못하니 불법을 행하는 자들아! 내게서 떠나가라.”(마 7:23)고 했다.

그리스인들이 왜 구원을 받지 못하는가? 그리스도의 도의 초보에 머물렀다는 것이다. 모든 것을 다 버리고 완전한 자리에 나와서 다시 배우라는 말이다. 다시 배우는 자만이 천국의 문을 두드릴 수 있다. 우리는 하나님의 뜻을 행하는 자가 되어야 한다. 예수님은 “하나님께서 보내신 이를 믿는 것이 하나님의 일이니라”(요 6:29)고 했다.

# 가족의 즐거움

## (시편 128편)

● 약　력
서울기독교대학교 총장
그리스도교 협의회 총회장
88올림픽조직위워회 사무총장
한양대학교 체육대학장
예수사랑교회 담임

이강평 목사


『50층의 아파트 꼭대기층에 사는 부부가 있었습니다.

이 부부는 잉꼬 부부였습니다. 그런데 어느날 엘리베이터가 고장 난 것이었습니다. 부부는 하는 수 없이 걸어 올라가기로 했습니다.

하지만 50층까지 걸어 올라가는 것은 너무나 끔찍한 일이었습니다.

그래서 지루함을 잊고 재미있게 걸어 올라가기 위해 번갈아가며 무서운 이야기를 하기로 했습니다. 이야기를 하다보니 몽달귀신, 처녀귀신 등 모든 귀신 이야기가 다 나왔고 드디어 49층까지 올라왔습니다.

이번엔 아내가 이야기를 할 차례였습니다. 아내는 조용히 이야기를 꺼냈습니다. 그런데 그 이야기를 듣던 남편은 거품을 물고 기절을 하였습니다. 아내가 한 말은 "여보! 아파트 열쇠를 차에다 두고 올라왔어요."』라는 것이었습니다.

우리는 세상의 집을 가정으로 생각하는 경우가 많습니다. 그런데 가정은 이 지상에서 천국과 가장 가까운 곳이며 즐거움과 기쁨과 행복이 넘치는 곳이 되어야 합니다.

오늘의 본문인 시편 128편에서 하나님께서 우리들에게 가장 이상적인 가정의 모습을 보여주고 있습니다.

시편 128:1-2에 보면 "여호와를 경외하며 그 도에 행하는 자마다 복이 있도다. 네가 네 손이 수고한대로 먹을 것이라. 네가 복되고 형통하리로다"라고 하여 이상적인 남편의 기능이 서술되어 있습니다.

·그리고 시편 128:3상에는 "네 집 내실에 있는 네 아내는 결실한 포도나무 같으며"라고 하여 신실하고 가사를 규모 있게 돌보는 아름다운 아내의 모습을 나타내고 있습니다.

·또한 시편 128:3하에 "네 상에 둘린 자식은 어린 감람나무 같으리로다"라고 하여서 가정의 재원이 되는 생산적인 자녀의 모습을 나타내주고 있습니다.

그리고 이 감람나무 기름 즉 올리브유는 예배 때 사용되는 귀한 물건을 상징하므로 귀한 자녀의 모습을 보여주고 있습니다.

이것이 바로 하나님께서 창조하신 이상적인 가정에 대한 모습입니다. 그리고 이런 이상적인 가정은, 하나님의 축복이라고 하셨습니다.

저는 여러분 모두의 가정이 행복한 가정이 되기를 간절히 기도합니다.

여러분 주변의 믿지 아니하는 가정들이 여러분의 가정에 기쁨과 즐거움과 행복이 넘치는 모습을 보고 "아! 하나님께서 살아 계셔서 저들의 가정에 큰 역사를 하시는 구나"라고 믿게 하여야 된다고 생각을 합니다.

하나님께서는 여러분의 가정에서 여러분과 저의 입에서 항상 미소와 웃음이 끊이지 않게 하셨습니다. 미소와 웃음은 하나님의 선물

(God's gift)입니다.

사라는 창세기 26:1에 "하나님이 나를 웃게 하시니 듣는 자가 다 나와 함께 웃으리로다"라고 하였습니다.

따라서 우리는 가정의 즐거움을 위하여 가족 모두가 미소 짓는 것과 웃는 것을 하나님께 배워야 합니다. 하나님께서 나를 돕고 있다는 것을 알고 있으므로 안정을 누리는 사람과, 하나님께서 나를 사랑하셔서 내 죄가 용서함 받았다는 것을 아는 사람은 웃는데 자유합니다.

우리는 세상을 사는 즐거움과 우리들의 일의 효용도는 늘 함께 수반한다는 것을 배워야 합니다. 쉽게 말해서 여러분이 즐겁게 일을 하면 효과가 극대화된다는 것입니다.

가정의 즐거움은 가족이 건강을 얻고 가족 모두가 직장생활도 잘하고 사업도 잘하고, 그리고 교회생활과 사회생활을 잘 하므로 늘 존경받는 사람이 되게 합니다.

사실 우리가 성경을 잘못 이해하면 예수님께서는 비판적이고 고집스럽고 편협하고 근엄하기만 한 분으로 오해를 할 수가 있습니다.

그러나 성경을 자세히 읽으면 하나님께서는 예수님께 기쁨의 기름을 부으셨다고 했습니다. 따라서 예수님께서는 기쁨과 즐거움과 행복을 누구보다 더 잘 아십니다.

우리의 삶속에는 눈물을 흘릴 때가 있고, 웃을 때가 있습니다.

그런데 사단은 우리들의 삶속에 있는 기쁨을 제거하여 항상 일에 쪼들리고 정신없이 바쁘게 살게 하므로 우리를 침울한 사람으로 만들려고 합니다.

그리고 우리의 삶의 균형을 깨뜨리고 우리들의 삶을 파괴시키려고 합니다.

그러므로 여러분은 여가 즉 Leisure를 꼭 가져야 됩니다.

Leisure는, 사치 Luxury한 것이 아닙니다. 여가는 인간의 기쁜 삶을 위해서 꼭 필요한 것입니다. 여러분들은 쉬는 시간과 배우자와 자녀와 함께할 시간이 없다고 변명 하시고 싶습니까? 그러면 시간을 만드세요.

여러분은 "나는 돈을 벌어서 가족을 잘 부양해야 됩니다. 그리고 자녀들에게 물려줄 유산을 벌기 위해서 열심히 일하고 있습니다 라고 변명을 하시고 싶습니까?

사랑하는 성도 여러분!

여러분이 세상에서 얻은 부를 누리는 것보다 하나님께서 주시는 부를 누리는 것이 훨씬 좋습니다.

여러분들은 내 자녀에게 못 다한 것을 돈을 많이 벌어서 배로 갚아 주겠습니다 라고 변명하실 것입니다. 그러나 여러분의 네 살 먹은 자녀가 언제나 네 살로 기다리고 있는 것은 아닙니다.

여가라는 것은 스스로 자신에게 허락하는 것입니다.

여가는 대단히 성서적입니다.

전도서 3:4에 "울 때가 있고, 웃을 때가 있으며 슬퍼할 때가 있고 춤출 때가 있으며" 라고 했고

누가복음 6:21하에 "이제 우는 자가 복이 있나니 너희가 웃을 것이요"라고 하셨습니다.

이 말씀들은 우리 하나님의 말씀입니다.

여러분이 여러분의 가정에서 기쁨을, 웃음을, 재미를 갖지 못하면, 여러분의 가족은 캄캄한 긴 터널을 지나가는 기차에 탄 사람 같이 되며, 여러분의 가족 모두가 위장병에 걸리게 될 것입니다.

그러나 사탄은 절대로 휴가, 혹은 여가를 즐기지 마라, 시간이 아깝다 땀 흘려 열심히 일해라 라고 유혹합니다. 저는 절대로 사탄을 따라가지 않겠습니다.

우리 주님께서는 "수고하고 무거운 짐진 자들아 다 내게로 오라 내가 너희를 쉬게 하리라"즉 내가 너희로 여가를 즐기게 하겠다 라고 하였습니다.

그래서 교회는 교인들에게 믿음과 재정문제만을 가르치는 것이 아니라 즐거움도 가르쳐야 되는 것입니다. 매일 매일의 삶 속에서 어떻게 휴식을 하는가, 어떻게 휴가를 즐기는가 즉 어떻게 가정의 즐거움을 만드는가를 우리는 배워야 됩니다.

오늘 저는 설교의 본론으로 가정의 즐거움이 우리에게 주는 세 가지의 유익을 말씀드리겠습니다.


◎ 첫째로, 가정의 즐거움은 우리들을 모든 부족으로부터 회복시켜 줍니다.

시편 128:2을 보면 "네가 네 손이 수고한데로 먹을 것이라

네가 복되고 형통하리로다" 라고 말씀하셨습니다.

이 말씀은 우리 모두가 열심히 일해야 된다고 하시는 것입니다.

세상 사람들은 열심히 일을 해도 먹고 사는 것을 해결하기가 어려울 때가 있습니다. 그러나 하나님께서는 우리의 손이 수고한대로 먹게 해 주시겠다고 약속을 하셨습니다. 일은 우리를 어려움에서, 부족에서, 빈곤에서 회복시켜 줍니다.

따라서 일은 우리에게 대단히 중요한 것입니다. 그렇다고 해서 일만 하고 휴식을 취하지 않을 수는 없는 것입니다.

시편 127:2을 보십시다.

"너희가 일찍이 일어나고 늦게 누우며 수고의 떡을 먹음이 헛되도다

그러므로 여호와께서 그 사랑하시는 자에게는 잠을 주시는도다" 라고 하였습니다.

이 말씀의 의미가 무엇입니까? 일할 시간이 있고 휴식시간이 있다는 것입니다.

그러면 본문의 말씀의 의미가 무엇입니까? 진정한 삶을 잊고, 생존을 위하여 일하느라고 지나치게 바쁘지 말라는 것입니다.

많은 사람들이 삶을 상실하고 사업을 위해서 정신없이 바쁘게 살아

가고 있습니다.

저는 돈을 많이 벌어 놓은 후, 부하게 죽는 것보다는 부하게 사는 것이 더 좋다고 말씀드립니다.

저는 한 스토리를 읽고 대단히 감명을 받았습니다.

「어느 작은 광산도시가 있었답니다.

그리고 그곳에 작은 교회가 있었습니다.

그 교회의 젊은 목사가 그 광산 주인을 교회에 전도하기 위해서 그 분을 방문하게 되었습니다.

그때 이 광산의 주인이, 젊은 목사에게 이런 말을 했습니다.

"내가 젊은 이민자로 이곳에 올 때 미국에는 무지개 밑에 금광이 있다는 말을 들었소. 그래서 나는 열심히 돌아다니다 이 어마어마한 금광을 발견했소.

그러나 나는 그 무지개를 잃어버리고 말았소." 라고 했습니다.」

제가 말씀드리는 요지는 우리 중에 혹시 생존을 위해서 지나치게 열심히 일하다가

무지개를, 소망을 상실한 분이 계시지 않는가를 묻는 것입니다.

시편 127:2에 "너희가 일찍 일어나고 늦게 누우며 수고의 떡을 먹음이 헛되도다 그러므로 여호와께서 그 사랑하시는 자에게는 잠을 주시는도다"라고 하였습니다.

잠을 주시는도다 라는 말씀의 의미는 여호와께서 당신의 사랑하는 사람에게 정당한 휴식을 주신다는 것입니다.

현대인들의 특성을 이렇게 표현할 수가 있습니다.

●우리는 너무 많은 물건을 사들입니다.

그러나 만족은 점점 사라집니다.

●집은 점점 크게 짓는데 가족의 수는 점점 적어집니다.

- 기계문명에 의해서 편해집니다.
  그러나 시간이 없어집니다.
  학위 취득자는 많아지는데 상식을 가진 자들은 줄어들고 있습니다.
- 전문가들은 많아지는데 문제는 더 많아지고 있습니다.
- 약은 자꾸 개발되는데 건강은 점점 위협을 받고 있습니다.
- TV를 너무 자주 오래 봅니다.
  그러나 기도는 아주 적게 합니다.
- 우리는 우리의 재산을 엄청나게 늘리고 있습니다.
  그러나 가치를 끌어내리고 있습니다.
- 우리는 그 어느 때 보다 더 많은 컴퓨터나
  통신장비를 갖추고 있습니다.
  그러나 사람과의 대화는 점점 줄어가고 있습니다.
- 지금은 어느 시대보다 더 세계의 평화를 운운하고 있지만
  지역의 갈등과 분쟁이 일어나고 있습니다.
- 여가는 많아지는데 즐거움이 줄어들고 있습니다.
- 아름답고 멋진 집들이 건축이 됩니다.
  그러나 가정은 깨어져 갑니다.

이 모든 특성은 진정한 삶을 상실하고 생존을 위해서 정신없이 돌아가는 현대인들에게 찾아오는 고질병입니다.

사랑하는 성도 여러분, 그러면 가정의 즐거움이 즉 부부간의 신뢰가 도대체 우리에게 무슨 유익을 줍니까?

『미국의 어느 세관에서 일하는 한 남성이 있었습니다
어느 날 그는 뜻밖에 해고를 당해 절망을 했습니다.
하지만 아내는 "여보, 힘내세요! 내리막이 있으면 오르막도 있기 마

련이잖아요.

당신은 평소에 글 쓰는 것을 좋아했으니까 지금부터라도 글을 쓰시면 될 거예요" 라고 위로 하였습니다.

이에 남편은 용기를 얻었지만 곧 되물었습니다. "그 동안 뭘 먹고 살려고?"

아내는 남편을 안심시켰습니다. "이럴 때를 대비해서 푼푼이 모아놓은 돈이 있어요.  그 돈이면 1년은 살 수 있을 거예요"

그러자 남편은 "그 안에 잘 팔리는 글을 쓸 수 있을까?"

아내는 "당신이 하나님을 의지하면 하나님께서 도우실 거예요"라고 말했습니다.

그리고 두 사람은 그 자리에서 무릎을 꿇고 하나님께 간절히 기도했습니다.

그 후 그는 한편의 장편소설을 발표했고 이것은 미국이 낳은 소설 가운데 가장 위대한 작품으로 꼽히게 되었습니다.

그 소설이 바로 '주홍글씨' 입니다.  이 남성이 바로 나다니엘 호손이었습니다.

그에게 던져진 하나의 시련이 오히려 그를 무명의 사람에서 역사적인 인물로 바꾸어놓은 것입니다. 』

부부간의 신실함과 가정의 즐거움은 우리를 새롭게 합니다.

가정의 즐거움은 우리의 부족을 회복시켜 줍니다.

사랑하는 성도 여러분!

여러분의 가정은 새로운 신실함이 필요합니다.

여러분은 그 동안 너무나 많은 불만과 불평을 하면서 어두운 생활을 해왔습니다.

그리고 이렇게 사는 것이 우리의 삶의 본질인 줄 알았습니다.

그러나 우리 주님께서 오셔서 여러분의 가정에 즐거움을 주시므로 여러분의 부족한 삶을 풍요로 회복시켜 주셨음을 깨달으시고 감사하시는 여러분 되시기를 주님의 이름으로 축원합니다.


◎ 둘째로 가족의 즐거움은 병든 가정을 고쳐줍니다. 치료해 줍니다.
본문의 시편 128:2에 "네가 네 손이 수고한데로 먹을 것이라
네가 복되고"라고 하였습니다.
이 말씀이 우리를 새롭게 하고 신선하게 하는 것입니다.
그리고 마지막으로 "형통하리라"라고 하였습니다.
형통하리라 라는 말씀은 우리의 매사를 정리 정돈해서 잘되게 하신다는 것입니다.
여러분들은 웃음은 양약이라는 말씀을 들으셨을 것입니다.
기쁨과 즐거움과 행복은 양약입니다.
잠언 17:22에 "마음의 즐거움은 양약이라도 심령의 근심은 뼈를 마르게 하느니라"라고 하였습니다.
여러분의 마음에 근심거리가 있습니까? 불평과 불만이 있습니까?
이런 것들이 여러분의 건강을 해치게 될 것입니다.
더 나아가서 가정의 건강을 깨뜨리게 될 것입니다.
잠언 12:25에 "근심이 사람의 마음에 있으면 그것으로 번뇌케 되나 선한 말은 그것을 즐겁게 하느니라"라고 하였습니다.
따라서 여러분은 여러분의 가정에서 어떻게 하면 선한 말 좋은 말을 사용할까를 늘 연구해야 됩니다.
천국은 여러분의 마음 안에도 존재합니다.
잠언 15:13-15에 "마음의 즐거움은 얼굴을 빛나게 하여도 마음의 근심은 심령을 상하게 하느니라 명철한 자의 마음은 지식을 요구하고 미련한 자의 입은 미련한 것을 즐기느니라 고난 받는 자는 그 날이 다 험악하나 마음이 즐거운 자는 항상 잔치하느니라"라고 하였습니다.

저는 이 말씀을 대단히 좋아합니다. 여러분의 마음이 즐거우면, 여러분이 꽁 보리밥이나, 라면이나, 빵으로 식사를 대신하여도 여러분의 얼굴이 빛이 나게 된다는 것입니다. 여러분의 마음이 즐거우면 늘 잔치를 하게 됩니다.

어느 가족의 일화입니다.
아버지는 종종 가슴이 답답해 현기증을 느끼시곤 하셨습니다. 어느 날 증세가 심해져서 병원에 입원하게 되었습니다.
그러나 병원에서도 정확한 원인을 발견하지 못했고, 결국 아버지는 몇 종류의 약봉지를 받아 들고 집으로 돌아와 안정을 취해야 했습니다.
그러던 중 명절이 되어 온 가족이 한 집에 모였고, 오래간만에 이런 저런 사는 이야기로 화기애애한 분위기가 밤늦게까지 계속되었습니다.
한참을 웃고 즐기는 가운데 아버지께서 말씀하셨습니다.
"오래간만에 한참을 웃었더니 다 나은 듯 하구나."

가족보다 더 좋은 약은 없습니다. 오늘, 가족을 위해 작은 선물을 준비해 보는 것은 어떨까요?
저는 마음속에 근심을 가진 자들을 많이 보았습니다.
이런 사람에게는 불행이 한꺼번에 닥치는 것을 보았습니다.
그들에게는 삶의 빛이 사라집니다. 삶에 대한 용기와 투지가 사라집니다.
이런 사람의 가정에 남는 유일한 것은 빈껍데기 밖에 없는 것을 보게 됩니다.
사랑하는 성도 여러분!
오늘날 우리가 살고 있는 세상은 너무나 많은 스트레스가 쌓여 있습니다.

이 스트레스는 고혈압, 위염, 중풍, 두통 그리고 암과 각종 질병을 초래하는 원인이 됩니다.

요즘에 제일 잘 팔리는 약이 무엇인지 아십니까?

성욕촉진제 등등은 말씀 드리지 않겠습니다. 일반적인 약품으로 위염에 관한 약과 신경안정제 계통의 약과 심장기관에 관한 약품이 제일 잘 팔린답니다.

이 통계는 우리가 어디에 있는가를 말해주고 있습니다.

제가 지금 말씀 드리는 것은 여러분이 이 약들을 복용한다고 해서 잘못되었다는 것이 아닙니다. 우리들이 살고 있는 이 세상이 스트레스로 점철된 세상이라는 점을 말씀드리는 것입니다. 삶에 대한 우리의 자세와 태도와 감정이 우리의 건강을 주장합니다.

제가 어릴 때 숙제를 하지 않았으므로 학교에 가기 싫다는 생각을 가진 적이 있습니다. 그 순간 이마를 짚어 보면 열이 철철 흐릅니다.

어머니가 저의 머리를 짚어 보시고 "아이고 이 열 봐!"라고 놀라시며 "오늘 학교 쉬어라." 라고 하는 소리가 떨어지기가 무섭게 제 체온은 정상으로 돌아오게 됩니다.

내 머리가 아픈 것이 아니라 학교가 내 머리 속에서 아픈 것입니다.

이렇게 대부분의 경우에 우리의 몸을 주장하는 것은 우리의 자세와 태도와 감정입니다.

세계 이차대전 직후에 독일에서 어린 아이 성장에 대한 연구가 실행되었습니다.

연구원들이 한 고아원을 선택해서 100명의 동갑내기 아이들을 표본으로 선정을 했습니다. 그리고 50명씩 나누어서 두 그룹으로 구분을 하고 한 그룹에는 먹을 것과 입을 것과 장난감과 학용품을 풍부하게 주고 그리고 관심과 사랑을 듬뿍 주었습니다.

반대로 또 다른 그룹 50명의 표본에게는 먹을 것과, 입을 것과, 장난감과 학용품을 풍성하게 주었으나 관심과 사랑을 전혀 배려하지 않았습니다.

그후 2년 후에 이들의 신장과 체중을 비교해 보았습니다.

관심과 사랑의 배려를 받으면서 지내 온 아이들은 키가 2센치나 더 자라고 체중은 3Kg이나 더 늘었다는 결과를 얻었습니다.

반대로 또 다른 그룹, 관심과 사랑을 받지 못한 그룹은 성장이 더디고 더 많은 질병을 갖고 있다고 보고를 했습니다.

여러분들은 웃음은 묘약이라는 말씀을 들었지요. "웃음은 양약이라고"했습니다.

수천년 전에 하나님의 사람들이 말한 진리를 요즘 사람들이 발견을 하고 있습니다.

리더스 다이제스트에서 웃음은 우리들의 부담과 텐숀을 절감시켜 주고 우리들의 중요한 기관들을 운동을 시킨다고 기록했습니다.

다시 말해서 웃음은 사람들에게 병이 되는 나쁜 감정을 제거해버리고 약이 되는 기쁜 마음을 제공하게 된다고 합니다.

서두에 웃음은 하나님의 선물이라고 제가 말씀 드렸습니다. 이 지상에서 사람만이 세 가지를 아는 피조물입니다. 사람만이 통곡할 줄 알고, 얼굴을 붉힐 줄 알고 그리고 웃을 줄 압니다. 이것이 바로 하나님의 선물입니다.

하나님께서 우리를 그렇게 만드셨습니다.

웃음은 부담으로부터 탈출하는 길을 갖고 있습니다.

웃음은 마음이 깨어지고, 영혼이 깨어지고, 몸이 깨어지고, 가정이 깨어지는 것과 같은 무시무시한 상황에서도 우리를 빠져 나오게 합니다.

우리 가정에 긴장이 꽉 차 있습니다. 먹구름이 꽉 끼여 있을 때가 있습니다.

이럴 때도 우리는 미소를 지을 수가 있어야 되고 너털웃음을 웃을 수가 있어야 합니다. 이렇게 되면 긴장과 먹구름이 사라집니다. 여러분들은 이런 경험을 하신적이 있습니까?

「제가 오래전에 미국에 있을 때, 아주 어린 성호와 혜리를 데리고 하루에 열 시간씩 차로 여행을 할 때가 참 많이 있었습니다. 그러니 아이들에게 얼마나 지루했겠습니까? 어느날 날씨가 무척 더워서 차 안에 에어컨디션을 틀어 놓고 여행을 한적이 있었습니다. 아 그런데 갑자기 더운 기운이 느껴지고 소음이 들려오기 시작해서 백미러로 뒤를 보니 우리 성호가 창문을 내려놓고 지나가는 차에게 손을 흔들고 있는 것이었습니다.

그래서 저는 "성호야! 창문을 올려라 에어컨을 틀어놓았기 때문에 창문을 열면 안돼 그리고 창문을 열면 소음 때문에 운전하기 힘들어." 라고 했습니다.

성호는 군말없이 창문을 올렸습니다.

그런데 얼마 안 있다가 또 후덥지근한 공기가 들어오고 소음이 들려옵니다.

그래서 성호야 창문 올려 라고 했더니 창문을 올렸습니다. 얼마 동안 문제가 없었습니다. 그런데 얼마 있다가 또 후덥지근한 공기가 들어오고 소음이 들려옵니다.

이번이 세 번째였습니다.

그래서 목청을 높여서 "성호야 또 한번 창문을 내리면 이 자동차 안에 대단히 심각한 일이 일어날거야! 알아들었어!" 라고 했습니다.

그 당시 우리 집에서 제 말은 절대군주의 말이었으니 성호가 어떻게 할 수가 없었습니다. 그래서 성호는 입이 주먹만큼 나와서 "알았어요!" 라고 했습니다.

그리고 나서 아무 일이 없이 한 시간 정도 차를 달리고 있었습니다.

그런데 차 안의 분위기가 너무나 무거웠습니다.

그래서 문득 내 왼쪽을 보니 내가 성호의 창문을 조절할 수 있는 버튼이 있는 것을 보았습니다.

제가 운전하면서 그 버튼을 슬쩍 눌렀더니 성호 쪽의 창문이 또 한

번 내려가는 것이었습니다. 그 순간 제 아내의 머리가 뒤로 획 돌아가더니 "성호야!" 라고 질색을 합니다. 그러나 순간적으로 차안에 있는 모두는 아빠가 그 짓을 한 것을 알게 되었습니다. 그리고 큰 웃음소리가 터져 나왔습니다.

그 즉시 자동차 안의 모든 긴장은 사라졌습니다.

웃음이 바로 이런 기능을 갖고 있습니다.

우리 가정 안에는 세상의 모든 심각한 문제를 끌어안을 필요가 없습니다.

때로는 웃음과 즐거움이 필요합니다.

어린 아이들을 양육하기 위해서는 세 가지의 원칙이 필요합니다.

첫째로 단호함 즉 (firm)해야 됩니다.

그리고 공정함 (fair)해야 됩니다.

또한 즐거움 (fun)이 있어야 됩니다.

단호해야 됩니다.

규칙과 법을 세우시고 지키시기 바랍니다.

그리고 공정하시고 신실하시기 바랍니다.

그러나 근엄하려고만 하지 마시고 즐거워하고 행복해 하시기 바랍니다.

즐거움은 병든 여러분의 가정을 치료하는 성서적 방법임을 명심하시기를 주님의 이름으로 축원합니다.

◎ 마지막으로 가족의 즐거움은 여러분의 전체 삶 속에 메아리가 되어 영원히 남게 될 것입니다.

본문의 마지막 부분인 시편 128:4-6을 보면 "여호와를 경외하는 자는 이같이 복을 얻으리로다. 여호와께서 시온에서 네게 복을 주실찌어다. 너는 평생에 예루살렘의 번영을 보며 네 자식의 자식을 볼찌어다 이스라엘에게 평강이 있을찌로다" 라고 하였습니다.

사랑하는 성도 여러분!

우리 부모들은 자녀들의 기억 박물관을 지어주고 있습니다.

저는 제 손주들과 제 증손주와 고손주들이 나를 기억하기 바랍니다.

꿈도 야무지지요, 고손주를 볼때까지 살겠다니 욕심이지요

그러나 하나님께서 허락하시면 살줄로 믿습니다. 믿거나 말거나입니다.

그리고 내 자식들이 우리 집을 웃음이 넘치는 참 행복한 집이었어라고 기억하기를 원합니다.

기억은 우리들을 둘러쌓고 지켜주는 담장입니다.

예를 들어서 제가 여덟 살 때부터 혼자 살았기 때문에 저는 배가 고파서 남의 것을 훔칠 수도 있고, 강도짓을 할 수도, 깡패도, 범죄자도 될 수가 있었습니다.

그러나 어린 시절에 교회 유년주일학교에서 배운 말씀과 기도가, 다시 말해서 그 기억이 나로 하여금 죄악의 세상으로 나가는 것을 막아 주었습니다.

그렇습니다. 기억은 우리들을 잃어버리게 하지 않습니다.

기억은 어린 아이들에게 안전과 풍요의 감정을 줍니다.

기억은 여러분의 영혼을 지키고 있는 날개가 되는 것 입니다.

사랑하는 성도 여러분!

여러분의 가정에서 기억하는 것이 무엇입니까?

아마도 여러분은 여러 가지를 기억하실 것입니다.

부모님과 함께 살던 고향과 집을 기억할 것입니다.

아버지에게 매맞던 것, 어머니한테 바늘로 찔리던 것을 기억하실 것입니다.

반면에 아버님과 어머님의 사랑과 권면과 이해를 기억할 것입니다.

그러나 여러분이 가장 오래 기억하는 것은 부모님과 함께 가졌던 즐거운 시간일 것입니다.

우리 아버님과 어머님이 돌아가신지가 꽤 됩니다.

장례를 치르기 전에 식구들이 제 여동생 집에 다 모여 앉았습니다.

그리고 아버지에 대해서 여러 가지 이야기를 주고 받으면서 슬픈 시간이 아니라 즐거운 기억을 더듬는 시간을 가졌습니다.

그래서 저는 제가 하나님의 부르심을 받을 때가 언제인지 모르지만 제 장례식이 제 자녀들의 슬픔의 통곡의 장례가 아니라, 제 자녀들의 기쁨과 웃음이 넘치는 장례식이 되기를 바랍니다. 그래서 즐거움의 산울림이 끝까지 남아 있기를 바랍니다.

사랑하는 성도 여러분!

가족의 즐거움은 자자손손 남아 있고 전수가 됩니다.

제가 보고 싶은 것은 살아생전에 늘 웃음으로 살고 임종시까지도 웃을 수 있는 그런 사람을 보고 싶습니다. 그리고 가족의 즐거움은 자자손손 내려간다는 것을 아는 사람을 보고 싶습니다.


「여러분들은 남아프리카의 유명한 심장과 의사 크리스찬 버나드를 기억할 것입니다. 이 사람은 심장의 인공판수막을 처음 개발한 유명한 사람이었습니다.

이 사람은 이 세상에서 가장 위대한 의사가 되는 성공을 이룩했습니다.

그러나 자신의 가정과 가족을 잃어 버렸습니다. 이 사람은 유명해지자 미국 미네아폴리스에서 일하고, 가족은 남아프리카 케이프타운에서 살고 있었습니다.

어느 사월의 아침에, 가족이 있는 고향 남아프리카 케이프타운으로 돌아오기 위해서 비행기에 몸을 실었습니다. 그때 자기가 고향을 떠나 온 것이 한 세기를 지나간 것 같았다고 술회하였습니다.

케이프타운 비행장에 내려서 트랩을 나오니 자기의 아내가 아이들을 데리고 마중을 나와 있었습니다.

그는 너무나 반가워서 아내와 자녀들에게 달렸습니다.

그러나 이분은 아내의 청천 벽력같은 인사를 들었습니다.

"왜 돌아왔습니까?" 라는 분노의 절규였습니다. 사랑하는 아내의 얼굴에는 더 이상 아름답고 정다웠던 미소가 없었습니다.

이 유명한 의사가 의아한 눈으로 아내를 쳐다보았습니다.

그때 그 아내는 "너무 놀라지 마세요. 우리는 당신을 포기했습니다.

우리들은 당신은 절대로 돌아오지 않을 것이라고 생각했습니다." 라고 했습니다.

크리스챤 버나드는 "조금 늦은 것 가지고 너무 하지 않소! 내가 4월 1일 날 편지를 쓰지 않았소." 라고 반문을 했습니다.

아내는 "아니요. 그 편지에는 단지 당신은 오지 않는다는 편지였습니다." 라고 했습니다.

크리스챤 버나드 박사는 "나는 그동안 심장 판막을 만드느라 정신없이 바쁘지 않았소." 라고 말했습니다.

아내는 "아니요 당신은 가정을 만들어가고 있다가 그 가정을 내 치마폭에 버려 버렸어요"라고 했습니다.

"우리는 단지 당신을 보기 위해서 존재해 왔습니다. 그러나 더 이상 인내할 수가 없어서 우리 모두는 당신으로부터 떠나기로 결심했습니다." 라고 했습니다.

이때 크리스챤 버나드 박사는 "나는 내 가족을 사랑하고 내 가족을 보기 위해서 이렇게 먼길을 달려 왔소" 라고 하고 싶었습니다.

그러나 이제는 아무 의미가 없는 것 같은 생각이 들어서 돌아서고 말았다고 했습니다.

이때 하늘은 먹구름으로 뒤덮이고 가랑비가 서서히 내리기 시작했다고 했습니다.

남아프리카 케이프타운은 겨울이었습니다. 그러나 미국의 미네아폴리스는 나뭇잎들이 푸르러 지고 있는 늦봄이었습니다.

버나드 박사는 "어떻게 이렇게 내 마음은 봄을 상실할 수 있을까?"
라는 절규를 스스로 외쳤노라고 고백을 했습니다.

사랑하는 성도 여러분! 여러분은 너무 열심히 바쁘게 살다가 여러
분의 봄을 잃어버리지 마시기 바랍니다. 일찍 일어나고 늦게 누우며
수고의 떡을 먹는 것이 헛된 것입니다.

사랑하는 성도 여러분!

저는 저희 가족, 여러분의 가족, 그리고 우리 교회의 가족 모두에
게 하나님께서 주시는 즐거움을 가지라고 권면합니다.

제가 교회에서 제일 보기 싫어하는 것이 무엇인지 아십니까?

혈기가 있는 붉은 눈과 화가 나 있는 볼과 냉혹하고 미움과 시기가
가득 차 있는 마음입니다.

사랑하는 성도 여러분!

즐거움은 우리들의 천국을 위한 필요 불가결의 요소입니다.

따라서 저는 여러분의 삶의 강조점과 우선순위가 어디 있는지 체크
해 보시라고 권면을 합니다. 여러분의 자녀가 여러분의 무덤 앞에 서
서 무엇을 기억할 것인가를 생각해 보시기 바랍니다.

여러분들이 웃으며 지옥으로 간다면 그것도 미친 것입니다.

왜냐하면 예수 그리스도가 없는 지옥행 삶은 진정한 즐거움이 없기
때문입니다.

여러분들이 여러분의 자녀들과 어떤 시간을 보냈는지 모르지만

여러분은 조만간 여러분의 자녀들과 작별을 해야 됩니다.

하나님께서는 여러분 모두가 세 가지의 집을 갖기를 원하십니다.

하나님께서는 여러분 모두가 가족의 집과 교회의 집과 천국의 집을
갖기를 원하십니다. 오직 예수님만이 이 세 가지의 집을 위한 열쇠,
키가 되십니다.

하나님을 경외하는 자는 복이 있나니 라고 하였습니다.

하나님을 경외하는 자는 하나님 앞에 자기들의 무릎을 꿇는 것을

즐깁니다.

여러분은 하나님을, 주님을 아십니까?

여러분들은 하나님과 주님 앞에 무릎을 끓고 겸손히 머리를 숙인 적이 있습니까?

그리고 "주는 그리스도시요 살아계신 하나님의 아들임을 고백하고 내 마음으로 들어오십시오" 라고 초청하신 적이 있습니까?

주님만이 여러분의 즐거움의 재원이 되셔서, 여러분의 가정을 부족 즉 가난으로부터 회복시켜 주시고 병으로부터 고쳐 주십니다.

그리고 하나님께서 주시는 즐거움은 여러분을 위한 양약이 되어 여러분 가정에 자자손손에게 전수 된다는 것을 믿으시는 성도가 되시기를 주님의 이름으로 축원합니다.

·여러분들은 예수님을 믿음으로 구원받는 다는 것만 생각하고 믿지 마시기를 바랍니다. 예수 그리스도를 믿으면 내일이 있다고 생각하고 예수를 믿지 마시기 바랍니다.

예수 그리스도의 인품을 보시고 믿으시기 바랍니다.

여러분이 예수 그리스도에 대해서 공부를 열심히 해보면 예수 그리스도의 십자가의 사건이 나옵니다.

여러분은 예수님께서 그 당시 바리새인들과 서기관과 백성들과 맞서고 반대하고 고집을 부리므로 당연히 핍박을 받고 더 나아가서 십자가에 못 박혀 죽을 수밖에 없었다고 생각하지 마시기 바랍니다.

예수님은 아이들을 사랑한 따뜻한 사람임을 알 수가 있습니다.

# 내 양을 먹이라

(요한복음 21:15-25)

● **약    력**
예수교대한감리회 감독
한국기독교 지도자협의회 자문위원
감리회신학교 교수
반석중앙교회 담임

이명구 목사

　예수님께서 베드로와의 대화에서 장차 예수 그리스도를 믿고 구원 받을 사람들을 가리켜 내 양이라고 말씀하셨습니다.

　이는 베드로를 보고 내양을 치고 먹이는 목자가 되라는 뜻임을 쉽게 알 수 있습니다. 하나님은 믿는 사람들을 특별히 사랑하시고 축복해 주십니다.

　그런데 그 사랑, 그 축복은 주의 종들을 통하여 주십니다. 히스기야왕이 병들어 죽게 되었을때 하나님은 선지자 이사야를 통하여 네가 죽고 살지 못하리니 인생을 정리하라고 전하시고 그가 성문을 빠져나가기도 전에 다시 불러 내 종 히스기야에게 가서 네가 죽지않고 15년을 더 살게 될것이라고 전하게 했습니다.

뿐만 아니라 한나가 아들을 구할때 하나님은 당시 대제사장 엘리의 영성은 형편없었지만 그를 통해서 말씀하시고 이루셨습니다.

지금도 하나님은 자기의 양을 우리 주의 종들에게 맡겨서 기르시고 먹이심으로 주의 종들은 이 일에 부족함이 없도록 노력해야 할 것입니다.


### 1. 주인의 말씀을 잘 듣고 그 뜻을 살펴야 합니다.

로마서 12:2에서 너희는 이 세대를 본받지 말고 오직 마음을 새롭게 함으로 변화를 받아 하나님의 선하시고 기뻐하시고 온전하신 뜻이 무엇인지 분별하도록 하라고 했습니다.

제가 어렸을 때에 우리 동네 김근하씨 집에 머슴이 한 사람 있었는데 저녁식사를 하면서 주인이 머슴에게 내일 아침에 읍내 시장에 다녀오라고 말했습니다. 주인이 아침에 일어나서 읍내 시장에 가서 사올 것을 말하려고 머슴의 방문을 열어보니 방에 없었습니다. 오후가 되어서야 머슴이 나타났습니다. "자네 어딜 갔다 이제 오나?" 하고 물으니 "주인께서 어젯밤에 저에게 읍내 시장에 갔다 오라고 해서 갔다 왔습니다." 라고 대답했습니다. 머슴은 주인이 왜 읍내 시장에 가라고 했는지 알아보지도 않고 무작정 읍내에 갔다온 것입니다. 그래서 그때부터 그 동네에서는 헛된 일을 하거나 목적을 잘 모르고 일하는 사람을 가리켜 "근하네 머슴" 같다고들 말합니다.

종은 자기 말, 자기 생활, 자기 뜻이 없는 것이 특징입니다. 다만 주인의 것만 있습니다. 즉 주인의 뜻, 주인의 말씀, 주인의 생활만 있는 것입니다. 그러므로 주의 종들은 주님의 말씀을 깊이 상고하고 그 뜻을 정확하게 깨닫기 위하여 무릎꿇어 간절히 기도해야 할것입니다.

바울사도는 로마서 10:2-3에서 "내가 증거하노니 저희가 하나님께 열심은 있으나 지식을 좇은 것이 아니라 하나님의 의를 모르고 자기의를 세우려고 힘써 하나님의 의를 복종치 아니하였느니라"고 지적하였습니다.

**2. 성도들을 축복받게 하고 하나님이 복주시게 해야 합니다.**

구약시대 제사장은 사람 편에 서서 하나님을 향하여 기도하며 대변하는 역할을 했습니다. 즉 "용서해 주옵소서!", 또는 "복을 주옵소서!" 등입니다. 그리고 선지자는 하나님의 편에 서서 사람들을 향하여 하나님의 말씀을 선포했습니다. 즉 "하나님께서 성일을 거룩히 지키라하신다." 또는 "하나님께로 돌아오라 하신다.." 입니다. 그러므로 오늘날의 우리 주의 종들은 제사장적 역할과 선지자적 역할을 동시에 병행해야 합니다.

1) 주의 뜻을 정확하게 전해야 합니다. 구체적으로 전해야 합니다. 하나님의 뜻은 요한복음 6:40에 "내 아버지의 뜻은 아들을 보고 믿는 자마다 영생을 얻는 이것이니." 라고 했습니다.

2) 책망하는 일입니다.(잠13:24, 23:13-14)

잠언 13:24 "초달을 차마 못하는 자는 그 자식을 미워함이라 자식을 사랑하는 자는 근실히 징계 하느니라"

잠언 23장 13-14 "아이를 훈계하지 아니치 말라 채찍으로 그를 때릴지라도 죽지 아니하리라 그를 채찍으로 때리면 그 영혼을 음부에서 구원하리라" 고 했습니다. 이는 가정에서 자녀를 기르는 부모에게 주시는 말씀입니다만 교회에서 목회자가 주의 양된 성도들을 양육하는 것은 가정에서 자녀들을 양육하는 것보다 더 중한 일입니다.

마태복음 16:16에서 베드로의 고백을 들으신 예수님은 그를 무척이나 칭찬하셨는데 22절에서 베드로가 간청하는 소리를 들으시고는 "사탄아 내 뒤로 물러가라"고 책망하신 것을 볼 수 있습니다.

그러므로 주의 종은 성도들이 바르지못한 신앙의 길을 갈 때에는 근실히 책망하여 바로 잡아주어야 합니다. 차마 초달을 못하면 자식을 버립니다.

3) 사람들이 예수님을 만나고 예수를 믿음으로 구원받아 하나님께 영광을 돌리게 해야 합니다. 사람들이 죄악에서 구원받은 은혜를 깨닫고 감사할 때 하나님께 진정한 영광을 돌릴 수 있게 됩니다.

이런 역사를 이루려면 먼저 목회자가 하나님을 만난 확실한 체험이 있어야 합니다. 신학을 하고 목회자가 되었어도 하나님을 만난 체험이 없는 분도 있을 수 있습니다.

## 3. 주의 종은 자신의 신분을 잘 지켜야 합니다.

하나님은 당신의 종들에게 특권을 주십니다.

* 종을 통하여 꼭 일을 하십니다.
* 종의 보고를 믿어주시고 소원을 들어 주십니다.
* 주의 종이 주의 이름으로 한 말에 책임을 저 주십니다.

이런 특권을 누리는 주의 종들은 주의 뜻을 이루기 위하여 자기 자신도 잘 지켜야 할 것이 있습니다.

* 설교를 잘 하되 잘하고자 하는 유혹을 이겨야 합니다. 즉 성경을 더하거나 빼는 일, 또 자기의 인기를 위하여 하는 설교입니다.
* 특별한 경우를 제외하고는 긴 설교나 많은 말도 절제할 수 있어야 합니다.
* 주의 종도 물질과 명예와 부귀 등을 누릴 수 있고 또 누려야 합니다. 하지만 주의 성업에 유익되고 덕을 세우는 차원이어야 합니다.

바울 사도는 고린도전서 6:12상에서 "모든 것이 내게 가하나 다 유익한 것이 아니요" 라고 했으며 고린도전서 10:23에서 "모든 것이 가하나 모든 것이 유익한 것이 아니요 모든 것이 가하나 모든 것이 덕을 세우는 것이 아니니" 라고 했습니다.

주의 종은 언제나 자신의 신분이 종임을 기억해야 합니다. 종은 주인의 시키는대로 하고 주는대로 먹고 주인의 뜻을 살펴 주인의 말씀을 위해 대기한 상태가 되어야 합니다.

　* 특별히 명예에 있어서는 본문 25절에 예수님의 행적도 다 기록 못하고 다 알리지 못했는데 우리가 무슨 공로가 있다고 우리의 이름 내기를 바라며 명예를 추구하겠습니까?

　그저 우리 모두 먹든지 마시든지 무엇을 하든지 다 하나님의 영광을 위하여 하기를 축원합니다.


### 4. 목회에 최선을 다하되 성공이란 목표에 집착하지 말아야 합니다.

　주님께서 나에게 다섯 달란트를 주셨든 두 달란트를 주셨든 한 달란트를 주셨든지 그것을 땅에 묻어두지 말고 최선을 다하면 착하고 충성된 종의 반열에 들어섭니다.

　목회자가 만일 주님을 바라보지 않고 옆에 있는 다른 목회자를 쳐다보면서 부러워하고 자신의 목장에서 최선을 기울이지 않으면 그 목회는 더욱 어려워집니다. 어떤 목회자가 열 명을 목회하든 혹은 만 명을 목회하든 그것에 관심두지 말고 단 한 명이든 천 명이든 주께서 내게 맡겨주신 양을 먹이는 일에 최선을 다하는 것이 주님의 뜻입니다.

　본분 20-23절에는 예수님께서 베드로가 장차 순교의 자리에 이르게 된다는 것을 말씀하시자 요한은 "어떻게 되겠습니까?" 하고 물어봅니다. 이때 예수님은 "내가 올 때 까지 그를 머물게 하고자 할찌라도 네게 무슨 상관이냐 너는 나를 따르라" 라고 말씀하셨습니다. 다른 사람의 사명에 상관말고, 다른 것에 관심두지 말고 네 사명만 잘 감당하라는 것입니다.


### 결론

　주의 종은 양을 치고 먹이는 것이 사명입니다. 그런데 무엇으로 양식을 삼아 먹이겠습니까? 그것은 주의 말씀이 양식이 됨을 우리는 마태복음 4:4을 통하여 알 수 있습니다. 하지만 그 양식이 양 무리

에게 더욱 풍성해질 수 있고 더욱 기름질 수 있는 것은 주의 종이
베드로의 고백처럼 주님을 얼마나 사랑하는가 하는 그 사랑의 불량
과 수준에 따라 되는 것입니다.
　예수 그리스도를 사랑하시는 여러분, 내 양을 먹이라는 주님의 부
탁을 따라 최선을 다하시기를 축원합니다.

# 성경적 목회원리

● 약   력
내사랑 영등포 시민운동본부 대표
대한예수교장로회총회(웨신) 총회 서기 경기노회장
서울 영등포구교구협의회 회장
한국기독교 지도자협의회 임원
대한예수교장로회 지구촌교회 담임목사

이홍규 목사

## 1. 서론

우리가 살아가는 현대는 지금 각 분야에 걸쳐 혁명적 변화가 일어나고 있으며 목회현장도 급성장, 목회성공이라는 욕구가 분수처럼 터져나오고 있는 현실이다. 〈성경적 목회원리〉라는 nfqus의 올바른 목회방법이 현대목회에 정착되어 이상적인 교회상을 출발시키는 기회가 되었으면 하는 간절한 마음으로 소개한다.

한국교회가 짧은 역사 속에서 크게 양적으로 급성장한 것은 좋은 점이다. 그러나 여기서 파생되는 목회상의 문제점들은 어두운 전망으로 야기시키고 있다. 이것은 목회자들이 양적으로만 너무 치중하다가 목회의 근본 원리를 망각하고 목회신학에 기초한 목회관 수립과 목회신학의 정립이 든든히 뿌리내리지 못한 결과이다. 또 실천신학의 학문적 이론이 뒷받침되지 못한데서 발생되는 것이며, 목회자들의 경험제일주의적 비목회철학이 난무한 결과로 볼 수 있다.

이런 관점에서 볼때 성경적 바른 목회신학의 목회관 정립이 절실히 필요한 것을 통감하여 필자가 성경적 사도바울의 목회관 수립과 목회신학에 대한 올바른 목회관의 정립에 유익과 도움을 준다면 참 의의가 있다고 사료된다.

## 2. 목회 목적과 취지

목회관이란 목회철학을 의미한다. 목회철학은 기독교철학에 근거하고 있으며 사도바울에 의해 새로운 기독교철학이 발생하여 기독교 사상체계가 갖추어졌다. 바울의 성경적 목회관은 본체론적으로는 철저하게 삼위일체 중심이었고, 우주론적으로는 우주의 다양성의 원리를 고수하고 있다.

인류학상으로는 그는 강하게 아담이 언약의 머리됨을 믿었다. 인식론적으로는 하나님이 그 자신을 자연역사, 양심과 그리스도 안에서 사람에게 나타내셨음을 가르쳤다.

인죄론적으로는 헛된 속임수의 철학과 과학, 즉 그리스도를 좇지 않는 소위 거짓철학에 의해 더럽혀지는 것을 경계하였다. 구원론적으로는 그리스도의 재창조 사역은 우주의 범위라고 믿었다. 종말론적으로는 우주의 재창조는 분명하고, 질서있게 나타날 것임을 확실히 믿었다.

그러므로 사도바울의 목회관은 성경에 초점을 제일 먼저 맞추고, 다음에 역사에 초점을 맞추고, 끝으로 문화에 초점을 맞추어서 예수 그리스도의 재림에 대한 믿음, 소망, 사랑에 근거한 것임을 보여주고 있다. 또 사도바울은 그의 목회원리와 기본원칙에서 복음을 전하는 일과 성경을 강해하고 권면하며, 교훈하는 일에 주력할 것과 목회자 자신이 자기의 행위와 근신의 본을 보일 것도 밝준다. 그리고 〈하나

님의 교회)를 목회자는 성령이 세워 사역하게 하였다는 것을 명심해
야 하며 목회자의 기본적인 원리원칙은 사람들이 임의로 변경할 수
없는 절대적 권위를 보유하고 있음을 밝혔다.

그것은 교회의 머리되신 주 예수께서 전하신 원칙이기 때문이다.
목회자는 이 원리 원칙에 기준하여 목회를 해야 한다. 사도바울은 하
나님의 은혜로 말미암아 부름받은 종으로서 목회의 사명을 감당하였
다. 그는 "나의 나된 것은 하나님의 은혜로 된 것이라"고 고백하면서
양무리를 그리스도께서 자기의 보배로운 피로 값주고 산 것임을 깊
이 깨닫고 그들을 지극히 사랑했다. 하나님이 자기 피로 사신 교회를
치게 하셨느니라고 하였다.

사도바울이 훌륭한 목회자로서 확고한 목회철학을 가진 모범적인
목회상임을 바라볼 때에, 오늘의 목회와는 많은 차이가 있음을 알 수
있다. 그 차이는 현대목회자들의 목회관의 문제점이다.

목회관이 바로 정립되지 못한 목회자들로부터 시작된 목회방법은
주보 숫자통계와 큰 교회건물(물량주의)에 의한 평가로 목회성패를
가늠하게 하였다. 또 어떤 경우에는 정통적 접근방법을 너무 고집하
는데서 많은 문제가 발생하기도 한다. 그리고 균형을 깬 새로운 급진
접근방법의 도입이 문제이다. 이에 따라서 사도바울의 성경적 목회관
을 통해 올바른 목회관과 목회신학을 시켜야 한다.

이것만이 오늘에 그릇된 목회원리와 목회실제의 궤도를 수정할 수
있을 것이다. 이것이 약점을 보안하며 질적, 양적 성장을 이끌어줄
한국교회의 새로운 목회자들에게 큰 유익이 되었으면 한다.


### 3. 목회방법과 범위

사도바울이 제 2차 전도여행 시에 설립한 데살로니가 교회에 보낸
서신을 통해 성경중심적 사도바울의 목회관을 상세히 고찰함으로 실
천목회의 건전한 성장과 목회신학에 기초한 올바른 목회관이 정립되

어 현장목회에서 실현했으면 한다.

목회신학은 목양의 관점에서 교회내 목사의 모든 활동과 기능이 신학적인 바탕을 둔 목회의 실제적 결론을 내리는 신학적 지식을 뜻하므로 실지적인 목회신학의 참의미는 목양이라 할 수 있다. 그러기 때문에 목회신학도 역시 다른 신학의 경우와 마찬가지로 하나님의 말씀인 계시에서 출발한다. 따라서 목회신학은 하나님의 말씀을 개개인에게 효과적으로 전달하여 영혼을 돌보는 것을 중점으로 하며 목회자는 신자가 생활에 실제로 적용하여 바른생활을 할 수 있도록 도와주어야 한다. 바른 목회신학에 근거한 목회관 수립만이 성경적이며, 예수 그리스도의 재림에 대한 믿음, 소망, 사랑에 근거한 목회관이다.

사도바울의 목회신학은 기독교의 3대 원리인 ①믿음 ②소망 ③사랑에 기초를 두고 있다. 〈믿음〉은 하나님의 주권과 그리스도 중심적인 신앙을 보여주고 있으며 〈소망〉은 주 예수 그리스도의 재림을 중심한 종말론이 밑바탕이 되어있다. 그리고 〈사랑〉은 하나님의 사랑이 그리스도를 통해서 나타나 구속사역과 성령의 사역이 중심이다.

사도바울의 목회관은 목회신학과 목회전략, 그리고 목회실제로 우리들에게 좋은 모델이 되었다. 목회관의 본질은 형이상학적은 하나님 중심이고 인식론은 계시중심, 인간론적은 하나님 형상중심, 목적론적은 예수 그리스도 중심이고, 기치론적은 영원중심, 지도자론적은 성령중심, 방법론적은 사랑중심, 평가론적은 성장중심이다.

사도바울의 목회신학을 통해 계시론, 신론, 인간론, 기독론, 성령론, 교회론, 세계관, 종말론 등을 알 수 있다. 사도바울의 사상의 핵심은 십자가에 달려 속죄를 이루시고 부활하신 그리스도였다. 이것은 사람의 구원(救援)이 인간의 행위에 의해 좌우되는 것이 아니라 신앙(信仰)에 의해서만 되어진다는 것이다. 오직 의인은 믿음으로 살리라는 이신득의의 중요(重要)한 신학 사상은 구약과 신약, 현대에 이르기까지 불변(不變)의 진리(眞理)요, 교리(敎理)요, 사상(思想)이다. 바울의 사상은 구속의 완성자인 그리스도의 구속사건과 인간의 구속에 대한 관심으로 고착되었다. 그는 설교에서 구속적인 중요성을 가지고 있는 부활사건을 강조했다. 사도바울의 목회자론은 겸손의 눈물로 가득차 있다. 겸손은 예수님 마음, 인격이다.

그는 봉사자, 주를 섬기는 자, 종으로 열심을 다했다. 말씀 속에서 성령의 지배를 받고, 순종하며 죽도록 충성했다. 또한 깨끗하고 모범적인 목회자, 아버지의 심정과 어머니의 마음으로 사랑하는 목회자이다. 무릎을 꿇고 기도하는 겸손한 목회자로 양떼를 돌보았다.

사도바울은 재림 전에 죽은 성도 부활, 공중재림, 휴거사건과 재림 때와 하나님의 심판, 배교, 적그리스도, 천년왕국에 대한 종말론을 바르게 가르쳐 성도들에게 올바른 재림관을 확립시켜주었다.


## 4. 결 론

사도바울은 올바른 목회관을 확고히 수립한 훌륭한 목회자로 우리에게 사표가 된다.

그의 목회전략과 목회실제를 상세히 고찰하면서 한 사람의 올바른 목회관이 목회 일선에서 얼마나 큰 영향을 미치고 있는가를 우리는 알 수 있다. 그가 우리에게 준 목회영향은 오늘에 그릇된 목회원리와 목회실제의 궤도를 바로 수정해줄 수 있을 것이다. 그리고 약점을 보완하며 질량적 성장을 이끌어 줄 성경적 목회관이 한국교회의 새로운 목회현장에서 피어나길 기대한다.

# 찬송과 감사의 삶


● 약    력
대한예수교장로회(합동) 화정충현교회 담임목사
대한예수교장로회(합동)총회 부흥사회 22대 회장
한국기독교지도자협의회 상임부회장

이효은 목사

　　여러분, 사람이 살아가는 데에는 우여곡절이 많으나 택한 사람을 위한 하나님의 섭리와 역사는 언제나 해피엔딩(Happy Ending)이라는 사실을 오늘 본문은 말씀하고 있습니다. 그 마지막 장면은 시원하면서도 한편으로 섭섭한 그 뿐 아니라 여운을 남기고 계속해서 우리의 가슴을 아프게 합니다. 가을이 저물어가고 겨울이 찾아오는 길목이면 무엇인지 허전함과 쓸쓸함이 우리의 마음을 짓누르는 것을 경험해 보셨을줄 믿습니다. 오늘 성경 룻기 4:13-22 본문을 통해 우리는 마지막이 아주 유쾌하고 깨끗한 해피엔딩(Happy Ending)의 드라마를 보게 됩니다. 그런데 룻기의 시작은 그렇지가 못했습니다.

룻기 1장에서 강조된 단어는 '마라' 즉 '고통'이라는 단어입니다. "나오미가 그들에게 이르되 나를 나오미라 칭하지 말고 마라라 칭하라 이는 전능자가 나를 심히 괴롭게 하셨음이니라"(룻 1:20)고 했습니다. 나오미의 가정이 하나님의 징계를 받아 어둠과 고통의 길을 걸었던 쓰디 쓴 '고통의 장'이 1장입니다.

2장의 중요한 단어는 '카리스마', '카레오'로 '은혜'입니다. "모압 여인 룻이 나오미에게 이르되 나로 밭에 가게 하소서 내가 뉘게 '은혜'를 입으면 그를 따라서 이삭을 줍겠나이다 나오미가 그에게 이르되 내 딸아 갈지어다 하매"(룻 2:2) 라고 했습니다. 은혜 입기를 원하는 룻의 모습으로 반영된 2장은 '은혜의 장'입니다.

3장에서의 중요한 단어는 '안식'입니다. "룻의 시모 나오미가 그에게 이르되 내 딸아 내가 너를 위하여 '안식'할 곳을 구하여 너로 복되게 하여야 하지 않겠느냐"(룻 3:1) 라고 했습니다. 은혜입은 룻이 드디어 안식에 대한 여명을 바라보기 시작합니다. 룻의 삶에 쉼이 찾아오기 시작할 것입니다. 이 3장은 '안식의 장' 입니다.

본문 4장의 중요한 단어는 '힘노스', '프레이즈 로우드'로 주님을 향한 '찬송'입니다. "여인들이 나오미에게 이르되 '찬송' 할지로다. 여호와께서 오늘날 네게 기업 무를 자가 없게 아니하셨도다 이 아이의 이름이 이스라엘 중에 유명하게 되기를 원하노라"(14절)고 했습니다. 그러므로 4장은 '찬송의 장'입니다.

이렇게 룻기는 고통으로 시작했다가 찬송으로 끝나는 감사의 내용입니다. 룻기 전체 내용을 요약한다면 "고통에서 찬송으로"입니다.

우리의 삶도 찬송과 감사의 생활로 마지막을 장식할 수 있다면 얼마나 영광스러운 삶이겠습니까? 룻의 삶을 모델로 하여 그가 어떻게 찬송하며 감사의 생활을 할 수 있었던가를 배우고 이 은혜가 있기를 축원합니다!

룻이 찬송할 수 있었던 이유는,

**첫째, 삶의 방향 전환을 위한 결단이 있었습니다.**

룻기 1장에서는 슬픔의 눈물을 볼 수 있습니다. 그러나 4장에서는 기쁨에 찬 사람들의 얼굴을 볼 수 있습니다. 1장에서는 불안하고 방황하며 어쩔 줄 몰라 하는 사람들을 만납니다만, 4장에서는 안전한 삶을 누리는 모습을 보게 됩니다. 1장에 나타난 사람들의 얼굴에서는 빈곤과 창백을 보지만 4장에서는 풍요가 찾아옵니다.

1장이 고독의 장이라면 4장은 교제의 장입니다. 룻기 1장에서는 저주받은 인생의 길을 볼 수 있지만, 4장에서는 회복된 삶, 복 받은 아름다운 삶의 모습을 볼 수 있습니다. 1장은 장례식으로 시작했지만, 4장에서는 새로운 출발인 신혼의 입맞춤을 볼 수 있습니다. 1장에 소개된 사람들은 하나같이 무명의 버림받은 인생들이었지만, 4장에 등장하는 사람들은 모두가 역사의 무대 위에 스타로 군림하는 유명의 사람들입니다.

1장과 4장의 이 날카로운 대조는 얼마나 극적인 한 편의 드라마입니까? 이 놀라운 전환의 역사는 어떻게 시작되었습니까?

장례식의 슬픈 저주를 결혼이나 새 출생으로 바꾸는 역사는 어떻게 이루어졌습니까? 고독과 빈곤을 황금빛 풍요로 처리하는 이 역사는 어떻게 시작되었습니까? 불안과 슬픔을 위대한 찬양으로 이끄는 이 드라마는 어떻게 되었습니까? 그것은 한 여인의 결단, 아니 룻이라는 여인의 하나님 앞에서의 삶의 결단으로 말미암아 시작되고 진행되었던 것입니다.

한 여인의 위대한 자기 삶의 방향 전환이 이토록 우리에게 도전을 던져 준 것은 진정코 그에게 복의 미래가 약속된 것이 아닙니까? 그렇다면 이 여인의 중요한 자기 삶의 결단을 주목하시기 바랍니다.

(1) 자기 희생의 결단 (룻 1:16)

룻은 자기가 생각하는 보다 차원 높은 삶을 위하여, 보다 가치있는 삶을 위하여 희생하기로 결심했습니다.

① 고향을 버리는 희생이었습니다.

② 자기의 미래도 포기하는 희생이었습니다.

③ 자기의 청춘도 던져버리는 희생이었습니다.

④ 자기의 평안함도 개의치 않는 희생이었습니다.

⑤ 시어머니를 따라서 낯선 베들레헴의 길을 동행하는 희생이었습니다.

이것은 분명히 자기 희생이었습니다.


(2) 자기 믿음의 결단 (룻 1:16)

룻의 결단은 믿음의 결단이었습니다. 룻기 1:16에 "룻이 가로되 나로 어머니를 떠나며 어머니를 따르지 말고 돌아가라 강권하지 마옵소서 어머니께서 가시는 곳에 나도 가고 어머니께서 유숙하시는 곳에서 나도 유숙하겠나이다. 어머니의 백성이 나의 백성이 되고 어머니의 하나님이 나의 하나님이 되시리니"라고 하였습니다. 믿음은 거룩한 자기 파괴로부터 시작됩니다. 믿음은 자기 손해요 희생이며 도전이 믿음입니다.

이렇게 룻은 시어머니를 따라가기로 결심했습니다. 그러나 이것은 시어머니에 대한 선택이었을 뿐만 아니라 시어머니가 섬기는 여호와 하나님에 대한 선택이었습니다. 이것이 신앙의 선택입니다.

우리는 시어머니에 대한 해석을 꼭 시어머니에게만 국한할 것이 아니라 우리의 신앙을 선택하는 것에 대하여는 그것이 남편이나 아내가 될 수도 있다는 것을 명심해야 합니다. 친구나 형제도 될 수 있습니다. 중요한 것은 어느 누구이든지 내 자신의 믿음 선택으로 예수 그리스도를 만나는 것이 행복이요 복입니다.

"여호와께서 네 행한 일을 보응하시기를 원하며 이스라엘의 하나님 여호와께서 그 날개 아래 보호를 받으러 온 네게 온전한 상 주시기를 원하노라"(룻 2:12)

이 말씀은 보아스의 입을 빌려서 룻의 위대한 선택을 증명해 주는 말씀입니다.

룻은 이스라엘 하나님 여호와를 향하여 그 분의 날개 아래 보호받기 위하여 온 것입니다. 이것은 하나님에 대한 선택입니다. 이스라엘의 하나님, 여호와 하나님께 그의 모든 삶을 의탁하는 위대한 믿음의 결단입니다.

**둘째, 자기 결단으로 돌아온 복에 대한 찬송입니다.**

희생과 믿음의 두 가지 결단이 룻을 복되게 했습니다. 즉, 개인적으로 자신이 복을 받았고, 또한 남에게도 복을 끼치는 존재가 되었습니다. 복을 받는다는 것은 아름다운 일입니다. 자신이 복을 받는다는 것은 얼마나 큰 행복인지 모릅니다. 그러나 자신이 받은 복이 자신에게 끝나는 것이 아니라 다른 사람에게 복을 끼친다는 사실은 얼마나 차원높은 행복이 됩니까?

사랑하는 여러분!

우리는 복을 받아야 합니다. 하나님이 주시는 복을 받아야 합니다. 그리고 받은 하나님의 복을 다시 다른 사람들에게 나눠주는 복의 근원이 되어야 합니다. 룻은 문자 그대로 복을 받았고 복을 끼치는 존재가 되었습니다.

(1) 룻이 개인적으로 받은 복은

① 보아스라는 남편을 얻었습니다. 우리도 예수를 신실하게 믿는 남편을 얻는 복을 받읍시다.

② 자식을 얻었습니다. 우리도 전도하여 믿음의 자식을 얻어야 하겠습니다.

③ 재물을 얻었습니다. 우리도 하늘에 보물을 쌓아둡시다.

④ 예수 그리스도의 은혜 안에 들어갔습니다. 우리 모두 하늘 나라의 생명책에 기록되어야 하겠습니다.


(2) 룻이 다른 사람에게 끼친 복은

① 시어머니 나오미에게 복된 존재가 되었습니다.

"여인들이 나오미에게 이르되 찬송할지로다 여호와께서 오늘날 네게 기업 무를 자가 없게 아니하셨도다 이 아이의 이름이 이스라엘 중에 유명하게 되기를 원하노라 이는 네 생명의 회복자이며 네 노년의 봉양자라 곧 너를 사랑하며 일곱 아들보다 귀한 자부가 낳은 자로다"(14-15절)

이스라엘 사람들은 사상 최고의 복을 '일곱 아들'이라고 표현했습니다. 그런데 사람들은 룻을 두고 '일곱 아들보다 귀한 자부'라고 일컬었습니다.

이렇게 룻은 시어머니 나오미에게 복된 존재가 되었습니다.

"나오미가 아기를 취하여 품에 품고 그의 양육자가 되니 그 이웃 여인들이 그에게 이름을 주되 나오미가 아들을 낳았다 하여 그 이름을 오벳이라 하였는데 그는 다윗의 아비인 이새의 아비였더라"(16-17절)

② 남편 보아스에게 복된 존재가 되었습니다.

"성문에 있는 모든 백성과 장로들이 가로되 우리가 증인이 되노니 여호와께서 네 집에 들어가는 여인으로 이스라엘 집을 세운 라헬, 레아 두 사람과 같게 하시고 너로 에브랏에서 유력하고 베들레헴에서 유명케 하시기를 원하며"(룻 4:11)

보아스는 부인 룻으로 인하여 메시아의 가계를 잇는 아름다운 아들을 두었습니다. 그리고 보아스라는 이름 그 자체가 유명해졌습니다. 보아스는 아내 룻 때문에 유명해진 인물입니다.

③ 베들레헴에 복된 존재가 되었습니다.

오늘의 베들레헴은 이미 유명해졌지만, 그 당시에는 전혀 알려지지 않은 마을이었습니다. 그런데 룻이 그곳에 삶의 터전을 기초한 그때부터 유명해지기 시작했습니다. 사실 베들레헴은 예수 그리스도를 빼면 하나도 유명할 것 없는 조그마한 시골입니다. 그런데 룻이 살고 있는 이 동네가 유명해지기 시작했습니다. 한 사람의 헌신된 삶은 그의 삶의 터전인 그 사회에 영광을 안겨줄 수 있습니다.

④ 이스라엘 민족에게 복된 존재가 되었습니다.

"여호와께서 네 집에 들어가는 여인으로 이스라엘 집을 세운 라헬, 레아 두 사람과 같게 하시고"(룻 4:11)

이스라엘 민족의 열 두 지파의 기원은 야곱의 열 두 아들들입니다. 그리고 이 열 두 아들은 직, 간접으로 다 라헬과 레아 두 여인을 통해서 왔습니다. 그런데 우리는 이방 여인인 룻이 드디어 하나님의 선민인 이스라엘 민족사에 남기게 되는 이 굵은 발자취를 보게 됩니다. 룻은 민족에게도 복이 되는 존재였습니다.

셋째, 룻처럼 찬송하며 모든 일에 감사하는 삶이 되어야 하겠습니다.

본문 18-22절을 주목하시기 바랍니다.

이 족보의 시작 인물인 베레스는 우리가 잘 아는대로 유다가 며느리인 다말에게서 낳은 불륜의 아들입니다. 그런데 구세주의 족보가 거기서부터 시작됩니다. 즉, 메시아의 핏줄을 형성하는 사람들은 학벌이 좋은 사람도 아닙니다. 이력서가 화려한 대단한 사람들이 아니라 허물 많고 죄 많은 사람을 통해서 하나님의 역사가 이루어진다는 것입니다. 그러나 이 말은 하나님께서 죄 있는 사람을 쓰신다는 의미는 아닙니다. 하나님은 용서받은 사람들을 쓰십니다. 우리의 범죄함이 주님 안에서 용서되었을 때, 하나님은 우리를 통해서 일을 하십니다.

가장 혼란하고 하나님을 향한 불경건과 부도덕이 횡행하던 이스라엘의 암흑의 사사시대에 흰 장미처럼 나타난 여인 룻, 결국 룻이 하나님을 향하여, 사람을 향하여 가졌던 신앙처럼, 고난을 극복하고 찬송을 가져온 감사의 삶을 사는 복된 삶이 되시기를 바랍니다.

# 인간의 본분과 도리

● **약    력**
서울 동작경찰서 경복실장, 교경협의회장
서울 특별시 지방경찰청 경목회장
서울 영등포구 교구협의회장
서울 영등포구 바른 선거 시민모임(바선모)회장
생명침례교회 담임목사

장병찬 목사

본분(本分) ： ① 자기에게 알맞은 신분(one′s place)
           ② 마땅히 행하여야 할 직분(duty)
도리(道理) ： ① 사람이 지켜야 할 바른 길(reason)
           ② 방도와 사리(way)
           ③ 사물의 정당한 이치(truth)

인간 존재의 제일 목적은 하나님을 영화롭게 하는 것이다. 그러므로 하나님을 향하여 인간 존재 목적에 합당하게 사는 하나님을 경외하고 그 명령을 지키는 것이 모든 사람의 의무이며 인간의 본분이다. 하나님을 향한 본분을 다하여야 함은 물론이요 인간에 대하여 도리를 다하는 삶이 진정 보람된 삶이다. 십계명의 1~4계명은 하나님을 향한 인간의 본분이요 5~10계명은 인간에 대한 인간의 도리이다. 인간의 인간에 대한 도리에 대하여 생각하여 보고자 한다.

10여년 전(1996. 7. 22)에 부산 해운대 해수욕장에서 치매 증세를 보이는 박종순 할머니(당시79세)가 서울에 사는 며느리와 손자 손녀에 의해 버려진 사건이 신문과 방송의 뉴스로 전해졌었다. 박 할머니는 남편 류씨와 10여 년 전에 사별하고 치매 증세를 보여 오던 중 며느리가 해수욕을 하면 건강에 좋다고 말해 따라 왔으며 현금 18만원과 옷가지가 든 비닐 봉투를 맡겨둔 채 유람선 표를 구입하러 간다고 간 후 연락이 없어 부산 해운대 경찰서와 구청이 온천동 황전 양로원에 임시 거처를 마련하고 연고자를 찾고 있다는 것을 기사를 통해서 알게 되었다.

다수의 사람들은 늙고 병든 부모님을 잘 모시는 효성이 지극한 자식의 도리를 다하면서 살아가지만 가끔씩 현대판 고려장 사건을 국내 외 적으로 많이 접하게 된다. 하나님의 형상으로 지음 받은 만물의 영장으로써 인간의 도리를 다 하면서 살아가야 한다.

인간과 가장 가까이에 살고 있는 동물인 개에 대하여 살펴보면서 인간의 도리를 생각해 보기로 한다.

정선의 효구총이 있는데 사람들이 먹고 버린 어미개의 뼈다귀를 양지 바른 곳에 옮겨 묻고 그 무덤에서 순사한 강아지의 무덤이다. 개와 같은 동물도 효심을 다하였는데 어찌 사람의 탈을 쓰고 늙고 병든 부모를 버릴 수 있단 말인가? 개가 웃을 일이요, 개 볼 낯없는 노릇이다. 의리와 인정이 있는 개의 이야기는 비일비재하다.

고려 제25대 충렬왕(1236-1308) 8년(1280)에 누렁이 개에게 정삼품(正三品)의 벼슬을 내린 적이 있다. 개성 진고개에서 앞을 못 보는 어린아이 하나만을 남겨 두고 부모가 세상을 떠나게 되었다. 그 집에서 기르던 누렁이 개가 이 앞을 못 보는 어린아이에게 꼬리를 잡혀 이집 저집 돌아다니면서 밥을 얻어 먹이고 밥을 다 먹고 나면 샘으로 가서 물까지 마시게 하며 길렀던, 인정과 의리의 개에게 내린 벼슬이었다. 당시 사회가 해이해져 있던 인정과 의리에 대한 경각심을 불러 일으키려는 제도적 의미가 있음을 알 수 있다.

또한 임실군 오수읍에 의구총이 있는데 시장에 갔다가 술에 취해 잠자는 주인을 불길에서 구하여 낸 개의 무덤이며, 평양 선교리의 의구총은 과부 집 일 가족을 겁탈 끝에 몰살한 죄인을 추적하여 관가에 고발한 의리 있는 개의 무덤이다. 한 국가와 사회에 도덕성과 윤리성이 타락하면 위기인 것이다.

태초에 하나님이 천지만물을 창조하시고, 죄에 의하여 타락한 인간이 하나님 앞에 패괴하여 강포가 땅에 충만하므로 심판하셨다. 노아의 때는 물로 세상을 심판하였으며 소돔과 고모라는 불로 심판하셨다. 도덕과 윤리가 메말라 버린 이 사회에 우리 모두 인간의 도리를 다하며 살아가야 하겠다.

부모의 도리, 자식의 도리, 형제의 도리, 부부의 도리, 스승의 도리, 제자의 도리 등 각자의 위치와 직분에 따른 인간의 도리를 다하는 각자가 될 때 이 사회는 좀 더 밝은 내일의 희망이 있지 않을까 생각 되어 진다.

현재 나 또한 아동복지시설과 재가복지센터를 운영 하고 있지만 어려운 이웃을 섬기고 보호한다는 것은 참으로 어려운 것 같다.

어른들로부터 버려진 아이들, 그리고 자식들이 노부모를 잘 모시지 않은 현상 이 모든 것을 현장에서 보면서 사람의 도리가 무엇인가를 다시 한 번 생각하게 된다.


지금 나는 하나님을 향한 사람의 본분을 다하며 살고 있는가? 지금 나는 사람을 향하여 사람의 도리를 다하며 살고 있는가?

이제부터 하나님을 경외하고 그 명령을 지켜 행하고 그리스도의 복음을 전하며 사는 신앙인의 본분을 다하고, 하나님의 형상대로 지음 받은 만물의 영장인 사람들에 대한 도리를 다하며 사는 삶이 되어야 할 것이다.

# 영적 싸움에 대비할 자세

● 약  력
대한예수교장로회 대석교회
세계스포츠선교회 상임회장
한국기독교 지도자협의회 상임총무
할렐루야 축구단 이사, 할렐루야 태권도 단장
웨스트민스터신학대학원대학교 목회대학원장 역임
대한예수교장로회 총회 총회장 역임
21세기부흥선교협의회대표회장(현)

정재규 목사

아마도 기독교인 또는 목회자가 피 값을 주고 사신 교회를 사랑하지 않거나 국가를 사랑하지 않는다면 진정한 기독교인이 아닐 것이다. 기독교가 지구상에 생긴 이래 마귀는 크고 작은 갖가지 술수를 부려 기독교인들을 박해해왔고 기독교 국가를 파괴하려고 책략을 부려왔다. 우리는 종말의 개념을 예수님 탄생 내지는 예수님 세례 받으시고 공생애를 시작하신 때부터 혹은 십자가 지고 죽으신 이후부터를 종말로 간주해 오기도 했지만 지금은 흔히 말세 중에 말세라고 하는 시간의 위치에 와 있다. 악한 마귀는 더욱 극성스러워졌고 공산주의라는 이념으로 도전하여 세계를 뒤덮어 오기 시작했다. 그러나 공산주의 체제가 허무맹랑한 이론에서 세워졌다는 것은 1990년대에 모든 공산 국가들이 무너짐으로 해서 증명되었다. 인본주의 사상과 자유주의 사상의 정체성을 되짚어 보고 우리 기독교가 가야할 길을 요약해서 남기고자 한다.

## 1. 공산주의의 생성

공산주의의 어원은 공동사회라는 라틴어 콤뮤니스(Communis)에서 찾을 수 있다. 자유민주 체제의 자본주의와 대별되는 개념으로 1848년 "칼마르크스"가 쓴 "공산당 선언"이 발표되어 처음으로 공산주의라는 사상이 나오게 되었다. 이 공산주의는 인간다운 삶의 가치 기준을 오직 물질로만 평가하여 인간의 생각하는 능력, 분별력, 의지 등 형이상학의 가치를 부정함으로써 정신 문명의 측면을 일체 무시한다. 공산주의라는 말을 맨 처음 사용한 것은 그리스 철학자 "플라톤"에 의해서인데 그의 "이상 국가론"에서 정치인 관리들은 어떠한 이유에서도 자신의 재산을 가질 수 없다는 생각을 내세웠다. 그러나 그것은 한낱 이상일 뿐이지 끝내는 실현성이 없는 것으로 "플라톤" 자신도 인정하고 만다.

그의 생각을 정리하면, 사회의 모든 재산을 공동으로 소유하고 개인의 재산을 허용하지 않으면 이 사회의 모든 부패와 악은 제거되고 사람들을 편하게 살 수 있게 되리라는 것이다. 이러한 단순한 생각은 많은 사람들의 마음을 사로잡아 왔다. 그러나 재산 소유의 有, 無 라는 관점에서만 생각했을 뿐 경제 외적인 영향 즉 정치, 사회, 종교, 교육 또는 전쟁 등에 의해 변화됨을 생각하지 못한 것이다. 만약에 모든 재산을 공동으로 소유하고 개인의 소유를 없애 버리면 그 후에 공동 재산은 권력을 가진 몇몇 사람에 의해 악용 된다는 문제는 전혀 생각하지 못한 것이다. 공상의 그림만 그리는 밝은 이론에 불과한 것이었다. 물론 사도행전 2:44이하에 예수 그리스도를 믿는 사람들이 성령 충만을 받고 자신의 소유를 팔아 각 사람의 필요를 따라 나누어 썼는데 그것은 그리스도의 사랑을 바탕으로 이루어진 것이며 마귀가 공존하는 이 세상의 구성 체제 속에서는 공상이나 환상에 불과한 것이다.

### 2. 공산주의의 W.C.C 침투와 한국 교회 침투

1946년 2월, 서방 교회가 WCC(세계교회 협의회) 조직을 발표하자 스타린이 서방교회 침투책으로 세계를 적화하기 위한 "평화연맹"을 구성한다. 이 "평화연맹"은 1947년 9월, 바르샤바에서 설립하게 되는데 소련과 그 위성국 공산당원으로만 구성시켜 WCC 1차 회의에 60~70명을 침투시키는데 성공한다. 1948년 8월, 암스텔담 1차 WCC 총회에 이들이 정식 회원으로 인정받고 WCC 중앙위원에 2명이 피선되었다. 1953년 6월, 스타린이 죽고 2차 총회가 1954년 8월, 미국의 에반스톤에서 열리게 되는데 공산당원 중앙위원이 3명으로 증가된다. 이 때 공산주의를 용납하고 스타린의 평화 공존 결의안이 통과된다. 3차 총회가 1961년 11월, 인도의 뉴델리에서 개최되었는데 1958년 11월에 만든 공산당의 세계 기독교 평화회의 회장 KGB 두목 "니코딤"이 공산당원 16명을 WCC 회원으로 가입시키고 3차 총회장이 된다. 결국 공산당이 주도권을 장악한 셈이다. 이 때에 "도산"의 전신인 산업신학 또는 선교신학이 대두된다. 4차 총회가 1968년 7월, 스웨덴의 "웁살라"에서 있었는데 공산당원이 36명으로 증가되고 소련과 위성국가를 포함하여 회원이 120명으로 막강하게 자리잡는다. 이 때 이 총회에서 빈부격차를 투쟁과 혁명을 통해 쟁취하고 교회는 사회적 혁명을 해야 한다는 결의문이 통과된다. 공산당은 제 5차 총회를 대비하여 CCA(아세아교회협의회)를 1975년 1월, 인도의 "곧다암"에서 만든다. 이 때에 북괴가 조선인민공화국 기독교 연맹이라는 이름으로 가입하게 되고 결의된 내용을 보면 남한으로부터 미군철수, 미·일의 남한 군사원조 반대, 남한 기독교인 중심으로 민중 옹호 투쟁지지 및 투옥자 석방이었다. WCC 제 5차 총회가 1975년 11월, 아프리카 나이로비에서 열렸는데 회장 니코딤이 공산당원 36명을 인솔하고 참석한다. 이 때 발표된 성명 내용은 ① 세계의 위기는 자본주의 모순 때문이다. ② 착취와 억압으로부터 해방되어야 한다. ③ 한국과 필리핀 교회의 인권 투쟁을 지지한다. ④ 개발도상국들의 재산 몰수 및 부의 재분배 ⑤ 중공, 월맹, 캄보디아의 변혁을 중공의 성공적 경험에 비추어 교회들이 연구하라는 것 등이었다. WCC와 한국 교회의 관계를 보면 제 1차 총회 때 KNCC (한국교회협의회) 대표로 고 김관식 박사가 파견되어 가입 수속을 밟았고 이로 말미암아 1959년 찬반시비로 교단 연합이 분열하게 된다. 특히 WCC의 공산당원인 아렌스키가 1970년, 한국에 와서 청계천 민중조직사업, 성남시의 민중조직 실태를 보러 다니면서 WCC에 속하지 않은 교회와 인사들, 그리고 정부를 신랄하게 비난하고 돌아간 사건이 벌어진다. 또한 기독교사상 1972년 11호에 보면 WCC 총무 필립포트는 "폭력혁명을 통하지 아니하고는 기독교의 봉사를 말할 수 없는 시대가 왔다"고 말하고, 이런 공산혁명 과업을 교회가 본받아야 한다고 말했다. 이처럼 교회에 침투한 공산당 사상때문에 한국 기독교는 비상이 걸리게 된다. 현대사조 1981년 7-8호에서는 명지대 설립자요 통일부장관이었던 유상근 박사가 "왜 공산주의를 반대해야 하는가"라는 글을, 또한 한국 종교문제 연구회장 홍지영 박사가 "공산주의의 새 적화전략과 한국교회"라는 글을, 또한 명지대 윤원구 교수가 "공산주의 사상적 도전과 대책"이라는 글을 올리고 있다.

## 3. 해방신학

정치신학, 혁명신학, 폭력신학, 흑인신학, 농민신학 등 다양한 용어로 불려지는 기독교선교이념은 칼마르크스의 사회주의 논리를 바탕으로 선교를 해석하려는 신학사상이다. 이들의 논지는 현대사회 특히 자본주의 사회체제를 변혁시켜 경제적 착취와 정치적 억압 속에서 소외된 계층을 구원하기 위한 사회구원 운동을 교회가 선도해야 한다는 것으로, 선교운동의 방법은 먼저 민중을 의식화 시키고 이 의식화된 민중을 조직화 하여 항거 투쟁을 유도한다는 것이다. 해방 신학자들의 말을 들어보자. 미국의 신학자 〈죤 이글손〉은 해방과 죄의 개념을 "해방이란 인간의 참되고 완전한 인간화를 저해하는 모든 형태의 억압과 착취로부터의 해방을 뜻한다"고 말함으로 성경에서의 죄로부터의 해방과 방향을 달리한다. 서독의 카톨릭 신학자인 〈요하네스 B. 멧츠〉는 "… 어떠한 기성 상황이 불의로 가득 차 있을 경우 정의가 가장 보잘것 없는 형제들의 자유를 위하여서는 혁명도 불사해야 한다"고 했다. 세계기독학생연맹(한국기독학생연맹 K.S.C.F의 상부기구)은 1968년 자료에서 "정의와 자유를 쟁취하는 투쟁에 있어서 교회는 압제받는 사람들에게 편들어야 한다"고 했다.


### 4. 민중신학

민중 신학자들은 한결같이 남미의 혁명적 해방 신학과의 직접적 사상적 관계성을 부인한다. 그 이유는 마르크시즘의 사상과 행동이 동일한 해방신학과 맥락을 같이 한다고 인식될 경우 그 지지 기반을 구축할 수 없기 때문이다. 민중신학은 70년대 한국의 복잡한 정치적 현실을 해결하기 위하여 진보적인 기독교인들이 발전시킨 신학사상이다. 이들은 개인구원과 교리의 차원보다 사회 정치적 차원으로 신앙과 신학을 해석하고 있다. 그리고 불의한 정치와 사회제도에 대해 투쟁하는 것을 기독교의 본질로 단정한다. 이들은 개인 영혼의 구원을 도외시하고 오직 사회적 제도적 정치적인 문제, 즉 사주에 눌린 노동자들, 가난한 자들, 약한자들, 멸시받는 자들을 민중으로 해석하여 이들을 구원해야 한다는 그럴듯한 논리를 전개한다. 그리고 사회적 정치적 개조를 위해서 싸울 것을 명령한다. 또한 인권선언과(73. 11. 24) 천주교 양심선언(74. 7. 23) 등 신구교 인권성명서가 계속되었다. 그러나 민중신학자 일부는 민중의 해석을 "역사의 흐름 속에 항상 새로운 희망과 가치로 변혁의 역할을 담당하는 힘의 실체"로 애매모호하고 추상적인 개념으로 미화하고 있다.

## 결 론

성경 보수는 이루어져야 한다. 통일교나 전도관(천부교)이나 여호와의 증인 등만 이단이 아니다. 그럴싸하게 사람의 감성을 이용하고 성경을 이용하여 파고들어오는 사상도 이단이다. 누가복음 12:13 이하에 보면 어떤 사람이 예수님에게 다가와 "내 형을 명하여 유산을 나와 나누게 하소서" 하니 예수님은 "이 사람아 누가 나를 너희 재판장이나 물건 나누는 자로 세웠느냐"고 거절하셨다. 인간의 생명이나 영혼을 중요시하지 않고 물질만으로만 강조하는 유물사관론은 이미 폐기된 이론이지만 아직도 이 땅에는 존재하고 있으며 우리는 경계해야 한다. 공산주의 기본 이론은 하나님의 존재를 부인한다. 재산을 평등하게 분배해야 한다는 이론을 펼친다. 그럴싸하게 평화를 외치나 행동은 정 반대로 나타난다. 이들은 자주니, 민주니, 통일이니 그럴싸한 이론과 감성으로 파고들어 남북한 주체를 이루고 미제의 침략을 물리쳐야 한다고 말한다. 아직도 존재하는 북쪽의 공산세력 때문에 우리는 계속 근신하고 깨어 기도해야 한다. 미 상원 국내 안전 소위원회가 공산당 이데올로기 때문에 러시아에서 살육당한 사람이 3천 5백만에서 4천 5백만명에 이르고 중국에서는 3천 5백만에서 6천 2백 5십만명의 사람들이 죽임당한 것으로 보고한 바가 있다. 이렇듯 사악한 자들을 경계할 자세가 우리에게 필요하다. 그래서 우리는 이를 세상에 알리고 기도해야 하고 교회와 성경을 보수해야 한다. 마귀의 술책으로 한국산업이나 사회나 교회를 혼란시키기 위해 젊은이들

에게 공산사상을 주입하여 각계 각층에 침투시키고 말썽을 일으키는
악한 자들을 속히 척결해야 한다.


〈 참고문헌 〉

◆ 공준표, "기독교와 공산주의" 지혜원. 1988.
◆ 박병훈, "공산주의 서방교회 침투와 한국교회" 예장호헌총회.
  1978.
◆ "현대사조" 기독교사조사. 1981.
◆ "현대종교문제" 김재국 편저
◆ 나용화, "민중신학" 기독교문서선교회. 1984.
◆ 전호진, "교회와 이데올로기" 미국 웨스트민스터 한국지부 편.
  1984.
◆ 통일신학동지회, "통일과 민족 교회의 신학" 한울. 1990.
◆ 슈와르츠, "칼마르크스의 유산" 웨스트민스터 한국지부 편.
  1986.
◆ 라보도, "한국에 있어서의 공산주의" 한국종교문제연구회.

# 이사야가 본 파숫군을 통해 오늘의 파숫군을 봅니다

정창화 목사

● 약    력
한국기독교 지도자협의회 상임 협동총무
대한민국수호 국민연합 대표

이 글은 설교문이나 간증문이 아닙니다. 이 글은 하나님의 영감에 사로잡힌 이사야 선지자의 눈에 보여진 이사야 당시의 파숫군을 통해 오늘의 교회와 국가, 사회상을 바라보면서 교회의 부흥과 발전, 더 나아가 예수한국 목표달성을 위해 오늘을 사는 파숫군들의 경성과 회개를 촉구하는 글이라고 해야 마땅할 것입니다.

이사야 선지자는 구약성경 이사야 56:10-12에 이사야가 활동할 당시의 파숫군에 대해 이렇게 기록하고 있습니다.

10; 그 파숫군들은 소경이요 다 무지하며 벙어리 개라 능히 짖지

못하며 다 꿈꾸는 자요 누운 자요 잠자기를 좋아하는 자니

　11; 이 개들은 탐욕이 심하여 족한 줄을 알지 못하는 자요 그 들은 몰각한 목자들이라 다 자기 길로 돌이키며 어디 있는 자이든지 자기 이만 도모하며

　12; 피차 이르기를 오라 내가 포도주를 가져 오리라 우리가 독주를 잔뜩 먹자 내일도 오늘같이 또 크게 넘치리라 하느니라.


　이사야가 본 파숫군은 국어사전적인 의미로는 성의 망루에서 성을 지키는 자를 의미하나 성경적인 의미로는 구약시대의 정치지도자나 종교지도자를 의미하는 것이 통례였습니다.


　성경본문은 이사야 시대의 이스라엘의 부패한 정치 및 종교 지도자들의 특성을 잘 나타내고 있습니다.

　그때 나라와 하나님의 백성을 잘 지켜야 할 정치 및 종교 지도자들이 부정부패의 늪에 빠져 있어서 그렇게 하지를 못 했던 것 같습니다.

　우리나라에 목회자는 10만을 헤아린다고 합니다. 극히 일부이겠지만 이사야가 갈파한 파숫군의 모습을 닮은 목회자가 있는 것이 현실입니다.

　그런 부류가 존재하는 한 10만 목회자 모두는 이사야가 본 파숫군의 모습에서 자유로울 수 없습니다. 우리는 모두 하나님 앞에 무릎을 꿇고 마음을 찢으며 회개운동을 펼치는 한편 예수한국을 위해 고차원적인 전략전술을 시급히 개발 할 한국기독교전략기구를 창립해야 할 것입니다.

　이사야가 지적한 외침과 결부해서 오늘을 사는 일부 기독교 목회자들의 모습과 실상을 통해 회개하고 하나님께서 진정으로 기뻐 받아 주실 만한 파숫군의 자리를 지켜야 되리라 믿는 것입니다.

첫째, 이사야 시대의 부패한 지도자들은 "소경"이 되어 국가와 하나님의 백성의 운명이 어떻게 전개 될 것인가를 몰랐던 것입니다. 이처럼 오늘의 목회자들이 영적인 눈이 어두워져서 보지못하는 것이 너무 많은것 같습니다.

왜 천주교나 불교는 성장하는데 개신교만 마이너스 성장을 하는지 그 근본 이유를 꿰뚫어 보지 못하고 있는 것 같습니다.

과거와 달리 육, 해, 공군 장성 진급에서 개신교 신자수가 왜 점점 줄어드는지 그 배경을 도무지 모르고 있는 것 같습니다.

안티기독교단체가 왜 안티기독교활동을 직업적으로 하고 있는지 그 배경을 잘 모르는 것 같습니다. 안티기독교활동에 대한 대책강구는 생각조차 하려 들지 않습니다.

그리고 FREE MASON세력이 한국교회 위에 검은 구름이 덮이게 해도 이를 깨닫지 못하고 있습니다.

왜 점술, 무속, 미신행위, 사주, 관상, 우상행위가 번창하는지 그 원인과 어떤 배경이 있는지 전혀 모르고 있습니다.

한·아랍 소사이어티협의회 결성행사를 대대적으로 개최해도 문제시하는 지도자가 없습니다. 한국 내에 이슬람사원이 30여개 이상이나 세워지고 또 급속도로 증가할 추세임에도 이를 깊이 고뇌하는 목회자가 있는 것 같지 않습니다.

이슬람 선교사가 여기저기에서 한국말로 알라신을 소개하고 있으며 이슬람선교전략과 포교수단으로 한국여인과 전략결혼을 하고 있어도 문제시하는 지도자가 없는 것 같습니다.

모두 눈을 감아 버렸기 때문에 이런 결과가 나타나는 것입니다.


둘째, 이사야 시대의 부패한 지도자들은 "무지" 했습니다. 하나님에 대한 선한 지식이 부족했을 뿐만 아니라 당시 이방민족이 이스라엘을 침공해 올 것이란 정보와 지식이 없었던 것입니다.

오늘의 파숫군인 목회자들은 김정일 집단에 대한 "무지"로 인하여 한반도에는 아직도 실질적인 냉전시대가 계속되고 있음을 체감하지 못하는 것 같습니다.

북한 김정일 집단의 한반도적화전략전술에 의한 공작이 지금도 대한민국에서 활발하게 전개되고 있다는 사실에 대하여 너무나 "무지"하고 무감각해서 평화무드를 한껏 즐기고 있는 것이 현실입니다.

막연히 좌파 운운하지만 좌파의 실체를 잘 모르고 있는 것 같습니다. 이제 보수정권이 들어섰다고는 하지만 시국이 왜 이 꼴이겠습니까? KBS와 MBC를 비롯하여 각계각층에 좌파가 꽉 들어차 있기 때문에 여론몰이가 왜곡되고 있는 것입니다.

대한민국수호국민연합 등이 전개한 전자선거 저지투쟁의 결과로 인하여 부정선거음모가 좌절되었고, 이에 따라 여론조작을 못했고 동시에 전자선거를 실시하지 못하는 바람에 지난 대선과 총선에서 보수정치세력의 집권이 가능했다. 일차적으로 공산적화공작이 분쇄되기는 했지만 친북, 반미, 좌파세력 소멸운동 등 특단의 조치가 없는한 머지않아 대한민국헌법에 보장된 합법적인 민주주의 절차를 거쳐서 반헌법적인 좌파세력이 재등장하게 될 가능성이 있으며, 따라서 적화통일이 올 가능성이 있다는 사실에 대하여 너무나 "무지"한 것 같습니다.

북한이 무슨 힘이 있어서 적화통일을 하겠습니까? 하노이정권이 월남정권보다 국력이 앞서 있었기 때문에 공산통일이 되었던가요? 월남패망 때와 똑같은 현상이 대한민국 안에서 벌어지고 있습니다. 그런데 목회자들은 태연합니다.

과거 러시아 대제국은 1%도 안되는 볼쉐비키 공산당에 의하여 무너졌습니다. 이 사실을 전혀 기억치 못하고 있습니다.

북한과 남한의 국력이 비교도 안 된다는 점만 생각하고 있습니다. 김정일 집단의 정체에 대하여 너무나 "무지"한 상태입니다.

많은 목회자들이 금강산기도회니 ○○선교니 뭐니 하면서 그럴듯한 명분을 붙여 하나님의 교회 돈으로  다른 사람들에게 뒤질세라 앞 다투어 금강산관광을 다녀 온지 오래됐습니다.

금강산 입산비가 김정일의 이른바 궁정자금이 되어 핵개발에 요긴하게 사용되었고 지금도 그렇게 진행되고 있다는 사실을 전혀 모르는 것 같습니다. 북한에 대한 "무지"에서 온 결과입니다.

그리고 이승만 자유당 정권은 미신타파운동을 전개하는 한편 군목제도를 도입하는 등 직간접적으로 기독교부흥에 도움을 주었지만 박정희 정권 때는 국민 특히 기독교의 반정부심리를 3S(SCREEN, SEX, SPORTS)정책을 펴서 희석시키려 했고(박 정권을 비난하려는 것은 아님), 전두환 신군부 정권은 반정부 성향의 기독교 성장을 둔화시키려는 정책의 일환으로 전통문화를 앞세워 미신행위와 우상숭배를 조장하는 사회적분위기로 몰아붙였습니다.

아직도 그 영향이 크게 미치고 있으며 기독교의 마이너스 성장이 이와 무관치 않습니다. 하지만 목회자들은 이 사실에 대하여 무지한 것 같습니다.

더구나 "종교는 아편이다"라고 하는 공산주의에 뿌리를 둔 10년간의 좌파정권은 온갖 수단 방법을 동원하여 기독교의 성장을 방해하였으나 이 사실에 대하여 너무 "무지"했습니다.

이제 제대로 눈을 뜰 때가 되었습니다.


셋째, 이사야 시대의 파숫군은 능히 짖지 못하는 개와 같이 "벙어리 개"가 되어 있었기 때문에 파숫군의 역할을 감당치 못하고 이방민족의 위협에 대한 경종을 울리지 못했던 것입니다.

오늘의 보수목회자들은 목회자는 복음의 나팔수 일 뿐이란 사실과 정교분리 원칙을 앞세워 목회자의 시국관련 공개표명은 금기사항으로 굳어져 버렸습니다.

어쩌면 러시아 대제국의 러시아정교회 성직자들이 볼쉐비키 공산혁
명군이 모스크바 10키로밖에 쳐 들어오고 있다고 하는 보고를 받고도
이에 대한 반응을 보이지 않은 채 여전히 성직자의 복식칼라 논쟁을
멈추지 않았던 모습이 오늘의 보수목회자들의 모습이 아닐까?

북한 김정일은 대남적화전략전술에 의한 적화공작 진행을 지금까
지 활발하게 전개해 왔으며 앞으로도 멈추지 않고 여전히 줄기차게
전개할 것이 분명함에도 불구하고 교회는 경종을 울리지 못하고 잠
잠하기만 합니다.

완전히 좌경화 된 공중파방송이 초등학생까지 거리로 뛰쳐나오도
록 맹렬히 선동을 해대도 교회는 속수무책으로 잠잠하기만 합니다.

교회는 대한민국파괴세력인 친북. 반미. 좌파의 활동이 나라를 이
롭게 하지 못한다고 지적하기를 회피하고 잠잠할 뿐입니다.

목회자들의 입이 굳게 닫혀 있습니다. 목회자들의 입이 열려야 합
니다.


넷째, 이사야 시대의 부패한 지도자들은 게을렀습니다. 진정한 하
나님의 일꾼이라면 부지런하여 게으르지 않고 열심을 품어야 하는데
그들은 꿈이나 꾸고 누워서 잠자기를 즐기는 게으름뱅이여서 자신들
의 의무에 충실하지 못한 자들 이었습니다.

목회자들이 한참 웰빙 라이프에 푹 빠져 있습니다.


다섯째, 이사야 시대의 부패한 지도자들은 탐욕적이었습니다. 그들
은 백성들의 이익에는 관심이 없고 자신들의 이익을 챙기는 데만 급
급하였습니다.

경북 어느 도시교회 담임목사 사모가 해외선교사로 나가려하는데
의료기술이 있으면 더 좋겠지만 새삼 의학공부는 할 수 없는 일이므
로 쉽게 약학공부를 해두는 것이 해외선교에 도움이 될것이라 하였

다 합니다. 하여 교회에서 담임목사 사모의 학비를 부담해 약학대학
을 졸업했다는 것입니다.

그런데 약속과 달리 도심가에 약국을 차려놓고 매월 10의 1조를
250만원이 넘게 헌금을 하면서 약국을 경영하고 있다는 것입니다.

약국을 경영하는 것 때문에 문제가 있다는 얘기가 아닙니다. 담임
목사가 교회장로들을 마구잡이식으로 징계해서 쫓아 냈다는데 문제
가 있습니다.

그래서 10년 동안에 출석교인이 500여명이 넘던 교인수가 80여
명으로 줄어들었다는 것입니다. 더 큰 문제는 또 다른데 있습니다.
교인들이 노회와 교단총회에 교회문제를 수없이 탄원과 진정을 하고
고소를 해도 담임목사의 거취는 요지부동이라는 것입니다.

500여명이 넘던 교인수를 80여명으로 줄어들게 만들고도 사임할
생각을 안 하는 담임목사도 문제이지만 목사의 권위를 지켜주기 위해
수년에 걸쳐 담임목사의 손을  들어 주고 있는 노회와 총회는 더 문
제가 되는 것입니다. 교회보다 자신들의 이익 챙기기에 급급합니다.

여섯째, 이사야 시대의 부패한 지도자들은 술에 취해 방탕한 생활
을 했으며 경건한 생활모습을 보이지 못했습니다.

어느 목사가 교회 안에서 여러 명의 여집사들과 돌아가며 7계를
범한 사실이 밝혀졌는데도 목사 가운을 스스로 벗거나 벗기지 않고,
다른 교회로 부임을 시켜 삯꾼목사 일을 계속할 수 있게 한 사실을
가지고 그의 친구목사는 지혜롭게 일을 잘 처리했노라고 자랑을 합
니다.

오늘날 교회지도자들도 이스라엘의 파숫군들과 같이 불행하게도
소경이요 무지하며 능히 짖지 못하는 벙어리 개와 같은 모습을 보여
주고 있는 것이 현실입니다. 이런 지적에 모두 불쾌해 할 수도 있습
니다. 잘 압니다. 그러나 진정한 경성과 회개가 요구되는 때입니다.

# 존경받는 지도자상

● 약    력

대한기독교나사렛성결회 총무
교회와 경찰중앙협의회 부회장
한국기독교지도자협의회 공동총무
대한기독교나사렛성결회 인천성은교회 담임목사

조상범 목사

이 지구 5대양 6대주에는 63억이 넘는 사람들이 산재되어 나름대로 자기의 삶을 영위하고 있습니다.

우리나라도 남북한 칠천명이 넘는 사람들이 곳곳에 살고 있습니다.

그러나 이러한 세계를 지배하고 이끌어 가는 자는 불과 5%밖에 되지 않습니다.

우리나라가 선교된지 124년 동안 세계가 놀랄만한 부흥을 가져왔습니다.

기독교인이 1,200만명이 넘었고 목회자가 6만명, 선교사가 만육천명이 넘는 사역자들이 국내와 국외에서 사명을 감당하고 있습니다.

이러한 가운데 지금의 현실은 어떠합니까

나라는 온통 향락 사업이 넘쳐나고 범죄는 나날이 포악해져가며 얼마전 어린이 성폭력으로 말미암아 국민들의 가슴을 아프게 했던 사건들 윤리의식과 도덕성의 부재현상을 느낄수가 있습니다.

이러한때 진정한 지도자가 빛을 발할때가 되었습니다.

유명한 프란시스 베이컨은 사람을 3종류로 분류했습니다.

첫째 : 있으나 마나한 사람

둘째 : 있어서는 안될사람

셋째 : 꼭있어야 할사람으로 분류했습니다.

21세기 지도자는 모든 사람에게 필요로 하는사람 꼭 있어야 하는 사람이 아닌가 생각해봅니다.

그럼 이러한 사람 즉 지도자는 어떠한 삶을 살아야 할까


## 1) 정직한 지도자

민족의 정신적 지도자 안창호 선생님은 꿈에서도 거짓말을 하지 말라고 했습니다.

큰교회를 담임하고 설교를 잘한다 할지라도 정직하지 못하다면 불행한 지도자가 될것입니다. 반면에 어렵고 힘든 작은 교회라도 예수님의 마음처럼 성결된 마음으로 정직하게 산다면 사랑받는 존재가 될것입니다.

한국교회는 하나님 사역을 위해 최선을 다하는 사역자들이 있는 반면 본이 되지 못하는 사역자들 때문에 상처를 받는 경우도 있습니다.

한시대의 지도자는 사람앞에나 하나님 앞에서 겸허한 마음으로 강단에서 선포한 말씀과 하나님께 기도한 내용에 대하여 책임을 져야 할것입니다.

야고보 기자는 영혼없는 몸이 죽은것 같이 행함이 없는 믿음은 죽은 것이라고 합니다.

거짓과 위선에서 벗어나지 아니할 때 진정한 지도자가 될 수 없습니다.

## 2) 신뢰성을 구축하는 지도자

강원도 대관령목장에 가면 삼양사 창업주의 비석의 비문을 볼수 있습니다.

정직과 신뢰성을 추구한 기업이라고 새겨져 있습니다.

경제의 원리 가운데 신용이 자본이라는 말이 있습니다.

신뢰성은 정말 귀한것입니다. 사람과 사람사이에 신뢰성을 잃게 되면 그다음에는 기회가 주어지지 않습니다.

정치인들도 마찬가집니다. 국회의원이 되기 위해 많은 공약을 합니다.

그러나 당선되고 나면 얼굴조차 볼 수 없고 신뢰성이 없는 지도자로 전락합니다.

지도자는 국민 모두에게 신뢰감을 주어야 합니다.

가정에서 남편이 아내에게 부모가 자녀에게, 스승이 제자에게, 선배가 후배에게 목사가 신자에게 신뢰감을 잊지 말아야 됩니다.신뢰성을 잊어 버리면 회복할수 없는 비극을 연출하게 될것입니다.


## 3) 겸손한 지도자

이스라엘의 초대왕은 사울왕입니다.

왕으로 기름부음을 받고 세움을 받았을때 하나님으로부터 인정을 받았지만 그는 점차 초심에서 흔들리기 시작했습니다.

그는 하나님말씀 중심보다 자기중심에 겸손보다 한없는 교만이 하늘을 찌르는 듯 했습니다.

결국, 사울은 40년동안 지켜온 왕위에서 폐위되고 목동 다윗이 왕이 되어 이스라엘 민족의 훌륭한 지도자로 쓰임 받았습니다.

21세기 우리나라 대통령으로 당선되어 취임했던 대통령은 항상 섬김을 강조하고 겸손한 마음으로 한나라의 지도자로 살것을 말씀하고 있습니다.

문제는 겸손한 마음이 언제까지 지속되느냐가 중요 합니다.

겸손이란 남을 나보다 낮게 여기고 남을 높이며 자기를 낮추는 것이며 자기를 과시하지 않는 것입니다.

겸손은 하나님 아버지의 베푸시는 은혜의 관문이고 복의 통로 이며 교회 일꾼의 자격증입니다.

러시아 대문호 톨스토이는 겸손함이 자기완성의 토대라고 했습니다.

겸손없이 인간성의 완성은 불가능함을 기억하고 겸손의 미덕으로 살아가야 할것입니다.

가을날 누렇게 익은 들녘에 가보면 잘익은 벼이삭을 볼 수 있습니다.

잘익은 벼이삭이 고개를 푹숙이고 있는 광경은 농부의 마음을 기쁘게 합니다.

고개를 쳐든 쭉정이가 아니고 알곡을 얻게 되기 때문입니다.

하나님은 겸손할줄 아는 지도자를 사랑합니다.

### 4) 희생할줄 아는 지도자

한알의 밀이 땅에 떨어져 죽지 아니하면 한알 그대로 있고 죽으면 많은 열매를 맺느니라

말씀처럼 희생하는 지도자는 존경의 대상이 됩니다.

20세기 많은 사람중에 추앙 대상이 된 인물은 정치가도 아니요 사업가도 아니요 목회자의 자녀로 태어나서 아프리카 오지에서 오직 영혼을 살리는 선교사역에 혼신을 다한 슈바이처 박사입니다.

그가 왜 위대합니까? 세상의 학문도 학위도 오직 불쌍한 사람을 위하여 했기 때문입니다.

희생없이는 존경받을 수 없습니다.

촛불이 희생이 없이는 빛을 발할 수 없는 것처럼

오늘의 지도자는 자기의 이기심을 벗어나야 합니다.

나를 희생하고 남을 섬기고 남을 위한 삶이 되어야 합니다.

예수님이 모든 것을 희생하시므로 많은 생명이 구원된 것입니다.

주님은 우리를 향해 한알의 밀알처럼 땅에 떨어져 썩으라고 합니다. 썩어질때 새로운 생명이 태어납니다.

모든 지도자들이 자기에 처한 처소에서 희생할 때 미래가 밝아 집니다.

이제 결론으로 21세기 진정한 지도자는 정직하고 행함으로 실천하는자, 자기 맡은 일에 책임질줄 아는 지도자, 거짓과 위선이 없는 신뢰성이 있는 겸손한 지도자, 교만하지 않고 자기를 살필줄 알고 하나님을 두렵게 여기며 남을 위해 희생하되 예수님처럼 많은 사람의 생명을 살리기 위해 죽기까지 희생함으로 생명을 줄수 있는 지도자 예수님의 모습을 닮아가는 지도자가 진정한 존경받는 훌륭한 지도자라고 생각합니다.

# 헛된 세상과 보람있는 삶

## (전 1:1-11)

● 약  력
경안노회장, 영주노회장, 서울서남노회장
예장(통합) 총회부흥전도단장, 총회 전도부장
한국기독교부흥협의회공동회장(98년)
한국기독교지도자협의회 상임부회장(현)
서울서남노회 남광교회 담임목사(현)

조석규 목사


　　요즘 사람이 죽는 것을 보면 사람이 산다는 것이 너무 허무하게 느껴진다. 눈 깜작할 사이 매일 발생하는 지진, 태풍, 교통사고, 항공사고, 테러 거기에다 갑작스런 자살소동 돌발사 등 사람이 산다는 것이 너무나 무서운 세상이다.

　　사람에게 죽음이 있다는 사실을 무시하고 사는 사람은 어리석은 인간이다. 짧은 인간의 생애는 어떻게 생각하면 무척 허무하다. 기쁨도 슬픔도 물거품처럼 잠깐 떳다가 사라진다.

　　시편 기자의 말대로 인생은 나갔다 들어오는 것인가. 전도서의 말대로 해아래서는 새것이 없다. 일도 살림도 반복된다. 인간은 비슷하게 먹고 비슷하게 산다. 어제 오늘에 무슨 새것이 있는가. 10년 전이나 10년 후나 근본적으로 다른 것은 없다. 본문 5-8절에 보면 인간이 바쁘다! 하지만 쳇바퀴를 바쁘게 돌리는 다람쥐와 무슨 큰 차이가 있는가, 인간들은 스피드를 좋아하고 개발한다. 그래서 이 좁은 땅 한국에 고속전철을 만들었다. 그토록 빨리 어디로 가자는 것인가! 예천 군산 청주 원주 공항을 크게 확장시켰으나 고속도로가 개통되자 손님이 하나도 없어서 수백억원씩 들여서 만든 공항이 전부 문을 닫았다. 한국의 좁은 땅덩어리에서는 빨리 가도 갈곳이 없다. 인간의 모든 노력과 소유는 마술사의 모자속에 들어있는 비둘기처럼 눈 깜짝하는 사이에 사라졌다. 또 생기고, 있었다가 없어지는 것 같다. 환락과 호사가 나의 삶에 얼마만큼 의미가 있는가 해아래 새것이 없나니 무엇을 가리켜 이것이 새것이라 할 수 있는가. 인간의 모든 수고와 시간은 오직 한마디로 보람이란 말을 빼놓으면 그것들은 연기가 되고 만다 해 아래 새것은 없으나 보람은 그 허무속에서 새 것을 창조한다. 그래서 우리는 예수 그리스도를 믿는다. 신앙은 보람이요 가치의 근원이다. 그리스도 예수께서는 인간에게 보람을 주셨다.

1. 그리스도 예수께서 자기의 생애를 통하여 보여주신 첫번째 보람은 싸우는 보람이었다.

그것은 다른 인간과 싸우는 것이 아니라 자신과 싸우는 것이었다. 예수님께서 광야에서 40일 동안 금식기도 하실때 시험을 받았다는 것은 물질과 명예에 대한 자기 자신의 욕망과 싸운 것이다. 40일 동안 금식하며 광야에서 있었다는 것은 그 싸움이 매우 심각했음을 나타낸 것이다. 예수님께서 십자가를 앞에 두시고 겟세마네 동산에서 흐르는 땀방울이 피가 되도록 기도하셨다는 말씀은 자기와의 치열한 싸움을 했다는 것이다. 십자가를 질 것인가 돌아설 것인가 고통을 택할 것인가 안일을 택할 것인가 사명을 관철할 것인가 타협해서 적당하게 살 것인가 하는 선택의 기로에서 자신과 싸운 것이 겟세마네 기도였다 그래서 내가 고민하여 죽게 되었다고 하셨다. 예수님은 광야 싸움에서 인생관을 확립했고 겟세마네 싸움에서 죽음의 의미를 확실하게 하셨다. 허무속에서 새 방향을 찾은 것이다. 우리 인간들도 나 자신과 싸울 대상이 너무나 많다.  안일과 싸워야한다 나태와 싸워야한다. 우리 이 몸은 자기만 위해 달라고 한다. 그래서 게을러지고 나태해진다. 싸워 이겨야 한다. 잘난척하고 교만한 내가 낮아져서 더욱 겸손해지도록 싸워야 한다. 나의 이기심과 싸워야 한다. 나의 욕망과 싸워야 한다. 감정과 온갖 약점과 싸워야 한다. 거짓과 나의 이중성과 싸워야한다. 타락한 나 자신과의 싸움을 회피하는 인간은 결국 제자리 걸음하는 허무주의자가 되고 만다. 해 아래서 새것을 찾고 새길을 찾는 인간은 우선 자기를 극복하는 사람이다.

미국 과학자 벤자민 프랭크린은 가난한 청교도 가정에서 출생하여 학교다닌 기간은 고작 1년, 취미는 독서와 노동이며 어머니에게 배운 교훈은 잠언 22:29의 "네가 자기 사업에 근실한 인간을 보았느냐 이러한 인간은 왕 앞에 설 것이요 천한자 앞에 서지 아니하리라" 라는 말씀이다. 소년은 장성해서 미국 철학회를 창설했고 초대 프랑스 대사로 임명되었다 그의 가장 큰 업적은 벼락 피해를 예방하는 피뢰침을 발명한 것이다 그는 인생을 가장 성공적으로 살다가 간 인물로 평가되고 있다. 벤자민은 자신의 성공비결을 이렇게 설명했다. 내게는 13대 덕목이라는 귀한 자산이 있다. 그것은 절제, 침묵, 질서, 결단, 절약, 근면, 진실, 정의, 중용, 청결, 침착, 순결, 겸손이다. 이것을 실천하다보니 인생을 낭비할 수가 없었다. 벤자민은 시간을 철저히 활용했다 불필요한 일은 과감하게 끊는 결단력이 있었다. 기회는 꽃잎 위에 앉아있는 나비와 같다 나비를 잡으려면 결단과 민첩한 행동이 필요하다. 우유부단한 인간은 결코 나비를 잡을 수 없다. "불성무물 성실함이 없으면 물질도 보이지 않는다." 우리는 기회를 놓치지 맙시다. 인간은 집과 같다 폭풍우 속에 집을 버려두면 폐허가 된다 계속 손질하고 고치고 때우고 벽을 칠해야 집을 유지 할수 있다. 우리 성도는 항상 기도와 명상으로 사색하고 죄를 회개하고 예배하며, 좋은 친구들을 만나고 교우와 선배를 통해서 신앙의 본을 받고 믿음으로 승리하도록, 죄악과 마귀와 싸워 이겨야 한다. 하루 하루 산다는 것은 전쟁터와 같은 것이다.

2. 예수 그리스도께서 그의 생애를 통하여 주신 두 번째 보람은 주는 보람이었다.

사랑은 주는 것이다. 요한복음 8장에 보면 간음중에 잡힌 여인에게 용서의 사랑을 보임으로 새 출발의 소망을 주셨다. 가나 혼인잔치에서 포도주를 만들어 주심으로 흥이 깨어지는 잔치집에 새로운 기쁨을 주셨다. 오빠의 죽음으로 슬픔에 잠긴 마르다와 마리아에게 나사로를 살려주심으로 새로운 행복을 주셨다. 예수님의 생애는 모든 것을 주시는 생애였다. 자기의 시간을 주시고 마음과 목숨을 주신 것이 예수님의 일생이다. 주는 사랑의 행위가 있을때 황무지에 꽃이 피고 탄식속에 소망이 움튼다. 해아래서 새 것이 없는 그 허무를 주님께서 소망으로 바꾸셨다. 한국전쟁 포로교환 때 미국 군인중 21명이 미국으로 돌아가기를 거절하고 공산국가나 중립국가에 가기로 자원했다 그들의 배후를 조사했더니 그중 19명이 가정적 파탄으로 부모의 따뜻한 사랑을 못받고 자라난 청년들임을 알게 되었다. 사람은 밥만 먹고 사는 것이 아니다 사랑을 먹고 산다. 사랑의 영양실조에 걸리면 미움의 병이 든다. 화초에 햇빛이 필요하듯이 인간이 사랑을 받지 못하면 제대로 꽃을 피울 수가 없다.

오늘 이 자리에 오신 자녀 여러분 여러분의 부모님이 계신다는 것이 최고의 행복인줄 믿으시기 바란다. 어린 자녀들 부모님이 잔소리만 한다고 듣기 싫어 질 때가 있을 것이다. 그것은 마귀의 생각이다.

나를 사랑해주시는 부모님이 예수를 믿고 계신다는 것은 축복 중에
축복임을 믿으시기 바란다. 믿음의 부모님은 자식을 위하여 밤낮으로
기도하신다. 자녀들이 부모님이 보시는 앞에서 교회 봉사를 하면 이
것이 최고의 효도이다. 부모님은 얼마나 즐겁고 기쁜지 모른다.

　우리 교회에 한의원을 하는 심민 집사가 부모님이 장로가 되어야
하기 때문에 부모님께서 출석하는 교회로 간다기에 어서 가라고 했
다. 메마른 사회를 윤택하게 하고 거친 세상을 기름지게 하는 것은
주는 보람에 사는 인간들 때문이다. 무엇을 주느냐를 보고 얼마만큼
사랑하는지를 알 수 있다. 줌으로서 나도 기뻐하고 상대방도 기뻐진
다. 우리가 사랑하면 사랑할수록 나의 가장 귀한 것을 아낌없이 주게
된다. 사랑한다고 하면서 받으려고만 하는 사람의 사랑은 거짓 사랑
이다. 나의 자식들에게 주고 또 주고 싶다. 왜? 사랑 때문이다. 내가
가지고 있는 지식을 주지 않으면 나 자신이 퇴보하는 것처럼 주지
않는 사랑, 관념속에 묻혀 둔 사랑은 썩게 마련이다. 사랑의 우물은
자꾸 자꾸 퍼내야 한다. 주님은 마지막 한 방울의 피까지 다 주셨다.
삶의 보람은 주는데 있다.


　3. 예수 그리스도께서 그의 생애를 통하여 보여주신 세 번째 보람
　　 은 이룩하는 보람이었다.

　사람은 성취의 꿈이 있다. 예수께서 십자가 위에서 하신 최후의
말씀중에 다 이루었다 하신 것은 성취의 보람이 있는 개선가였다.
'뜻이 하늘에서 이루어진 것같이 땅에서도 이루어지이다' 하는 모범기
도를 가르치신 것은 나를 통하여 하나님의 계획이 이 세계에 성취되
기를 바라는 헌신의 기도이다. 우리가 저녁 잠자리에 들 때 그날 하
루 무엇인가 한 발자욱이라도 성취한 것이 있다고 생각할 때 마음이
흐뭇해진다. 더구나 가치있는 일 무엇인가 좋은 일을 했다고 생각할
때 우리 마음속에는 기쁨이 솟아오른다. 그러므로 인간이 살아 있는

보람을 갖기 위해서는 무엇인가 가치 있는 일을 해야 된다. 큰 일이 아니라도 좋다. 지극히 작은자 하나에게 한 것이 곧 나에게 한 것이라고 주님 말씀하셨다. 하나님 앞에 있는 기념책에 나의 작은 일도 가치있는 일은 다 기록된다. 불만, 권태, 자포자기, 허무는 성취의 보람을 모를때 생긴다. 맹자는 충실한 것이 곧 아름다운 것이라고 했다. 무르익은 과실은 색깔도 아름답고 맛도 있고 보기에도 좋다. 시간과 정력, 건강, 지식, 사랑을 낭비하지 않고 충실하게 사용하는 사람은 아름다운 인간이다. 동양의 전통적인 덕은 충실에 있다. 부모에게 잘하는 것이 효도요, 남편에게 잘하는 것이 존경이다. 일에 충실한 것이 성실이요 이웃에게 충실한 것이 사랑이다. 무엇을 이룩했다는 것은 그 일에 충실했다는 것이다. 나그네와 같은 인생이 우리의 장막 집이 무너지면 무엇이 남을까? 해아래 새 것이 없다. 예수님처럼 자기와 싸워 이기는 보람, 주는 보람, 이룩하는 보람을 우리도 본받아야 한다.

인생은 한해 한해가 지나갈수록 나이가 들어가고 나이가 들어갈수록 허무를 느끼기 쉬운데, 허무를 보람으로 바꾸는 비결은 자기와 싸워 이기는 생활, 주는 생활, 이룩하는 생활에 달려있음을 명심하고 헛된 세상에서 보람된 삶을 살아가기를 축원한다.

# 사명과 분수

● **약   력**
한국예수교 장로회 총회장
섬김과 나눔 교회 담임목사
한나라당 기독인회 지도목사
나라사랑국민연합 대표
정경 연구원 원장

지구원 목사

목사를 천직으로 소명받은 사람처럼 고달픈 인생은 없을 것이다.

하나님의 지식에 대해서 성도들이 정말 올바로 알고 있는 것일까? 하고 먼저 반문해 본다.

하나님의 지식 성경에서 진리라는 힘을 가지고 높고 높은 험하고 험한 고지를 점령하러 올라가는 것은 고행중에 고행이라고 표현하는 것이 바람직하다.

목사들이 보통 사람들과 어떻게 다른지 조차 구별 못하는 사람들이 신학교를 다니고, 전도사, 강도사, 목사고시에 패스했다고 능력도 없이 기독교단체와 교단의 높은 자리들을 모두 독점하고 있는 것은 한국에서만 볼 수 있는 잘못된 현상일 것이다.

언제부터일까? 한국의 초대목사들은 지식보다는 능력이 위주가 되어 성령의 불을 붙인 것만은 사실이다. 왜정 35년동안 각종 박해와 신사참배로 인해 순교자와 배도자들로 갈라서게 되고, 교세확장이라는 명분으로 세속화로 이탈하게 되었다고 보아야 한다.

해방전후 혼란기를 통해 기독교안에 공산주의를 찬양하는 목사와 자유민주주의를 찬양하는 목사들의 이념문제 갈등이 심화되면서부터 정치의 관습을 받게 되었다

4.19와 5.16혁명을 통해 기독교는 노골적으로 사회참여와 정치참여에 맞물리기 시작했다. 1960년부터 1980년까지 한국 기독교의 급성장과 한국경제 성장은 정(政)종(宗)의 균형 이룬 성장을 이루었으나 한국기독교는 천국이 저희 것임이라는 복 보다는 이 땅에서 복 받아 잘 살아보자는 무분별하고 검증도 되지 않은 기복신앙이 우후죽순과 독버섯처럼 생겨나면서 이탈되기 시작했다.

2000년대 되어 정치참여까지 앞장서고 있는데, 정당정치가 기독교교단 정치인양 교세가 큰 목사 몇 사람들이 앞장서고 목소리 큰 목사가 앞장서면 기독교정당이 될것 같이 1200만 기독교인 중에 몇%만 정당 투표를 하여도 국회의원 몇 명을 국회에 진출시켜 기독교의 목소리를 대변할 수 있다고들 하였다.

참으로 한심하기 짝이 없는 발상이요 기독교 정신의 위배이다. 한국교회에서 존경받는 목사들이 기독교언론에 대문짝만하게 나와 대담하면서 어느 정당에 찍지 말고 기독교정당에 찍으라고 했는데, 대담한 목사의 교회가 있는 곳의 기독교정당 투표가 다른 곳 보다 적은 이유에 대한 변명은 무엇으로 할것인가?

사람들은 왜 기독교정당을 만들고 정치인을 배출시켜야 바른 소리를 하고 정치계가 정화가 되는 것처럼 호들갑들인줄 모르겠다.

현실에 있어서 기독교가 풀어야 하고 참신하게 해야할 것은 하지 않고 정치인을 만들어 권모술수로 정치판에 한판 벌려 한 몫 해보겠다는 것인지 무엇인지 모르겠다.

기독교의 정치, 도덕, 윤리, 경제, 병법 등이 세상에 가르침이 되어야 할텐데 도리어 세상의 각종 못된 것이 역류되어 혼돈되고 공허한 상태가 되었으니 말이다.

기독교 목사, 장로, 집사, 권사, 일반 교인들이 성경의 가르침으로 쌓은 실력은 무엇에 필요한가?

배움의 힘이 무엇인지 모르는 사람들은 능력만 있으면 되지 라고 쉽게 말한다. 즉 성도가 많고 교회가 크면 된다는 말이다.

성경을 속독으로 몇독 했다고 자랑하고 암기도 한다. 암기력은 실력이 아니라 외우는 기능이다.

베뢰아사람은 데살로니가에 있는 사람보다 더 신사적이어서 간절한 마음으로 말씀을 받아 이것이 그러한가 하며 날마다 성경을 상고했다(행 17:11).

진정한 실력이란 진리를 아는 것이다. 진리를 알면 창조력(創造力; 어떤 목적으로 가치를 이루게 함이다), 창의력(創意力; 새로운 생각이나 의견을 생각해 내는 것이다)이 생긴다. 그러면 인격은 어디로 갈 것인가?

참신한 신앙은 진리를 기초로한 진실된 믿음의 성숙없이는 말 할 수 없다.

한국기독교의 집단 이기주의의 요체인 동시에 상징인 계파는 범기독교차원에서 정리통합 되어야 한다고 본다.

21세기 국제질서 혼란기에 기독교가 살고, 국가와 민족이 살아남으려면 통합해야 한다. 분열은 마귀들의 농간이 될 수 밖에 없다. 병법에 성을 빼앗는 것보다 지키는 것이 어렵다 했다.

성도들이 신앙학습을 통해 체계적으로 성경지식을 키워가면서 여러 형태의 교회생활 틀속에서 자신에게 내재된 잠정적인 능력을 발견하고, 성경지식 외에도 신앙인으로 성장할 수 있는 신앙생활에 필요한 것을 체험함으로 천국을 준비하는 과정이 되며 남을 사랑하고 배려하는 훌륭한 인격 소유를 통한 기독인의 철학을 형성해야 한다.

오늘날 기독교의 문제점은, 생각이 부족한 교계 지도자들이 진정한 신학이 무엇인지? 신학대학이 무엇인지? 신학 박사가 무엇인지? 신학교 교수가 무엇인지? 교육기강이 무엇인지? 본질을 전혀 모르는 채 우매한 교리들만 무수히 남발하는 것이다.

성경을 고친답시고 가령 야고보서 4:4에 '간음한 여자들'이란 구절이 있는데 '간음한 남자들이여'는 몇번의 성경번역에도 빼놓고 그 구절을 여성도들에게만 읽고 설교하여도 여성도 어느 누구도 말 못하는 벙어리를 만들어놓은 것은 성경번역위원들의 무식인가 횡포인가?

제대로 된 기독교지도자교육을 받지않은 전문지식도 없는 사람들이 교계 및 기독교단체에서 임원으로 둔갑해, 길도 모르고 인도하려니 배가 산으로 가는지 바다로 가는지 암초에 부딪혔는지 전혀 모르고 헤매는 꼴이다. 예수님께서 염려하신대로 장님이 장님을 인도하는 꼴이 아닌가 말이다.

기독교라는 배안에 하나님의 백성들이 타고있다는 사실 조차도 까맣게 잊고 있는 아찔한 현실이다. 기독교 배안에서 주무시는 주님이 깨실까봐 염려해서 그런 것인가?

도토리 키재는식, 이제 그만 하고 진정 주님께 맡겨야 한다.

하나님을 아는 지식을 제대로 갖추지 못한 자가 교계 지도자로서 교계를 잘 꾸려나가기를 바라는 것은 물이 스스로 역류하기를 바라는 것과 같은 모순이다. 국가의 지도자나 기독교의 지도자나 능력이 없는 졸장부가 권모술수를 써서 훌륭한 자보다 더욱 높은 직책을 순리에 어긋나는데도 불구하고 무리하게 얻고자 해서는 안될 것이다.

지도자가 되고자 하는 자라면 그는 먼저 높은 학벌이 아닌 학력과 하나님을 아는 지식과 고상한 지혜, 그리고 덕을 쌓아야 한다.

오늘날 종교계나 정치계의 관련자들은 모든 것을 다 아는 체 하는 표현들을 함으로 성도나 국민을 당혹하게 한다.

그러나 실은 그들이 선진교육의 실존에 대해서 얼마나 모르는지 조차 모르고 있다는 것이다

이는 전문지식이 아닌 지식의 양적 팽창이 무지의 양도 늘려놓았기 때문이다.

잘 모르기는 하지만 한국기독교총연합회란 한국기독교의 교파와 교단을 지도하고 관리하는 곳으로 안다.

예를들어 목사 몇 명이 모여 교단을 만들고 대한예수교장로회 또는 한국기독교장로회 간판을 세워 한기총에 가입하여도 제지할 권한이 있는가, 아니면 해당 교단에서는 장로회라는 고유명사가 상표와도 같은데 아무나 간판을 달아도 법적 책임을 부과할 권한이 있는가, 적어도 한 교단의 목사 양성교육을 위한 신학교를 제한하여 철저한 학사관리를 하여야 할것이다. 인가, 비인가의 신학교 책임자들이 학문이나 대학 학사관리 내용을 경험한 자들이 많지 않고 일반 관리인에 불과한 인물들이다.

이런 관리인으로부터 훌륭한 기독교 정책들이 나오기를 기대한다는 것은 마치, 아니땐 굴뚝에서 연기가 나오기를 기다리는 경우나 고등수학을 배우지못한 초등학생이 미분방정식을 풀어주기를 기대하는 것과 같다.

신학교가 면죄부 판매업소이며 목사 임직은 면죄부를 받는 것인가? 목사가 되면 체면, 양심도 없고 남을 사랑하기보다 다른 교회로 옮길 수밖에 없는, 사정에 의해 옮기려 하면 저주까지도 서슴치않는 목사도 있다고 하니 한심한 노릇이다. 대접할줄 모르고 대접받기 좋아하는 철면피들은 아닌지?

교회의 성경 공부는 자기 교단, 자기 교회를 지키기 위해 가르치다 보니 재림주 운운하는 이단 신천지 성경 공부에 상당한 교인을 내심 뺏기고 있는 것은 아닌가.

신학교에서는 기독교인이라면 누구든지 별다른 등록 절차없이 강의를 들을 수 있고 경우에 따라서는 경청한 강의에 대한 평가를 통해 전문지식을 사회적으로 인정받을 수 있게 할 수는 없을까?

목사는 배우지 않아도 되고 성도는 배워야 함에도 가르치는 자가 없다면 이것은 멸절의 단계로 가는 것이다.

특히 숨가쁘게 돌아가는 지구촌의 현실들을 감지할줄 알고 훌륭한 비전을 제시할줄 아는 능력있는 사람만이 기독교 장래를 책임질 수 있는 훌륭한 목회자가 될 수 있다.

평신도들은 자신과 이웃의 행복을 위하여 천직과 더불어 평화롭게 사는것 자체가 소명이요 순리요 천국시민의 삶일 것이다.

기독교 선진국이 되려면 무엇보다 착실한 기반으로 모든 성도들이 사회의 든든한 뿌리가 되어야 한다.

진실로 자기 자신과 가족들을 위하고 교인, 국가를 위해 국민들이 가슴으로 함께 하는 아름다운 기독교 혁명을 주도해야 한다.

기독교 교육기강이 바로 서지 않으면 성도들의 가치관의 혼돈으로 혼미의 사회를 거친후 패망하게 될 수 있다.

그러나 바로 서기만 하면 비록 혼미가 와도 기독교 가치관이 무너지지 않고 어려움을 극복할 수 있을 것이다.

기독교교육이 올바르게 실시되어 인성과 지성이 우리 사회에 뿌리내리게 해야 한다. 우리들의 생명을 담고있는 나라에 참신한 삶의 가치가 풍부한 사회로 형성되어 기독교 선진국에 진입할 수 있을 것이다.

사람의 존엄성과 평등한 인권이 보장되지 않으면 기독교는 자본주의의 시녀로 추락될 수밖에 없다.

기독교 지도력, 역시 사람의 존엄성을 바탕으로 해서 나오지 않으면 안된다. 기독교의 지도력은 반드시 사람의 존엄성을 위하는 지도력을 갖춘 현자들 중에서 나와야 된다. 인기가 있다고 아무나 선거를 거쳐 당선시켜서도 안된다.

로마 교황청에서 교황을 선출하는 방식은 아니더라도 그 방식에 버금가는 기독교지도자를 선출할때 기독교지도자의 권위는 서게 될 것이다.

기독교지도자는 충분한 교육을 받아야 하고, 지성과 인생경험 등이 풍부해야 하며 사람의 존엄성을 가장 존중하고 성도들에게 평등 정책을 공정하게 펼 수 있는 지혜와 견성이 충만해야 하며 청빈을 벗으로 삼을줄 알아야 한다.

끝으로 선교사 파송을 일원화하여 한기총 차원에서 체계적으로 교육, 감독, 시찰, 격려하여 피선교국에서의 질서가 확립되게 해야 한다.

디모데전서 3:1-13에 사도바울께서 제자 디모데에게 감독과 집사의 자격을 가르친 것과 같이 그와 같은 지도자를 삼아야 올바른 기독교 지도자들이 나오게 될 것이다.

종교가 청렴결백하여야 정치계가 청렴결백하게 될것이다. 종교가 망하면 사회가 망하고 국가가 망한다.

5천년 역사동안 천 번 가까이의 내, 외침입의 압박과 서러움을 우리는 받았다. 이제는 하나님이 나라와 의를 위하여 다시는 촛대가 옮겨짐이 없는 영원한 세계를 이룩하는 한국기독교가 되어야할 것이다.

# 한국교회연합운동은 누구를 위한 것인가?

● 약  력
대한예수교장로회(개혁국제) 증경회장
한국부활절연합예배위원회 사무총장
한국기독교총연합회 공동회장
한국기독교지도자협의회 공동회장
사회복지법인 사랑의 은행 본부장
한국기독교총연합회 공동회장
한국기독교지도자협의회 공동회장

한창영 목사

2008. 3. 23. 05:30 서울 시청앞 광장에는 3만 5천여 명(경찰 추산)의 성도들로 가득 채워졌다. 필자가 이곳에 도착한 시간은 04시 45분경이였는데 광장에는 1만여 명 정도의 성도들이 모여 있었고 전날 밤부터 내리기 시작한 봄비는 계속해서 내리고 있었다.

광장에 질서있게 정돈되어 있는 의자에는 1회용 우비가 빠짐없이 놓여 있었고, 순서지는 비에 젖어 다음 페이지로 넘기기가 어려운 형편이었다. 필자는 예배가 끝나는 7시경까지 자리를 지키고 있었는데 매년 참석하는 부활절연합예배지만, 2008년 빗속에서 드리는 부활절연합예배는 참으로 큰 은혜를 체험한 예배였다.

또한 필자는 은혜와 감동속에 예배를 드리면서, 김삼환 목사님께서 하신 "생명의 나눔, 미래의 희망"이라는 주제의 설교가 하나님께서 2008년 부활절 새벽에 필자에게 주시는 메시지로 받아들여졌다. 필자가 한국교회를 섬겨온 일 중에 부활절연합예배를, 한국교회를 대표하는 연합기구인 한국기독교총연합회(CCK)와 한국기독교교회협의회(NCCK)가 공동으로 주최할 수 있도록 결단하고 적은 힘이지만 보탬이 된 것에 대하여 긍지와 자부심을 가지게 되었다.

실제로 부활절 다음 날인 24일 월요일 두 통의 전화를 받았다. 전화를 주신 분들은 한국교회의 연합을 위해 CCK와, NCCK가 부활절연합예배를 공동으로 주최할 수 있도록 필자가 사심을 버리고, 미련없이 양보한 일에 대하여, 어제 비가 내리는 서울 시청앞 광장에서 드리는 부활절연합예배를 보면서, 누가 뭐라고 해도 필자에 대한 고마움을 느꼈다는 격려와 위로의 전화였다. 이 전화를 받고 필자는 찡하는 감동을 느끼며 참으로 위로가 되었다.

한국교회는 1947년부터 부활주일에 연합으로, 부활의 기쁨과 영광을 함께 나누며 세상을 향해 이 기쁜 부활의 소식을 알리는 일을 해왔다. 한 때는 진보와 보수로 나뉘어져서 각각 예배를 드리는 아픔도 있었지만, 한국교회는 다시 하나가 되어 여의도광장 시대를 열었고, 장충체육관을 거쳐 상암월드컵경기장과 잠실종합운동장 등의 운동장 시대를 거쳐, 2007년부터 대한민국의 심장부인 서울 시청앞 광장시대를 열게된 것이다.

필자는 2001년 10월, 전혀 예상하지 못한 2002년 부활절연합예배위원회 상임총무로 추천되었다. 당시 한국기독교총연합회 상임총무로 봉사하고 있던 박영률 목사가 3년동안 부활절연합예배위원회 상임총무를 맡아 봉사하다가 그 후임으로 필자가 추천되었다는 통보를 받고 두려움이 앞섰다.

필자는 먼저 대회장을, 당시 예장통합 총회장이신 최병두 목사님으로 모시고, 11월 총회에 2002년 부활절 주제를 "부활의 영광 월드컵 승리"라고 하고, 상암동 월드컵경기장에서 오후 3시에 예배드리는 안을 상정하였다.

코리아나호텔 7층에서 개최된 회의는 주제부터 발목이 잡혔다. 부활절예배와 월드컵이 무슨 상관이 있느냐? 예배가 너무나 세속적인 것 아니냐 하는 등 반대의 목소리가 많았다. 그러나 아시아에서 처음으로 개최되는 월드컵 축구대회라는 지구촌 최대의 이벤트를 대한민국에서 개최하는데, 교회가 앞장 서서 기도해야 하고 성공적인 개최로 선교를 극대화해야 한다는 주장으로 맞서 주제 선택을 성공적으로 채택하게 되었다.

그리고 1947년부터 2001년까지 새벽에 드리던 예배를 오후 3시로 옮기는 문제에 대하여는 별로 큰 반대없이 동의하였으나, 당시 한국교회의 연합집회가 시간이 갈수록 모이지를 않는데 월드컵경기장에 7만명을 채울수 있느냐 하는 것이 반대하는 사람들의 이유였다. 그러나 필자는 월드컵경기장이 일반 시민에게 공개되지 않은 곳이라 호기심때문에 충분히 기대하는 인원이 채워지리라는 확신을 가지고 반대하는 분들을 설득하였다.

그리고 2002년 부활주일은 3월 31일이었는데, 불가사의하게도 3월 31일까지는 서울시에서 관리하고, 4월 1일부터는 FIFA의 규정에 의하여 월드컵경기장 관리권이 FIFA로 이관된다는 것이다. 그래서 당시 서울시장이던 고 건 시장이 경기장 사용을 허락하되 철저한 검색을 통하여 입장할 수 있도록 조건부 승낙을 받아내는데 성공하게 되었다.

그렇게 되기까지는 월드컵시민운동협의회의 협력이 컸으며 단순히 부활절연합예배만 드리는 것이 아니라 월드컵 성공개최를 위한 기도회를 동시에 개최한다는 명분을 내세웠다. 이렇게 서울의 월드컵경기장에서 부활절연합예배를 드린다는 보도가 나가자 대구와 대전을 비롯한 전국 7개 도시에서도 부활절연합예배를 월드컵 경기장에서 드

리게 되어 10개 구장 중 부산과 수원을 제외하고 8개 경기장에서 부
활절연합예배를 드리게 되었다.

3월 31일, 아침의 날씨는 그리 좋지 못했다. 새벽에 짙은 안개와
함께 이슬비가 내리는 날씨였지만 낮 10시가 지나면서 날씨는 맑아
졌다. 오후 1시부터 입장하는 성도들은 북문을 통하여 한 사람, 한
사람씩, 모두가 검색대를 통과해야 하는 번거로움때문에 많은 성도들
이 되돌아가는 상황까지 초래하였지만, 운동장은 6만 여명의 성도들
로 만장을 이루었다. 설교를 맡은 수원중앙 침례교회 김장환 목사는
설교를 하시면서 한국대표팀이 16강, 아니 8강을 넘어 4강까지 갈
것이라고 설교하여 뜨거운 박수갈채를 받았는데 실제로 2002년 월
드컵 경기에서 한국팀은 예상을 깨고 4강까지 가는 기염을 토해 냈
고, 김장환 목사는 유명한 설교가로 다시 한번 한국교회의 성도들에
게 존경받는 목사로 기억에 남게 되었다.

2002년도 부활절연합예배는 2002년 월드컵 축구대회라는 지구촌
최대의 스포츠 행사에 대한 범국민적 관심으로 한국교회 연합사업의
새로운 분기점을 이루었다. 필자는 올림픽과 쌍벽을 이루고 있는 세
계적인 스포츠 행사를 한국에서 개최하면서 어떻게 하면 국민적 관
심을 모아 선교의 효과적인 전략으로 삼을 것인가를 고심하고 있던
중에 소망교회 장로이신 안용민 장로가 평소에 걷기를 즐겨하시고
고향인 대전까지 차를 타지 않으시고 걸어서 다닌다고 하시며 2002
년 부활절기념행사로 "부활절 기념 월드컵 성공개최를 위한 전국 도
보행진"을 제주도 서귀포 월드컵경기장에서부터 시작해서 호남과 영
남을 거쳐 부활주일에 예배장소인 상암월드컵경기장에 도착하는 것
으로 하자는 제안을 하셨다. 대회장 최병두 목사께 보고하고 임원회
논의를 거쳐 시행하기로 했는데 한국교회의 관심과 호응속에 성공적
으로 서울까지 도착하였다.

3월 31일 부활절연합예배 직전에 월드컵 참가 32개국 국기를 든

기수들과 함께 부활절연합예배 사상 처음으로 장애우를 태운 휠체어를 필자와 왕십리교회 오치용 목사가 함께 밀면서 선두 입장을 하고 그 뒤를 따라 안용민 장로 등 많은 사람들이 6만여명의 환호를 받으며 입장하여 휠체어까지 단상에 올려 앉히고 예배를 드렸다.

이를 계기로 하여 2003년부터 2005년까지 전국 십자가 대행진을 전남 광양과 제주도 서귀포에서 가졌다. 2005년도에는 한라산과 백두산의 나무로 십자가를 제작하여 "평화통일과 국민화합을 위한 전국 십자가 행진"을 제주도 서귀포, 전남 여수, 광양, 독도에서 각각 출발하여 서울로 돌아오는 것으로 기획하였다. 백두산나무를 구하기 위하여 금강산을 3번 방문해서 현대아산 측과 협의를 하였고, NCCK 총무를 역임한 고 김동완 목사와 중국 베이징에서 북한 조그련의 오경우 목사와 김현철 목사를 만나 협조를 당부했으나 결국 이루지 못했다. 끝내는 중국 길림성에 있는, 어느 선교사를 통해 백두산 삼나무 1m 50cm 정도의 통나무 5개를 수집하여 훈춘에서 강원도 속초항으로 탁송한후 필자가 직접 차량을 운전하고 속초에 가서 운송해와 서울영락교회에서 십자가를 제작하였다.

독도에서 출발하기로 한 출정은 문화재청에서까지 승인을 받았고, 선박까지 계약을 체결하고 독도 출정대원을 광고를 통해 모집하였으나 기상관계로 무산되어 강원도 고성에 있는 통일전망대에서 출정식을 가져야 하는 아쉬움을 남기기도 하였다.

2002년도 도보행진을 계기로 시작된 전국 십자가행진은, 가는 곳곳마다 큰 관심과 환영을 받았고, 광양, 진주, 부산, 대구, 광주, 정읍, 전주, 대전, 양양 등을 비롯하여 그 외에 많은 지역에서, 고난주간 십자가행진이 기독교의 문화로 정착되어 가고 있다는 아름다운 이야기가 전해오고 있어 연합 사업을 개최한 한 사람으로서 보람을 느끼게 하고 있다.

한국교회는 기독교문화운동을 많이, 그리고 지속적으로 해야한다.

문화정복은 하나님의 지상명령으로 문화를 정복하지 못하면 건전하고 건강한 교회로 성장하기란 참으로 어려운 과제가 아닌가 생각된다.

필자는 한국교회를 위한 연합의 현장에서 봉사한 사람으로서 누구를 위한 연합 사업인가를 분간하기가 어려울 때를 많이 경험했다. 한국교회가 1947년부터 현재까지 함께 연합으로 예배를 드려왔던 것은 엄연한 사실이다. 필자가 상임총무를 맡은 2002년부터 2004년까지 한기총과 NCCK 두 연합기관의 회장들이 축사를 했고, NCCK에서는 북한의 조그련과 부활절 공동 메시지를 작성하여 총무로 하여금 낭독케 하였다.

그럼에도 불구하고 한부연을 임의단체로 규정하고, 한국교회교단장협의회, 한기총, NCCK는 한국교회 부활절연합예배위원회에서 준비하고 있는 모든 준비를 중단하고 한기총과 NCCK에서 공동으로 주최하고 주관하도록 하라는 요구가 2005년 2월 10일 아침 7시에 조선호텔 일식당에서 한기총 대표회장 최성규 목사, NCCK 신경하 감독, 교단장협의회 서기행 목사 교단장협의회 상임총무 김원배 목사 등이 부활절연합예배위원회 대회장 윤석전 목사와 필자를 초청하여 조찬을 하는가운데 일방적인 통보형식으로 있었다.

이러한 일로 인하여 한기총과 NCCK가 2005년 부활절연합예배에 참석하지 않겠다는 신문보도가 나가자 2005년도 부활절기념 평화통일과 국민화합을 위한 전국 십자가 대행진은 각 지역연합회에서 적극 협력하기로 약속하였으나 80% 이상의 지역에서 협력을 철회하는 소동이 벌어졌다.

필자는 큰 충격으로 대상포진이라는 한번도 들어보지 못한 병을 앓게 되어 적십자병원에 입원하여 2주동안 치료를 받아야 했고, 부활절연합예배가 끝남과 동시에 병원으로 직행하여 1주일동안 치료를 받아야 하는 고통을 겪어야만 했다. 필자는 그후 대상포진이라는 병

은 치료 되었지만 그 후유증은 지금도 내 몸의 가시가 되어 고통을
받고 있으며 의사의 진단은 평생 그 후유증을 안고 가야 한다는 것
이다.

지금도 필자는 병원에서 계속 치료를 받고 약을 복용하고 있지만,
이는 아무도 모르게 필자가 안고가야할 문제여서 때로는 연합운동으
로 한국교회에 봉사한 결과에 대하여 회의를 가질 때도 있는 것이
사실이다.

이러한 결과로 2005년도 십자가 대행진은 엉망이 되고 말았으며,
부활절예배도 잠실 주경기장에서 4만여명의 성도들과 함께 예배를
드리는 것으로 만족해야 했다. 대회장을 비롯한 실무진은 배신과 실
망과 좌절속에 허탈한 마음을 감추지 못하였고, 한부연의 내부에서
분열이 일어나기 시작했다.

이 분열의 소용돌이속에서 필자는 "한국교회 연합은 누구를 위한
것인가?" 라는 질문을 스스로 해 보았다. 한국교회의 연합운동은 첫
째는 하나님께 영광이 되어야 하고, 그리고 그 다음에 한국교회를 위
한 것이어야 한다. 하나님께 영광이 되지 못하고, 한국교회에 유익을
주지 못하는 연합운동은 모두 중단되어야 한다.

2006년도 부활절연합예배를 준비하면서 한부연의 분열은 고조되
었다. 김삼환 목사를 대회장으로 모시고 잠실 주경기장에서 드리기로
예약도 마치고 준비하면서 한기총과 NCCK가 주최하고 한부연이 주
관하는 것을 주장했지만 결국 한국교회 부활절연합예배라는 용어만
그대로 사용하는 것 외에는 한기총과 NCCK의 주장대로 따르기로
필자는 양보하고 말았다.

왜냐하면 필자가 고집하고 나가면 분명히 부활절연합예배도 분열
되고 말것인데, 분열보다는 연합이 하나님께 영광이 되며 또한 한국
교회의 유익이 되리라고 판단하였기 때문이다. 그러나 아쉬운 것은
박영률 목사와 이광용 목사 등 필자와 평소에 친분이 두터웠던 분들

과 그 일로 인하여 인간관계마저 단절된 것이다.

박영률 목사와 이광용 목사 등은 한기총과 NCCK가 한부연을 인수하는 과정에서 문제를 제기하며 수용하지 못하겠다고 하였으나, 필자는 과정에 모순은 분명히 있지만 하나님의 영광과 한국교회의 연합을 위해서는 과정의 모순을 긍정적으로 수용하고, 마치 솔로몬의 재판에서의 아이의 어머니가 내 아이가 아니라고 거짓말까지 하면서 양보한 것과 같이 양보해야 한다고 주장하며 한국교회 부활절연합예배를 깨끗이 한기총과 NCCK가 주최, 주관하도록 대회장이신 김삼환 목사님과 함께 실행위원회의를 거쳐 깨끗이 넘겨주었다.

한기총과 NCCK는 서로 한 해씩 주관기관을 바꾸어 가면서 2007년부터 시청앞 서울광장에서 한국교회부활절연합예배를 드리는 새로운 시청앞 서울광장시대를 열게된 것이다.

필자는 2008년 3월 23일 5시 30분, 비가 내리는 새벽, 우의를 입고 우산을 들고 비에 젖은 순서지를 보면서 참으로 6년만에 은혜가 넘치는 부활절예배를 드렸다. 지금도 그때를 생각하면 지금도 가슴이 벅차오르고 참 잘하였구나 하는 보람을 느낀다.

끝으로 한가지 한국교회가 참고해야 할 점은 한국교회연합기관에서 봉사한 목사들에 대한 관심과 배려와 기도가 있을때, 한국교회의 연합운동은 더욱 활발하게 전개되리라고 확신을 가지고 간절히 부탁하면서 두서없는 말을 마친다.

# 한국기독교지도자협의회 약사

　한국기독교지도자협의회는 33년의 역사를 가진 연합기관으로 현재 47개 교단으로 구성되어 있다.

1. NCC와 비NCC가 나누어 드리던 부활절예배를 여의도광장에서 드릴 때 한경직 목사를 비롯해 기독교 증진목사들이 한국기독교지도자협의회 설립의 필요성을 인식하여 설립되다.

2. 1975년 7월 1일, 한경직, 강신명, 김해득, 지원상, 지　덕, 신신묵 목사 등 18개 교단의 총회장, 총무, 지도인사 등 110명이 영락교회에서 창립총회를 하였다.

3. 역대 대표회장으로 강신명, 장성철, 이환수, 오경린, 유호준, 지원상, 최해일, 신신묵 목사이다.

4. 설립목적은 월남이 공산화되고 주한미군이 철수할 움직임을 보여 국가안보가 불안할때 국가수호와 한국교회 사수를 위해 설립되었다.

5. 1980년 새찬송가, 개편찬송가, 합동찬송가로 나뉘었을 때 본회가 주축이 되어 한국찬송가를 하나로 묶는데 주도적인 역할을 했다.

6. 1981년 11월 30일, 세계 대학총장회의에서 전 경희대총장 조영식 박사가 발의한 세계평화의 날(매년 9월 3째주 화요일)이 제36차 유엔총회에서 통과되어 본 회가 이 날을 기념하고 세계평화를 위해 해마다 "세계평화의 날" 예배를 드리고 있다.

7. 1985년 에디오피아가 기아로 시달리고 있을때 본 협의회와 NCC가 공동으로 대대적인 구호활동을 전개하여 이들을 돕고 국위를 선양함은 물론 복음전파에 효과를 거두었다.

8. 1992년 9월 2일, LA한인타운에서 발생한 흑인 폭동사건 때 12만불을 모금하여 유호준, 지원상, 신신묵 목사가 현지를 방문하여 전달하고 위로하였으며 흑인대표들을 한국으로 초청하여 한, 흑 교회지도자들의 친교를 가졌다.

9. 1992년 본회와 대한적십자사와 국민일보가 협력하여 한국교계 유일의 "사랑헌혈운동"을 전개하여 한국사회에 크게 기여하고 있다.

10. 2002년 9. 11 사태가 발생했을 때 13만불을 모금하여 워싱턴 펜타곤의 교회에 전달했다.

11. 일본에 거주하는 한인 목회자들과 교류하여 재일본 "한일기독교지도자협의회"를 창립하여 일본선교에 도움을 주고 있다.

12. 2004년 9월 5일, 한미동맹강화를 위한 친선사절단을 파송하여 백악관, 국무성, 국방성 관계자들과 대화하여 한미동맹의 역사성과 중요성을 강조하여 철군을 지연시키는데 일익을 했다.

13. 2005년 1월 20일, 부시대통령의 취임식에 사절단을 파견하

여 국가를 위한 기도회에 참석했다.

14. 2005년 10월 5일, 카트리나 태풍으로 큰 피해를 본 뉴올리
언즈에 성금을 모금하여 현지를 방문하고 교민들을 위로했다.

15. 본 협의회가 사단법인 설립인가를 2007년 10월 10일에 받고
감사예배를 드리다.

16. 2008년 2월 28일, 한국기독교지도자협의회 미주지회가 창립
되었으며 2008년 10월 17일 호주 뉴질랜드 지회가 창립됩니
다.

17. 본 협의회에서는 교회와 국가와 사회에 중요한 문제가 발생했
을 때 문제를 검토하고 대책을 세우고 있습니다.

*

한국기독교 탈무드
*

초판 인쇄 — 2008년 7월 15일

*

지은이 — 신신묵 목사 외 출판위원회
펴낸이 — 채 주 희
펴낸곳 — 엘맨출판사
*

서울시 마포구 합정동 433-62
출판등록 — 제10-1562호(1985. 10. 29.)
*

TEL. — (02) 323-4060
FAX. — (02) 323-6416
e-mail — elman1985@hanmail.net
*

잘못된 책은 바꾸어 드립니다.
무단복제를 금합니다.
*

값 20,000원